GOLDMANN
ESOTERIK

Edgar Cayce

DIE GEHEIMNISSE DES BEWUSSTSEINS

Eine Reise in die unendlichen Dimensionen des menschlichen Geistes

Zusammengestellt von Henry Reed

Aus dem Amerikanischen
von Susanne Seiler

GOLDMANN VERLAG

Die Originalausgabe erschien unter dem Titel
On the Mysteries of the Mind
bei *Warner Books,* New York.

Deutsche Erstausgabe

Umwelthinweis:
Alle bedruckten Materialien dieses Taschenbuches
sind chlorfrei und umweltschonend.
Das Papier enthält Recycling-Anteile.

Der Goldmann Verlag
ist ein Unternehmen der Verlagsgruppe Bertelsmann

Deutsche Erstausgabe September 1994

Umschlaggestaltung: Design Team München
Umschlagfoto: ZEFA, Düsseldorf
Satz: Uhl+Massopust, Aalen
Druck: Elsnerdruck, Berlin
Verlagsnummer: 12102
Redaktion: Ilse Wagner
Ba · Herstellung: Stefan Hansen
Made in Germany
ISBN 3-442-12102-7

10 9 8 7 6 5 4 3 2

Inhalt

Einführung
In den Spiegel des Bewußtseins schauen 7

Kapitel 1 Es ist alles in deinem Kopf 14

Teil I
Die Geheimnisse des Geistes 35

Kapitel 2 Das Unterbewußtsein: Verstecktes Genie im Geist 39
Kapitel 3 ASW und Transpersonales Bewußtsein .. 60
Kapitel 4 Seelenbewußtsein 86

Teil II
Was stellen Sie sich vor? Sie können es haben!
So schaffen Sie das Leben, das Sie sich wünschen ... 109

Kapitel 5 Die Wirklichkeit ist eine subjektive Erfahrung 115
Kapitel 6 Ein ideales Leben 136
Kapitel 7 Eine Frage der Einstellung 160
Kapitel 8 Wo es um den Körper geht 185
Kapitel 9 Was ist Ihr Wille? 206

Teil III
Versteckte geistige Kräfte 239
Kapitel 10 Erweiterte Bewußtseinszustände 240
Kapitel 11 Selbsthypnose und die Macht der Suggestion 260
Kapitel 12 Das innere Auge: Vorstellungkraft und Visualisierung 279
Kapitel 13 Das spirituelle Geheimnis des Geistes ... 304

Die A. R. E. heute 319
Literaturhinweise 320

Einführung

In den Spiegel des Bewußtseins schauen

Es scheint unmöglich, aber es ist wirklich passiert. Daneben sehen Elektronenmikroskope, Radioteleskope, radioaktive Kohlenstoffdatierungen und Computertomographie trivial, unwichtig oder überflüssig aus, vom Fernsehen und dem Telefon ganz zu schweigen. Welche Art ausgeklügelte elektronische Apparatur meinen Sie, daß Sie brauchen würden, um ein Buch lesen zu können, das ungeöffnet in einer fernen Bibliothek steht, Ihrem Freund zu sagen, was mit den Atomen seines Körpers los ist, und sich daran zu erinnern, was vor vielen Tausenden von Jahren geschehen ist? Wenn er sich nur hinlegte, sich entspannte und sich über die Grenzen seines Bewußtseins hinaus transportierte, konnte Edgar Cayce sich in einen über-bewußten Trancezustand begeben, der die erwähnten Wunder der modernen Technologie schwerfällig erscheinen läßt.

Als Kind konnte Cayce über einem Schulbuch einschlafen und mit einer fotografischen Kenntnis von dessen Inhalt erwachen, ohne es auch nur geöffnet zu haben. Als er größer wurde und seine Gaben entwickelte, war er in der Lage, die Krankheiten von Menschen zu diagnostizieren, denen er nie begegnet war und von denen er auch sonst nichts wußte. Darüber hinaus enthielten seine Diagnosen minuziöse Einzelheiten über die Funktionsweise des Körpers, für deren Überprüfung die herkömmliche Medizin Jahrzehnte gebraucht hat. Mit seinem hellsichtigen Auge konnte er im staubigen Regal des Lagers einer fernen Apotheke ein obskures Medikament ausmachen und einem Menschen damit helfen. Sein Gedächtnis reichte weit in die Vergangenheit zurück und enthüllte persönliche Erfahrungen von Menschen, die lange vor unserer Geschichtsschreibung die Erde bevölkerten. Er ging sogar noch weiter zurück und beschrieb die Entstehung der Welt.

In diesem Zustand unendlichen Wissens behauptete Cayce, daß das, was er tut, nichts Besonderes ist, sondern vielmehr etwas, zu dem auch wir fähig sind. Auch wenn wir es fast nicht glauben können, läßt er uns wissen, daß alles echte Wissen in uns ist. Sie und ich enthalten bereits jedes bißchen Wissen, was je gewußt worden ist, wie in uns auch die Samen von allem sind, was je gewußt werden wird. Es befindet sich alles in uns, in unserem Bewußtsein.

Der Geist ist so unendlich wie das Universum. Gleichgültig, wie weit Sie Ihre Vorstellungskraft ins All hinaus projizieren, Sie haben die Grenzen des Bewußtseins nicht erreicht. Nichts außer der Schöpfung selbst ist so grenzenlos und unendlich wie der Geist – Ihr Geist und mein Geist. Untersuchen Sie ihn, und Sie werden sehen.

Ehe wir uns überhaupt nur vom Gedanken an einen unendlichen Geist erholt haben, wartet Cayce mit einer weiteren Überraschung auf. Der Geist ist nicht nur empfänglich, sondern auch aktiv und kreativ. Er erschafft die Welt, in der wir leben, und verleiht Pflanzen und Tieren, Felsen und Meeren, unserem Körper und unserem Leben ihre Form. Unser Geist erschafft unsere Erfahrungen, unsere Wirklichkeit. Er verfügt über unendliche Fähigkeit zur Welterkenntnis, weil er die Welt erschaffen hat.

Wie kann dieses unsichtbare, unberührbare, scheinbar unergründliche Ding, das wir den Geist nennen, über solche

Macht verfügen? Wie ist das möglich? Und wenn dem so ist, was bedeutet es für die Art, wie wir unser Leben leben? Was sollen wir mit diesem Wissen anfangen? Wenn es stimmt, ist es eine so profunde und grundsätzliche Wahrheit, daß es alle anderen Arten, wie wir normalerweise über das Leben denken oder mit unserem eigenen Leben umgehen, in Frage stellt. Wenn es etwas in uns gibt, das so groß ist wie das gesamte Universum und mächtiger als jede Atombombe, die bis jetzt erfunden wurde, wie könnte es, um Himmels willen, in unserem Körper Platz haben? Wie pressen wir es in unseren kleinen Schädel, und wie gelangt es ans Tageslicht, um seinen Zauber zu entfalten?

Von geheimnisvollen Kräften des Geistes auszugehen, muß eine Art poetischer Umschreibung sein, keine buchstäbliche Wahrheit. Es kann nicht wirklich wahr sein.

Aber doch stimmt es. Und es hat praktische Auswirkungen. So praktisch, wie gesund zu bleiben oder eine Arbeit zu finden, mit dem Rauchen aufzuhören oder sich mit anderen Menschen zu vertragen. Es hat auch eine spirituelle Seite. Nichts ist so grundsätzlich spirituell, als lieben zu lernen. Nichts ist wichtiger für die Entwicklung unseres spirituellen Bewußtseins, als das Geschenk des Lebens durch unsere eigenen konstruktiven Bemühungen zu nähren. Demnach umfassen die Auswirkungen des Geistes das gesamte Spektrum vom Weltlichen bis zum Spirituellen. Alles ist in den Geheimnissen des Geistes enthalten.

Cayce' Vorstellungen vom Geist haben, so weit hergeholt sie uns auf den ersten Blick vielleicht vorkommen mögen, in den letzten Jahren immer größere Beachtung gefunden – wie er es vorausgesehen hatte. Jetzt, wo das zwanzigste Jahrhundert sich seinem Ende zuneigt, sind viele Probleme und Gefahren, die unser Leben auf diesem Planeten bedrohen, durch Lehre und Forschung und durch eine Neuordnung des

Wesens unseres Bewußtseins und seiner zukünftigen Rolle in unserem Denken ausgeglichen worden. Viele von Cayce' Ideen sind durch Laboruntersuchungen bestätigt worden; Theoretiker haben Modelle des Bewußtseins entworfen, die sich der Sicht Cayce' annähern.

Dieses Buch geht von diesen wissenschaftlichen Fortschritten aus, denn es ist heute möglich, die Geheimnisse, die von Cayce enthüllt wurden, auf eine Art zu erklären, die von der Wissenschaft bestätigt wird.

Nicht nur wissenschaftliche Untersuchungen bezeugen die kreative Macht des Geistes, sondern auch Hunderte von Büchern, Video- und Hörkassetten, Kurse und Workshops vermitteln diese Grundsätze. Viele Ideen, die erstmals von Cayce vorgeschlagen wurden, sind heute Allgemeingut. Wer hat noch nicht von der Macht positiven Denkens gehört? Kreative Visualisierungen und subliminale Suggestionen sind leicht zu finden. In Fernseh-Talkshows geht es immer wieder um die heilende Kraft von Optimismus und Humor. Gibt es denn überhaupt noch etwas Neues bei den Cayce-Lesungen?

Durch Cayce erlangen wir eine neue Sicht der Geheimnisse des Geistes. Sein Gesamtwerk bleibt die einzige einheitliche Quelle, die ein vollständiges Modell anbietet, das vom Spirituellen bis zum Atomaren reicht und auf wenigen umfassenden Prinzipien aufbaut. Cayce war ein Pionier, wenn es darum ging, die Dinge des Geists in psychologischen Begriffen zu erklären. Die östlichen Traditionen kennen seit Jahrtausenden die Psychologie des Yoga, doch dem Westen hat der Zugang zur mystischen Seite des Lebens gefehlt, der sich mit einer wissenschaftlichen Weltsicht vereinen läßt. Cayce' Lesungen liefern diesen Zugang. Seine integrierte Sicht geht sowohl vom Bewußtsein der individuellen Körperzelle als auch von der holographischen Wirklichkeit der menschlichen Seele aus. Es ist eine praktische Sicht, die konkrete Schritte und Techniken anregt. In der Wissenschaft sprechen wir von der »empirischen« Methode, was bedeutet, daß der Nachdruck auf der Erfahrung liegt. Cayce verlangt nicht, daß wir glauben, was er sagt. Sie sollen nicht glauben, sondern seine Ideen praktisch untersuchen! Nur das, was Sie sich persönlich angeeignet haben, ist von Wert. Als ich für dieses Buch recherchierte und auf der Suche nach Erfahrungsberichten, die die Ideen von Cayce bestätigten, meine Sammlung an Forschungsberichten aufarbeitete, Bibliotheken und Buchhandlungen voller Bücher über die Macht des Bewußtseins abklapperte und über meine Erfahrungen mit der Entwicklung meiner eigenen Fähigkeiten auf diesem Gebiet nachdachte, war ich überrascht zu entdecken, wie viele wichtige Ideen und Perspektiven das gegenwärtige Verständnis von der Macht des Geistes dem Cayce-Material zu verdanken hat.

Ein beliebter Artikel auf dem Esoterikmarkt sind Selbsthilfe-Tonbänder mit »unbewußten Botschaften«. Cayce war ein Befürworter der Suggestion. Ihm hätte die Technologie des Tonbandgeräts gefallen, die es uns erlaubt, auf Suggestionen einzugehen, die wir selbst entworfen haben, denn auch er kennt die Macht der Anregung des Unbewußten. Er sah in ihr einen aktiveren Einfluß in unserem Leben, als wir vermuten. Wenn Sie mehr über Ihre Empfänglichkeit für psychische Einflüsse erfahren haben, werden Sie seine überraschende Warnung vor dem Einsatz von Methoden – wie unterschwellige Botschaften – nachvollziehen können.

Es gilt heutzutage als schick, davon zu sprechen, wie jeder »seine eigene Wirklichkeit schafft«. Diese Weisheit ist so alt wie die erste mystische Schau und hat mit dem Auftauchen der modernen Psychologie eine heroische Bedeutung angenommen, die für den heutigen Menschen allerdings auch neue Probleme schafft. Hat unsere Wirklichkeit Grenzen? Kann ich alles haben, was ich will? Bin ich auch für meine Probleme verantwortlich? Die von uns, die gerne über die Fußangeln der »Ich-Generation« stolpern, stellen fest, daß die Schöpfung unserer eigenen Wirklichkeit uns in einen Spiegelsaal führt. Wo wir hinschauen, sehen wir uns nur selbst. Cayce' Sicht fügt der Schöpfung einer Wirklichkeitsformel eine kritische Zutat bei, die uns dem moralischen Dilemma der Egozentrik entkommen hilft. Seine Einstellung hilft uns, über uns hinauszuwachsen, ohne uns zu verleugnen.

Psychologische Selbsthilfegruppen gibt es jetzt schon seit mehreren Jahrzehnten. Mit dem Aufkommen der New-Age-Bewegung sind die angebotenen Verheißungen optimistischer und umfassender geworden als je zuvor. Für jemanden, der zweifelt oder sich nicht wirklich zu solch heroischen Veränderungen und Selbstverbesserungen berufen fühlt, können diese freudigen Philosophien etwas Bedrohliches haben. Man kann leicht das Gefühl bekommen, nicht begeistert genug, gut genug oder geschickt genug zu sein, wenn man solche Wunder der Transformation nicht bewirken kann, wohingegen Edgar Cayce' Einstellung sogar hartgesottenen Selbstzweiflern aus der Patsche hilft.

Auch wenn Cayce' mediale Sicht hoch in den Himmel hinauf- und tief in die Seele hineinreicht, hat sie ihre Grundlagen im alltäglichen Rhythmus unseres Gefühlslebens und den Beschränkungen, die wir dort vorfinden. Während er meint, daß wir zum Mond fliegen können, weist er auch darauf hin, wie wertvoll es ist, auf unserem irdischen Weg einen einfachen Schritt vorwärts zu machen. Auch wenn er möchte, daß wir alle Geheimnisse kennenlernen, die das Bewußtsein uns zu bieten hat, versichert er uns immer wieder, daß es nichts Wichtigeres gibt, als unsere Mitmenschen zu lieben. Während er erklärt, wie geistige Kräfte eingesetzt werden können, um uns sogar aus den unmöglichsten Situationen zu retten, ist ihm auch bewußt, daß alles, was wir im Augenblick tun können, darin besteht, den Griff dieser Umstände etwas zu lockern. Geistesfrieden, gleichgültig, ob vorübergehend, ist von großem Wert.

Vor allem ermutigt uns Cayce, einen Anfang zu machen. Immer wieder wiederholt er folgendes Versprechen: Wenn Sie nur etwas tun, was Sie können, und nur einen Schritt machen, wird etwas geschehen, das den zweiten Schritt leichter macht. Es gibt in Ihnen eine Macht, die größer ist, als Sie realisieren. Sie wartet jetzt auf Sie.

Kapitel 1

Es ist alles in deinem Kopf

Denn die Zeit ist gekommen auf Erden, wenn Menschen – überall – mehr über die Geheimnisse des Geistes, der Seele und des Bewußtseins der Seele erfahren wollen.

Edgar Cayce 254–52

Was bedeutet es für Sie, wenn ich behaupte: »Es ist alles in deinem Kopf?« Wenn Sie ein paar Leute fragen, lautet die Antwort so etwas wie »eingebildet ... unwirklich«. Glauben Sie, der Geist sei etwas Eingebildetes oder Unechtes? Viele Menschen meinen tatsächlich, die Wirklichkeit sei eine Sache, der Geist eine andere, als würde der Geist am Ziel vorbeischießen und etwas für wirklich ansehen, was es nicht ist. Das meint man im allgemeinen, wenn man sagt: »Es ist alles in deinem Kopf.«

Dennoch gibt es eine völlig andere Bedeutung dieses Spruchs, die dort ihre Anwendung findet, wo der Geist auf seine Geheimnisse hin untersucht wird. Diese Redewendung wird zu einem Lockmittel, gar zu einem Rätsel. Sie wird zu einer Einladung an Sie, einen Weg zu entdecken, wie Sie Ihr Leben in die Hand nehmen und »alles« haben können. Sehen wir nachfolgend, wie das vor sich geht.

Alltägliche Wunder

Mehr als geheimnisvoll erscheint uns der Geist unsichtbar zu sein, so daß wir meistens nicht einmal merken, daß er da ist. Dann wieder gibt es Augenblicke, wenn wir uns unseres Geistes ausgesprochen bewußt sind. Manchmal wird unsere Aufmerksamkeit durch eigenartige Ereignisse auf ihn gelenkt. Ich bin sicher, auch Ihnen sind schon solch kleine Wunder passiert.

Sie haben zum Beispiel etwas getrunken und fahren auf der Stadtautobahn nach Hause. Als Sie in der Nähe Ihres Viertels ankommen, merken Sie, daß Sie in den letzten paar Minuten mit Ihren Gedanken ganz woanders waren. Ihr Bewußtsein war zu sehr mit Tagträumen und anderen Gedanken beschäftigt, um auf die Straße zu achten. Sie fragen sich, wie es Ihnen gelungen ist, auf die anderen Autos aufzupassen, die Verkehrszeichen zu beachten und richtig abzubiegen, obwohl Sie nicht »da« waren. Es gibt viele Dinge, die wir tun, ohne uns deren bewußt zu sein.

Nehmen wir an, Sie beschäftigen sich mit einem Problem und wissen nicht mehr weiter. Vielleicht wollen Sie Ihre Möbel umstellen oder bei der Arbeit einen neuen Ablauf einführen. Nichts von dem, was Sie sich ausdenken, gefällt Ihnen wirklich. Eines Tages fällt Ihnen die Lösung mitten in einem Gespräch, beim Einkauf oder bei einem Spaziergang, plötzlich wie aus dem Nichts ein. Die perfekte Antwort auf das Problem wird Ihnen scheinbar mühelos gegeben. Sie dachten nicht mehr daran. Könnte es sein, daß es einen Bereich Ihres Geistes gibt, der größer als Ihr Bewußtsein ist?

Sie denken zum Beispiel aus keinem ersichtlichen Grund an einen alten Freund. Später am selben Tag erhalten Sie einen Brief von ihm, oder er ruft Sie an. Er ist beinahe so, als wären

Sie in geistigem Kontakt gewesen oder wüßten irgendwie, daß dieser Mensch anrufen würde. Vielleicht kann der Geist sich ausbreiten und jemanden berühren, ohne ein Ferngepräch führen zu müssen.

Ein anderes Mal sitzen Sie mit jemandem beim Kaffee und eine Bemerkung fällt, die bei Ihnen das eigenartige Gefühl auslöst, Sie würden eine Situation erleben, die Sie bereits einmal durchgemacht haben, wobei Sie zu wissen scheinen, was Ihr Gesprächspartner als nächstes sagen wird. Es ist, als würden Sie eine Szene wiederholen, die Sie bereits einmal erlebt haben, auch wenn Sie sich nicht erinnern können, wann es war. Reicht der Geist auch über die Zeit hinaus?

Sie hatten einen Traum. Träume kommen uns manchmal wirklich vor. Als Kind werden Sie sich gefragt haben, wie es möglich ist, daß man sich derart täuschen läßt. Als Erwachsener sind Sie es vielleicht gewöhnt, nicht auf Ihre Träume einzugehen und vergessen Sie sofort. Vielleicht handelte dieser Traum von einem scheinbar gewöhnlichen und alltäglichen Ereignis, oder es war ein schlimmer Traum, in dem etwas Schreckliches passierte. Was ist, wenn dieser Traum Tage oder Wochen später in Erfüllung geht? Viele Einzelheiten der Ereignisse stimmen mit denen des Traums überein. Handelte dieser Traum von einem wirklichen Ereignis? Kann der Geist bestimmen, was wirklich ist?

Wir haben alle schon mal schlechte Laune gehabt. Sie wissen, wie es sich anfühlt, wenn man ein bißchen deprimiert und einsam ist. Sicherlich haben Sie sich wegen Ihrer Probleme auch schon leid getan, weil sie Ihnen so überwältigend und unüberwindbar vorkamen. Sie haben wahrscheinlich auch Augenblicke erlebt, als Sie sich plötzlich besser fühlten, auch wenn sich an Ihren Problemen nichts verändert hatte. Vielleicht sind Sie jemandem begegnet, dem es wirklich schlechtging, sind auf diesen Menschen zugegangen und haben ihn ein bißchen aufgeheitert. Vielleicht sahen Sie eine Filmkomödie und lachten, bis Ihnen die Seiten weh taten. Es kann auch etwas anderes gewesen sein, jedenfalls stellten Sie später fest, daß Sie besserer Laune waren. Ihre Probleme waren zwar immer noch da, aber irgendwie fühlten Sie sich trotzdem besser. Sie betrachteten dieselben Tatsachen aus einem anderen Blickwinkel und sahen sie anders. Es war beinahe so, als hätten Sie Ihre Meinung darüber geändert, was wirklich ist.

Alle diese Dinge passieren ziemlich häufig. Manche scheinen leicht zu erklären, andere sind verwirrender, doch alle lassen Sie darauf schließen, daß der Geist nicht so einfach strukturiert ist, wie er uns manchmal vorkommt.

Wir halten den Geist für etwas Selbstverständliches und nehmen an, er sei wie ein Spiegel, der die Wirklichkeit reflektiert, die uns umgibt. Es kommt uns so vor, als bestünde der Geist aus den Informationen, die ihm unsere fünf Sinne eingeben. Wir benutzen ihn, um zu denken. Unsere Gedanken fühlen sich so an, als würden wir ohne Worte mit uns selbst sprechen. Doch wo ist das Bewußtsein? Können Sie es bezeichnen oder berühren? Ist es im Gehirn enthalten? Wenn ja, wo »treffen« sich dann Geister, die in Körpern enthalten sind, in intimen Gesprächen? Aus welchem »Stoff« ist der Geist gemacht? Diese Art Fragen zeigen, daß das Bewußtsein tatsächlich das verwirrendste Wunder ist, mit dem der Mensch je konfrontiert wurde.

Vergessen: Zufall oder Absicht?

Das Gedächtnis ist eines von diesen Dingen, die uns vor Augen führen, welche Rätsel das Bewußtsein uns aufgeben kann.

Wie oft nehmen wir uns etwas vor und halten es nicht ein.

Wie viele gute Vorsätze werden »vergessen«? Es gibt viele Dinge, von denen wir wissen, daß sie gut für uns wären und unsere Lebensqualität steigern würden – Entspannung, Zeit mit der Familie verbringen, Sport, andere Eßgewohnheiten. Dennoch haben wir Mühe, uns daran zu erinnern. Der Tag hat einfach nicht genügend Stunden, also »vergessen« wir diese guten Vorsätze.

Wie oft sind wir in Verlegenheit, weil wir uns an etwas erinnern möchten und es nicht können. Haben Sie etwas verlegt und versucht, sich zu erinnern, wo Sie es gelassen haben? Wie kommt es, daß wir ein Gedächtnis haben, das sich nicht an einen Namen erinnern kann, wenn wir es möchten, aber bei anderen Gelegenheiten von sich aus mit allerlei überflüssigen Erinnerungen aufwartet? Die Erinnerungen sind scheinbar vorhanden. Manchmal tauchen sie einfach aus dem Nichts auf, so klar wie der Klang einer Glocke. Oft stehen sie uns jedoch nicht zur Verfügung. Doch auch dann wirken sie.

Einer meiner Kollegen bemerkte einmal, daß in der Erinnerung eine merkwürdige Ironie liegt. Einerseits üben die Erfahrungen unserer Kindheit eine mächtige Wirkung auf unsere erwachsene Persönlichkeit und unser Weltbild aus, andererseits ist es schier unmöglich, diese Erfahrungen an die Oberfläche zu bringen. Wie kann etwas, an das wir uns nicht erinnern, einen so starken Einfluß haben?

Vergessen kann ein solches Problem werden, daß es verlockend ist, sich ein perfektes Gedächtnis zu wünschen, doch Ihr Gedächtnis ist bereits perfekter, als Sie vermuten. Vergessen kann nützlich sein: Was wäre die Erinnerung ohne das Vergessen? Wer will schon einen Bleistift ohne Radiergummi? Wenn Sie alle die Dinge, die Sie eigentlich jetzt tun müßten, nicht vergessen könnten, könnten Sie sich nicht auf dieses Buch konzentrieren. Vergessen kann ebenso wichtig wie Erinnern sein. Es wäre ideal, wenn wir beide Funktionen unter unserer Kontrolle hätten, als ihnen ausgeliefert zu sein.

Vergessen lernen kann vielleicht genauso nützlich sein, wie erinnern lernen. Hören Sie auf den Rat eines bekannten exzentrischen Helden, Sherlock Holmes, dem ersten Detektiv der Welt.

Holmes hatte gerade etwas erfahren, was er für belanglos hielt. Auch wenn er im allgemeinen eine Goldmine an Informationen war, gab es in seinem Wissen überraschende Lükken. Dr. Watson hatte ihn in *Die Frau in Rot* gerade davon in Kenntnis gesetzt, daß die Erde und verschiedene andere Planeten sich um die Sonne drehten. Holmes antwortete, daß er dieses Stückchen Wissen jetzt, da er es vernommen habe, prompt wieder vergessen werde, weil, wie er dem erstaunten Watson erklärte, unnötige Tatsachen ebensoviel Platz in unserem Gedächtnis einnehmen würden wie wichtige Informationen. Indem er die unwichtigen Fakten vergaß, konnte er sich besser auf das Wesentliche konzentrieren.

Sherlock Holmes wußte, daß der Schlüssel zu seinem Erfolg im kontrollierten Einsatz seines Bewußtseins lag. Er wußte, daß der Geist ebensogut lernen kann, gewisse Tatsachen zu vergessen, wie er lernen kann, sich an diese zu erinnern.

Kennen Sie das Geheimnis von Sherlock Holmes? Wissen Sie, wie Sie etwas absichtlich vergessen können? Beherrschen Sie den Prozeß des Vergessens, und können Sie ihn zu Ihrem Vorteil einsetzen? Nehmen wir an, ich sage Ihnen, die Hauptstadt von Bolivien sei La Paz. Können Sie das sofort wieder vergessen, wie Holmes es tat? Wie würden Sie das anstellen? Versuchen Sie es. Haben Sie es schon vergessen? Wie heißt die Hauptstadt von Bolivien? Es ist wie die alte Herausforderung, nicht an das Auge eines Elefanten zu denken. Ist dieses Auge einmal erwähnt worden, sehen Sie es sofort vor sich. Wie können Sie etwas aus Ihren Gedanken löschen, wenn Sie es möchten?

Ich habe dieses Problem im Rahmen meiner Diplomarbeit in Psychologie an der Universität von Kalifornien in Los Angeles studiert, die sich auch als meine persönliche Einführung in die Geheimnisse des Bewußtseins erweisen sollte. Bernard Weiner, mein Mentor, hatte entdeckt, daß es Menschen gibt, die absichtlich vergessen können, und wollte wissen, wie sie das anstellten. Er ließ Versuchspersonen ein Wort auf einem Bildschirm lesen und sagte ihnen dann, sie sollten es vergessen. Hier ist ein solches Wort für Sie:

Tisch

Jetzt möchte ich, daß Sie es vergessen. Während Sie es versuchen, werde ich unsere Forschung näher beschreiben, und Sie lesen weiter.

Wenn wir den Versuchspersonen ein Wort gaben und sie baten, sich zu entspannen und es zu vergessen, gelang es ihnen einfach nicht. Wenn wir ihnen jedoch, als sie das zu vergessende Wort bereits gesehen hatten, zusätzliches Material zu lesen gaben, hatten sie mehr Erfolg mit dem Vergessen.

Was ist mit dem Wort, das Sie vor einem Moment gelesen haben – wissen Sie es noch, oder ist es Ihnen gelungen, es zu vergessen, während Sie diesen Abschnitt lasen? Bei unseren Versuchen standen die Chancen fünfzig zu fünfzig, daß jemand das Wort erfolgreich vergessen hatte.

Wie vergißt man absichtlich? Wie haben Sie es versucht? Es scheint, daß die natürlichste Methode darin besteht, an etwas anderes zu denken. Haben Sie sich zum Beispiel auf die Lektüre zu konzentrieren versucht, in der Hoffnung, daß das Wort inzwischen aus Ihrem Gedächtnis verschwinden würde? Unsere Methode des Vergessens scheint darin zu bestehen, daß wir an eine Sache denken, um eine andere aus unserem Bewußtsein auszuschließen.

Ohne das Genie eines Sherlock Holmes anzuzweifeln, sollten wir seine Methode umformulieren: daß man sich auf das Wesentliche konzentrieren muß, um das Unwesentliche zu vergessen! Richten Sie Ihre Aufmerksamkeit auf das, von dem Sie wünschen, daß Ihr Bewußtsein es erinnern soll, und das, was Sie vergessen wollen, wird verschwinden. Wir werden im Verlauf dieses Buchs auf viele Variationen dieses Prinzips stoßen.

Sherlock Holmes wollte vergessen, um sein Bewußtsein nicht zu überlasten. Wir haben oft andere Gründe, warum wir etwas vergessen wollen. Vielleicht möchten wir eine schlechte Gewohnheit vergessen. Wäre es nicht angenehmer, wir könnten »vergessen zu rauchen«, als mit unserem Willen gegen unsere Nikotinsucht anzukämpfen? Welche schlechte Gewohnheit möchten Sie am liebsten einfach vergessen? Manchmal plagt uns etwas, dessen wir uns nicht entledigen können. Es wäre schön, wenn wir es einfach vergessen könnten.

Im Buch *Der kleine Prinz* besucht der junge Held mehrere Planeten. Auf einem von ihnen begegnet er einem Säufer, der mit einer Flasche und einem Glas an einem Tisch sitzt. Er fragt ihn, warum er so viel trinke. Der rotnasige Kerl antwortet, er trinke, um zu vergessen! Wie oft haben wir Alkohol, Drogen oder andere Ersatzmittel wie Einkaufen oder Fernsehen benutzt, um unsere Sorgen zu vergessen? Wenn wir uns auf etwas anderes konzentrieren, hoffen wir, daß unsere Probleme aus unserem Bewußtsein verschwinden werden. Wir machen uns alle Sherlock Holmes' Geschichten zu einem gewissen Grad zu eigen und können lernen, diese Methode auch bewußt einzusetzen.

Geistesfrieden ist vermutlich einer der vergänglichsten Schätze des Lebens. Wer ihn gefunden hat, schätzt ihn hoch ein. Die meisten von uns sehnen sich danach, doch der Druck und die Unsicherheiten des modernen Lebens machen es uns schwer, über unsere Probleme hinwegzusehen. Dinge, die wir gerne vergessen würden, bedrängen uns, und doch gibt es Menschen, die ihre Sorgen vergessen können, wenn sie sich auf etwas anderes konzentrieren, auf etwas Positives oder Fröhliches. So machen sie sich glücklich und bleiben es auch.

Sie wissen um den Wert einer positiven Einstellung – man nennt das »auf die Sonnenseiten des Lebens achten«. Sie selbst haben diese Strategie wahrscheinlich auch schon verschiedentlich ausprobiert. Es kommt uns wie ein angenehmer Rat vor, der zwar nicht schaden kann, aber im eigentlichen Umgang mit Problemsituationen wenig bringt. Unsere Einstellung – die Art des Bewußtseins, die bestimmt, wie wir die Dinge sehen – ist aber erwiesenermaßen von größter Wichtigkeit.

Nehmen wir den Fall von Menschen, die mit einem großen Verlust oder einer Katastrophe konfrontiert werden. Ich meine Dinge wie eine Kriegsgefangenschaft, von Terroristen oder Entführern als Geisel genommen zu werden, sich im Winter in den Bergen zu verirren, sein Zuhause in einem Wirbelsturm zu verlieren oder einer lebensgefährlichen Krankheit ausgesetzt zu sein. Die Opfer solcher Katastrophen sind danach sehr verändert. Es ist, als würden sie als Resultat ihres Schreckenserlebnisses auch innerlich etwas verlieren. Während manche Menschen durch einen solchen Vorfall wie zerstört sind, überwinden ihn andere und bauen ihr Leben neu auf. Ausschlaggebend für Resignation oder

Überwindung scheint die Einstellung zu sein, die wir gegenüber dem Unglück einnehmen.

Menschen, die ihr Unglück nicht verarbeiten konnten, gaben sich einem Gefühl von Hilflosigkeit hin. Das ist eine verständliche Reaktion. Die Kontrolle über ihr Leben wurde ihnen genommen, und es gab wenig, was sie daran ändern konnten. Die dunkle Seite ihrer Situation prägte sich in ihr Bewußtsein ein.

Den anderen Überlebenden gelang es hingegen, eine andere Einstellung zu entwickeln. Sie bekämpften die Versuchung aufzugeben und suchten nach einem Weg, um ein kleines Maß an persönlicher Kontrolle wiederzuerlangen. Einen Entschluß zu einem unwesentlichen Aspekt ihres Lebens fassen zu können, machte bei ihrer geistigen Einstellung einen großen Unterschied. Ständig suchten sie nach Mitteln und Wegen, um den Dingen etwas Gutes abzugewinnen.

Wir wissen von der Überlebenspsychologie her, daß unsere geistige Einstellung einen eindeutigen Unterschied macht, wenn wir vor Probleme gestellt sind. Wir können uns durch unsere Einstellung zu Opfern machen oder davon lernen zu überleben.

Den Alltag überleben

Der Alltag hat seine Höhen und Tiefen. An guten Tagen, wenn die Dinge problemlos laufen, fühlen wir uns ganz oben. An schlechten Tagen geht es uns nicht so gut. Nichts läuft so, wie wir es möchten, das Leben wird zum Kampf. Wir fühlen uns kaum mehr Herr der Lage – vielmehr beherrscht sie uns.

An guten Tagen sagen wir vielleicht: »Das Leben könnte nicht besser sein, wenn ich es selbst erfunden hätte!« An schlechten Tagen kann es uns wie ein grausamer Witz vorkommen. Dieser Witz geht auf unsere Kosten. Wir werden zu den tragischen Opfern der Umstände.

Der Unterschied zwischen guten und schlechten Zeiten scheint darin zu liegen, ob die Dinge so laufen, wie wir es möchten, oder nicht.

An guten Tagen läuft alles wie am Schnürchen. Alles, was Sie anfassen, gelingt. Ihre Ahnungen bewahrheiten sich. Zufälle häufen sich, die den Tag so aussehen lassen, als hätte man ihn geradezu auf Ihre Bedürfnisse abgestimmt. All Ihre Wünsche gehen in Erfüllung. An solchen Tagen haben Sie das Gefühl, Sie könnten tatsächlich das Leben schaffen, das Sie sich wünschen. Ihr Leben ist wie ein spannender Film, zu dem Sie das Drehbuch schreiben.

An schlechten Tagen fühlen Sie sich hilflos ausgeliefert. Sie haben keine Wahl, stehen unter Druck, sitzen zwischen Stuhl und Bank, während man mehr von Ihnen erwartet, als Sie geben können. Was Sie wiederum dazu zwingt, Dinge zu tun, die Sie lieber nicht tun würden, wodurch Sie etwas von Ihrem Wert verlieren. Diese Dinge sind es, die das Leben wie eine geistlose Maschine aussehen lassen, von der Sie ausgebeutet werden.

Es ist beinahe so, als gäbe es zwei Wirklichkeiten, zwei Arten von Leben.

In einer Wirklichkeit sind wir Opfer, müssen das annehmen, was kommt und damit fertig werden, so gut wir können. Manchmal stehen die Chancen gegen uns, und wir können nichts Besseres tun, als unsere Verluste so klein wie möglich zu halten. Das Leben ist größer als wir und hat uns im Griff. Das Leben handelt – wir reagieren.

In der anderen Wirklichkeit scheint das Gegenteil wahr zu sein. Wir handeln, und das Leben reagiert. Wir gestalten unseren Tag so, wie wir möchten, und werden zu Dramaturgen, Regisseuren und Schauspielern auf der Bühne unseres Lebens.

Welches ist die echte Wirklichkeit? Es mag klar sein, welche von beiden wir bevorzugen, aber welche Wirklichkeit beschreibt das Leben, wie es wirklich ist? Gibt es eine Antwort auf diese Frage? Oder ist es einfach das, was wir glauben möchten?

An das Mögliche glauben

Wenn ich Sie jetzt bitten würde, anzunehmen, zu glauben sei alles und daß es einen Unterschied macht, was Sie glauben? Was wäre, wenn Sie glauben würden, daß Ihr Geist die Welt schafft, in der Sie leben, die Qualität des Tages bestimmt, den Sie verbringen, und das Leben färbt, daß Sie führen? Wenn Sie es glauben, können Sie selbst entscheiden, ob ein Tag für Sie gut oder schlecht ist, und die Verantwortung für Ihr Leben übernehmen. Sie können sich Ihr Leben so einrichten, wie Sie es sich vorstellen, weil der Geist das Leben erschafft, das Sie führen. Wenn das wahr ist, darf man Ihnen diese Information nicht vorenthalten.

Stellen Sie sich vor, es sei nicht wirklich wahr, daß das Leben zu seinen eigenen Bedingungen abläuft und wir es so nehmen müssen, wie es kommt. Wäre dies nicht wichtig zu wissen? Wenn es wahr wäre, daß wir unser Leben nach unseren eigenen Vorstellungen einrichten können, würden Sie das nicht gerne wissen? Könnte diese Wahrheit Ihnen zum Vorteil gereichen?

Ich weiß, daß es nicht zu stimmen scheint. Es ist einfach schwer zu glauben. Für den Augenblick würde ich deshalb gerne festhalten, daß der Gedanke wichtig und der Mühe wert ist, daß man ihn näher betrachtet. Er hat wichtige Auswirkungen auf Ihr Leben. Es gelingt Ihnen vielleicht noch nicht, an diese Möglichkeit zu glauben, aber bestehen Sie nicht darauf, daß es unmöglich ist. Was wir glauben, hat wichtige Konsequenzen. Bestimmt haben Sie schon von sogenannten »selbsterfüllenden Prophezeiungen« gehört.

Wir wissen eine Menge über selbsterfüllende Prophezeiungen. Wiederholt durchgeführte Untersuchungen im Klassenzimmer haben zum Beispiel aufgezeigt, daß Schüler, von denen Lehrer gute Arbeit erwarten, gute Leistungen erbringen, wohingegen Schüler, von denen erwartet wird, daß sie nicht so gut abschneiden, es meistens auch nicht tun. Haben Sie je die Erfahrung gemacht, welche Kraft es Ihnen gibt, wenn jemand wirklich an Sie glaubt? Es kann eine wunderbare Quelle der Unterstützung sein. Andererseits können wir uns in Anwesenheit eines Menschen, der nur an unsere Schwächen glaubt, sehr unwohl fühlen. Es macht uns so unsicher, daß wir versagen. Die Erwartung findet ihre Bestätigung.

Wo liegen die Grenzen der Macht des Glaubens? Die Wissenschaft beginnt erst, die Außenbezirke dieses Geheimnisses zu untersuchen. Die Macht des Glaubens ist viel stärker, als Sie vielleicht wissen.

In der Onkologie gibt es den bekannten Fall von einem Mr. Wright, der unheilbar an Krebs erkrankt war und glaubte, es werde bald ein Medikament geben, das ihn heilen werde. Als er hörte, im Krankenhaus, wo er behandelt wurde, würden Versuche mit dem neuen Krebsmittel Krebiozen durchgeführt, war er überzeugt, dieses Medikament würde ihm das Leben retten.

Mr. Wright verlangte wiederholt, daß sein Arzt ihn mit Krebiozen behandle. Schließlich gab dieser nach und verschrieb es ihm. Im Gegensatz zu den Versuchspersonen, die kaum auf die Behandlung mit Krebiozen ansprachen, erholte

Mr. Wright sich sehr schnell. Sein Krebs verschwand, er verließ das Krankenhaus und konnte zu seinem Alltag zurückkehren. Doch dann las Mr. Wright in der Zeitung, Krebiozen habe sich bei der Behandlung von Krebspatienten als unwirksam erwiesen. Innerhalb von Tagen kehrte sein Leiden zurück.

Mr. Wrights Arzt beschloß, einen Versuch zu wagen, und erklärte ihm, man hätte entdeckt, daß das Problem mit dem Krebiozen daher rühre, daß es nicht sehr lange frisch bliebe. Die Medikamente, die man an ihm versucht habe, seien alt gewesen, doch er habe jetzt eine neue Lieferung erhalten, von der er ihm eine Dosis verabreichen könne. Dieses Mal gab er Mr. Wright nur Wasser, was sich jedoch als noch wirksamer erwies und zu einer noch vollständigeren Remission führte als beim ersten Mal. Erneut verließ Mr. Wright das Krankenhaus, um sein gewohntes Leben wieder aufzunehmen. Leider las er später in der Zeitung, man habe endgültig nachgewiesen, daß Krebiozen unwirkam sei. Er wurde wieder krank und starb innerhalb von ein paar Tagen. In seinem und vielen anderen Fällen hatte der Glaube Macht über Leben und Tod.

Von der Vorstellung zur Wirklichkeit

Glauben und Erwartung haben eine große Wirkung. Wenn die Macht des Glaubens, wie im Fall von Mr. Wright, in Flaschen abgefüllt und verkauft werden könnte, wäre es ein Zaubermittel. In Wirklichkeit ist diese Macht bereits portionenweise erhältlich. Sie befindet sich in Ihrem Kopf, genaugenommen in Ihrer Vorstellungskraft.

Schauen Sie sich um. Wie viele Dinge sehen Sie, die in der menschlichen Vorstellung existierten, ehe sie in die materielle Wirklichkeit umgesetzt wurden? Häuser, Autos und Kleider, um nur ein paar zu nennen. Alle diese menschlichen Erfindungen waren erst Ideen. Sie gingen aus dem Geist hervor.

Sind Sie je in Disneyland oder Disney World gewesen und haben sich Gedanken darüber gemacht, daß die Disney-Welt erst eine Idee in Walt Disneys Phantasie war? Er zeichnete Figuren und fragte sich, wie er sie zum Leben bringen konnte. Damals wurde der Trickfilm gerade erst erfunden. Disney arbeitete hart an der Entwicklung dieser Kunstform. Schließlich gelang es ihm, Mickey Mouse zum Leben zu erwecken, eine Idee in seinem Kopf! Wenn wir Mickey Mouse in einem Trickfilm sehen, kommt uns die Figur wirklich vor. Das Kind in Ihnen glaubt an ihre Wirklichkeit. Die holographischen 3-D-Trickfilme, die heute hergestellt werden, lassen Mickey sogar noch echter wirken. Und dies fing alles in der Vorstellung Walt Disneys an.

Vorstellungskraft, gepaart mit einer positiven Einstellung oder Erwartungshaltung, ist eine hochwirksame Kombination. Denken Sie nur, wie viele Erfindungen, die unsere Welt so wunderbar machen, wie sie ist, dieser besonderen Mischung zu verdanken sind, die manchmal »visionäre Entschlossenheit« genannt wird – die Glühbirne, das Flugzeug, die Rakete und viele andere mehr.

Wir lenken die positiven Energien von Glauben und Einstellung durch unsere Vorstellungskraft. Dank ihrer können wir Dinge tun, von denen wir glaubten, sie seien unmöglich, ehe wir dieses Buch lasen.

Nehmen wir den Fall von Garrett Porter. Als er zehn Jahre alt war, sagte man ihm, er hätte einen Gehirntumor, den man nicht operativ entfernen könne. Eine Bestrahlung hätte wenig Erfolg, er würde bald sterben.

Garrett hatte Glück, in Topeka zu wohnen, wo sich die Menninger-Klinik befindet. Pat Norris, eine Psychologin dieser Klinik, führte gerade Untersuchungen über die Rolle der Vorstellungskraft im Heilungsprozeß durch. Sie zeigte Garrett, wie er seine Vorstellung auf eine spezielle und konzentrierte Art einsetzen konnte, um seinen Körper anzuweisen, die Krebszellen in seinem Gehirn zu zerstören. Tag für Tag arbeiteten sie gegen die Zeit.

Ein- bis zweimal täglich stellte Garrett sich vor, die weißen Blutkörperchen in seinem Blutkreislauf würden die Krebszellen fressen. Eines Tages erklärte der Junge, er könne in seiner Vorstellung keinen Gehirntumor mehr finden. Eine Computertomographie bestätigte die Botschaft seines Geistes – der Tumor war weg. Er und Dr. Norris schrieben ihre Geschichte in *I Choose Life* nieder, damit andere Menschen erfahren konnten, daß es diese Hoffnung gibt.

Garretts Geschichte ist ein Beispiel dafür, wie der Geist die Wirklichkeit des Körpers unmittelbar verändern kann. Das Bewußtsein übernahm die Kontrolle und löschte den Tumor aus. Oft meinen wir, wenn wir eine positive Einstellung kultivieren und uns auf die schönen Seiten des Lebens konzentrieren oder uns alles mögliche vorstellen, sei das nur ein Zückerchen, wie der Zucker, der ein Medikament besser schmecken läßt, ansonsten aber keinerlei Wirkung hat. Garretts Geschichte zeigt, daß eine positive Einstellung mehr bedeuten kann, als einem Medikament einfach nur einen Löffel Zucker beizugeben. Es ging nicht nur darum, eine schlimme Situation erträglicher zu machen. Garrett veränderte die Wirklichkeit. Der Tumor war verschwunden. Der Geist ist in der Lage, die Entwicklungen des Körpers zu kontrollieren.

Die Fälle von Mr. Wright und Garrett Porter kommen uns zu schön vor, um wahr zu sein. Aber sie sind wahr. Und es sind nicht die einzigen Fallbeispiele dieser Art. Die geheimen Kräfte des Geistes sind in Laboratorien und Kliniken auf der ganzen Welt bestätigt worden, und es werden jeden Tag mehr.

Die Revolution des Bewußtseins

Seit den Sechzigern sind die Dinge nicht mehr das, was sie waren. Etwas ist damals geschehen, das die Art, wie wir die Welt sehen, unwiderruflich verändert hat. Damals fand der Anfang der »Revolution des Bewußtseins« statt.

Es war die Zeit des Vietnamkrieges, dessen Schrecken, Frustrationen, Widersprüche und Verwirrungen den Ausdruck »ausgebrannt« gebaren. Der chronische Würgegriff von Streß, Übermüdung und Entmutigung angesichts widersprüchlicher Ideale und Erwartungen hat das Gefühl des Ausgebranntseins (Burnout-Syndrom) in vielen Lebensbereichen zu einem bekannten Phänomen werden lassen und zu einer intensiven Neubewertung vieler unserer Annahmen geführt. Da alte Lösungen nicht mehr greifen, hat sich die Einsicht durchgesetzt, daß »mehr Arbeit« durch »intelligentere Arbeit« ersetzt werden muß. Wir brauchen neue Ansätze, die von einer anderen Sicht der Dinge ausgehen.

Als Teil der Wirren der Zeit beinhalteten die sechziger Jahre auch die Explosion der psychedelischen Szene. Der Gebrauch von Drogen war nicht das, was an Psychedelika so einflußreich war. Der Mensch hat sich immer schon betäubt, und wir haben schon immer gewußt, daß es nicht gesund ist. Ausschlaggebend war, daß es sich um psychedelische Drogen handelte. Das Wort bedeutet »den Geist enthüllend«. Es waren Drogen, die den ansonsten unsichtbaren Geist »aufdrehten«, damit er sichtbar wurde. Psychedelische Drogen enthüllten vielen Menschen auf dramatische Weise, daß der Geist an und für sich eine wichtige und kreative Wirklichkeit ist. Wer Glück hatte, verstand die Botschaft und wandte sich anderen Methoden zu. Für viele war Haschisch keine Einstiegsdroge für Heroin, sondern für Meditation.

Unter ihnen waren die Beatles. Während sie in der Musik neue Akzente setzten und ihr eine neue gesellschaftliche Bedeutung verschafften, waren wir Zeugen, wie sie durch Drogenerfahrungen zu Besuchen beim Maharishi inspiriert wurden. In ihrem Film *Yellow Submarin* verkünden sie das Geheimnis, das in unserem Leben zur Zeitbombe gerät: »Es ist alles in deinem Kopf.«

Beatles-Fans war klar, was das bedeutete. Es klang nach »so tun als ob«, wie die Trickeffekte des Films so überraschend verdeutlichten. Es gab aber auch das Verständnis, daß ein tieferes Geheimnis enthüllt wurde: Der Geist ist sowohl der Zweck als auch das Ziel der Wirklichkeit. Alles, was wir suchen, können wir in uns selbst finden. Die Liebe, die wir von anderen herbeisehnen, hat ihren Ursprung in der Liebe, die wir in unserem eigenen Herzen entstehen lassen, alte Wahrheiten, die heute von den Helden der Popkultur auf der Kinoleinwand und über den Äther verbreitet werden.

Zwanzig Jahre später erklärt Shirley McLaine in ihrer Fernseh-Miniserie *Tanz im Licht*: »Sie schaffen Ihre eigene Wirklichkeit!« Es ist dieselbe Aussage wie die der Beatles, nur in anderer Verpackung. Dennoch waren von den zig Millionen Zuschauern, die dieses Programm sahen, viele verwirrt, wenn nicht empört, über ihre Behauptungen. Noch Wochen danach hörte ich im Dampfbad Männer, die normalerweise nur über Sport reden, Shirleys Geschichte. Über Monate hinweg lieferte sie Material für Johnny Carson und andere Fernsehmoderatoren. Sie hatten eindeutig einen Nerv getroffen, auch wenn ihre Botschaften von vielen mißverstanden wurden.

Auch gab es viele, die in ihrer Show nichts als eine Bestätigung ihrer eigenen Erfahrungen und Ideen fanden. In den zwei Jahrzehnten von den Beatles bis zu Shirley McLaine ist die Revolution des Bewußtseins in Laboratorien auf der ganzen Welt, in Tausenden von Büchern und unzähligen Workshops und Kursen gewachsen, hat Wurzeln gefaßt und Früchte getragen. Die Gehirnforschung, die Psychologie der Meditation und viele andere Forschungsbereiche haben Daten gesammelt und Theorien aufgestellt, die zu neuen Annahmen über das Gehirn geführt haben, die die kontroversen Äußerungen der Beatles und von Shirley McLaine bestätigen.

Edgar Cayce: Der »schlafende Prophet«

In den sechziger Jahren war ich in einem dieser Laboratorien den Geheimnissen der Erinnerung auf der Spur, als ich erstmals mit der Arbeit von Edgar Cayce konfrontiert wurde. Ich interessierte mich für das Phänomen des Gedächtnisschwunds und fragte mich, wie jemand seine Identität und Lebensgeschichte vergessen konnte. Ich hatte mich entschlossen, eine alltägliche Form der Amnesie zu untersuchen, das Vergessen von Träumen, bei dem die Erlebnisse der Nacht am nächsten Morgen nicht mehr erinnert werden. Hatte der Schlaf etwas mit dem Vergessen zu tun? Konnte eine Hypnose die Erinnerungen zurückbringen? Das waren die Fragen, denen ich nachging, als ein Freund mir ein Buch von Edgar Cayce gab, in dem stand, was er von Träumen hielt. Was ich dort las, veränderte den Verlauf meines Lebens und meiner Arbeit.

Zunächst entdeckte ich, daß Edgar Cayce gelernt hatte, sich in einen von ihm selbst hervorgerufenen, hypnotischen Schlaf zu versetzen. Später konnte er sich nicht an das erinnern, was er während dieses Schlafs gesagt hatte. Andererseits war sein Gedächtnis enorm, wenn er sich in diesem erweiterten Bewußtseinszustand befand. Es ging über seine Erfahrungen hinaus und umfaßte historische Begebenheiten und die

Erfahrungen von Menschen, die vor vielen Jahrtausenden gelebt hatten. Er trat in einen »überbewußten Zustand« ein und zeigte ein Verständnis der Dinge, die seinen bescheidenen Wachzustand weit übertrafen. Im Alltag war er Fotograf und Sonntagsschullehrer. Nur während seiner besonderen Trancen wurde er zum »schlafenden Propheten«.

Er war vor allem wegen seiner medizinischen Diagnosen bekannt. Wenn man ihm nur den Namen eines Menschen nannte, der sich ganz woanders aufhielt, konnte er dessen Leiden beschreiben und eine Behandlung verordnen. Damals, in den Jahren von 1901 bis 1944, klangen seine Verordnungen merkwürdig. Heute gilt er als Vater der ganzheitlichen Medizin, jener Heilansatz, der den gesamten Menschen behandelt – Körper, Geist und Seele.

Ich fand die Psychologie Cayce' besonders bemerkenswert. In seinem überbewußten Zustand ging er von einem anderen Verständnis des Geistes aus, als ich in der Schule gelernt hatte. Dennoch schienen seine Ideen sehr wichtig, weil sie mir dabei halfen, vielen gewöhnlichen Wundern des Geistes einen Sinn zu verleihen. Er meinte auch, wo es um unsere geistigen Kräfte gehe, würden wir alle an Gedächtnisschwund leiden, und daß wir aufwachen und sie zu unserem Vorteil einsetzen sollten.

Was Edgar Cayce zu sagen hatte, versetzte mich in Erstaunen. Ich suchte in der Bibliothek nach weiterem Material über sein Leben. War er eine Laune der Natur? Ich entdeckte, daß es andere Beispiele von Menschen wie ihn gibt. Auch andere Menschen hatten entdeckt, daß es hinter dem normalen Wachbewußtsein einen anderen, allwissenden Geist gibt. Ich stellte fest, daß dieser überbewußte Geist, gleichgültig, durch wen er spricht, überraschend ähnliche Dinge über die Psychologie des Bewußtseins zu sagen hat. Was Edgar Cayce so einmalig machte, erfuhr ich, war, daß er diese Lehren aus dem

Überbewußtsein in seinem Alltag beherzigte. Indem er sie auf seine täglichen Angelegenheiten anwandte, entwickelte er in sich eine noch größere Fähigkeit, sich von einer überbewußten Quelle inspirieren zu lassen. Seine wichtigste Motivation war, Informationen empfangen zu können, die den Menschen dabei helfen konnten, ein besseres Leben zu führen.

Die Geheimnisse des Geistes neu bewerten

Auch wenn es so scheint, als wäre Edgar Cayce' Geisteszustand etwas Magisches, hat er eine sehr einfache Botschaft für Sie und für mich, die besagt, daß der Geist, den er im Schlaf benutzt, derselbe Geist ist, der in uns allen existiert. Er ist jede Nacht in unseren Träumen aktiv und steht uns auch während des Tages auf allerlei Arten zur Verfügung.

Der Geist ist kein Spiegel der Wirklichkeit, sondern mehr wie ein holographisches Studio, das Bilder erschafft und sie auf die Leinwand des Bewußtseins projiziert, wo sie zu dem werden, was wir für wirklich halten. Der Geist sieht nicht nur zu, wie das Leben an ihm vorbeizieht, und kann mehr als intellektuelle Hochrechnungen anstellen. Unser Bewußtsein ist eine lebendige, aktive und kreative Kraft in unserem Leben. Wer ist am Ruder dieser mächtigen Kraft? Sie können es sein! Lassen Sie uns damit beginnen, daß wir den Schleier lüften, der die Tiefen des Bewußtseins schützt, und sehen, was darunter liegt.

Teil I

Die Geheimnisse des Geistes

Auch wenn der Geist unsichtbar ist, verfügt er über große Macht und ist eindeutig etwas anderes, als wir uns normalerweise vorstellen. Kann es sein, daß das Fenster, durch das wir das Leben betrachten – der menschliche Geist –, in Wirklichkeit ein Licht ist, das ein geheimnisvolles Bild auf die Bühne wirft, die wir Leben nennen? Kann es sein, daß das Leben nur ein Traum ist? Kann der Geist die erstaunlichen Eigenschaften aufweisen, die von Cayce' medialem Trancezustand angedeutet werden? Um diese Fragen beantworten zu können, werden wir die Geheimnisse des Bewußtseins untersuchen.

Doch erst werden wir uns einigen bekannteren geistigen Geheimnissen zuwenden, die uns weniger fremd sind. Dabei werden wir mehr über unseren stillen Partner erfahren: über das Unterbewußtsein. Dieses versteckte Genie knapp jenseits unseres Bewußtseins verfügt über einige erstaunliche Fähigkeiten.

Wenn Sie sich je Gedanken über ASW gemacht haben, wird es Sie interessieren zu erfahren, wie das Unterbewußtsein telepathische Eindrücke auffängt. Wo es um die Bedeutung der Telepathie geht, wartet Cayce mit einer Überraschung auf. Eines der Geheimnisse des Bewußtseins ist nämlich, daß es nicht dort stattfindet, wo wir es erwarten würden. Laut Cayce findet Bewußtsein nicht im Gehirn statt, sondern in einer eigenen, vierten Dimension. Das, von dem Sie meinen, es sei »Ihr Bewußtsein«, ist nichts als ein kleiner Vertreter des totalen Geistes, der unendlich ist.

Sie können durch Gedanken Zugang zu diesem unendlichen Geist finden. Gedanken sind gleichzeitig überall und existieren nicht nur dann, wenn wir sie denken. Während wir die Bedeutung dieser ungewöhnlichen Sichtweise untersuchen, werden wir bemerken, daß Cayce die Wirklichkeit auf den Kopf stellt. Er verleiht dem Geist eine kosmische und spirituelle Perspektive. Sie erfahren, daß eines der wichtigsten Geheimnisse des Bewußtseins darin liegt, daß es eine Dimension der Seele ist. Cayce erklärt, wie die Seele ihre Wirklichkeit durch das Bewußtsein ausdrückt, und gibt uns eine Formel der Erschaffung unserer Wirklichkeit. Wir werden sehen, wie es sein kann, daß das, was wir als Leben erfahren, ein Traum der Seele ist.

Cayce' metaphysische Sicht des Bewußtseins zu verstehen, wird für Sie neue Lebenserfahrungen darstellen. Was Sie hier lernen, wird Ihnen helfen, die dynamische Kraft hinter dem praktischen Rat zu sehen, den Cayce uns gibt, damit wir aus den versteckten Mächten des Bewußtseins ein ideales Leben gestalten können. Daß der Geist der Weg ist, um ein besseres und bedeutungsvolleres Leben zu schaffen, ist wahrlich sein größtes Geheimnis.

Kapitel 2

Das Unterbewußtsein: Verstecktes Genie im Geist

Die Untersuchung der unterbewußten, unterschwelligen Kräfte der Psyche ist und sollte für die menschliche Gemeinschaft die höchste Aufgabe sein. Durch die Erforschung des Selbst wird der Mensch seinen Schöpfer erkennen, indem er die Beziehung zwischen seinem Selbst und seinem Schöpfer verstehen lernt, was der Mensch nur aus sich selbst heraus erfassen kann. Dieses Verständnis ist das Wissen, das in diesem Zustand gegeben ist.

Edgar Cayce 3744–4

Ist der Geist nicht so, wie wir ihn erfahren? Das wäre eine natürliche Annahme. Der Geist ist einfach da, als lebendiger Spiegel dessen, wer wir sind, wie auch ein Spiegel unserer Umwelt. Manchmal vermuten wir jedoch, daß ein Teil des Geistes sich außerhalb unseres Bewußtseins befindet. Wer fuhr das Auto, während wir unseren Tagträumen nachhingen? Wo kommen unsere Ahnungen her?

Ausdrücke wie »unterbewußt« oder »unbewußt« sind uns heutzutage sehr geläufig. Wir haben alle schon von Freud und der Psychoanalyse gehört. Doch das Unterbewußte, das Freud berühmt gemacht hat, leidet unter dem Ruf, ein dunkler und verlassener Bereich zu sein, den man lieber in Ruhe läßt.

»Weiß der Teufel, welche dunklen und bösen Geheimnisse

in den Herzen der Menschen lauern!« Wir würden es lieber nicht wissen. So etwa sieht es mit der allgemeinen Einstellung gegenüber dem Unterbewußten aus.

Lassen Sie uns ein neues Licht auf die Fläche des Geistes werfen. Das Unterbewußtsein hat eine schlechte Presse gehabt. Wir wollen es anders anpacken. Geschichten über Monster in der Tiefe werden uns nicht abschrecken, wenn wir lernen können, die Tiefen des Bewußtseins zu untersuchen und die wunderbaren Schätze zu entdecken, die dort auf uns warten.

In den Bewußtseinsstrom eintauchen

Befindet sich Ihr Geist außerhalb Ihrer Kontrolle? Der Gedanke ist beängstigend. Niemand stellt sich gerne vor, er habe die Kontrolle über seinen Geist verloren. Ein Geist außer Rand und Band bedeutet, daß der betreffende Mensch verrückt geworden ist. Sie nehmen wahrscheinlich an, Sie hätten Ihren Verstand unter Kontrolle.

Wenn wir sagen, wir seien »geteilter Meinung«, bedeutet das meistens, daß wir über etwas auf mehr als eine Art denken. Wir haben gemischte Gefühle. So ist es vielleicht auch mit unserer Einstellung gegenüber dem Unterbewußtsein. Es kann große Schätze für uns bereithalten, gibt uns aber auch zu verstehen, daß wir unser Bewußtsein nicht immer in der Hand haben. Es gibt Teile unseres Geistes, die uns beherrschen können. Dennoch müssen wir diese Schranke passieren.

Lassen Sie uns ein wenig in das Unterbewußtsein eintauchen und sehen, wie sich das anfühlt. Danach werden Sie erkennen, daß ich Ihnen eine bekannte, aber oft mißverstandene Seite Ihres Bewußtseins gezeigt habe.

Nehmen wir einmal an, Sie hätten die Kontrolle über Ihren Geist. Also wählen Sie jetzt etwas, woran Sie denken können – irgend etwas. Machen Sie es sich einfach und nehmen Sie ein einziges Wort oder ein geistiges Bild. Wählen Sie etwas Einfaches, um sich darauf zu konzentrieren.

Jetzt beginnen Sie, sich auf diese eine Sache zu konzentrieren. Schließen Sie die Augen und sagen Sie dieses eine Wort immer wieder. Halten Sie dieses geistige Bild in Ihrem Bewußtsein fest und konzentrieren Sie sich darauf. Denken Sie keine anderen Gedanken und stellen Sie sich keine anderen Bilder vor. Halten Sie Ihre Aufmerksamkeit einfach auf diese eine Sache gerichtet. Hören Sie jetzt mit dem Lesen auf und versuchen Sie es vielleicht dreißig Sekunden lang ... Wie ist es gelaufen? Waren Sie in der Lage, Ihre Konzentration ohne Unterbrechungen aufrechtzuerhalten? Oder sind andere Gedanken und Bilder aufgetaucht? Ist Ihr Geist gewandert? Wenn Sie so reagieren wie die meisten Menschen, haben Sie feststellen müssen, daß Ihr Geist ein Eigenleben hat. Es gibt einen Gedankenstrom. Sie werden feststellen, daß Sie viele andere Gedanken denken neben dem, auf den Sie sich konzentrieren wollten. Wenn Sie meinen, daß Ihnen einfach nur langweilig wurde und Sie das Experiment durchführen könnten, wenn Sie es wirklich tun wollten, beweisen Sie es! Sonst werden Sie zugeben müssen, daß sich Ihr Geist weniger unter Ihrer Kontrolle befindet, als Sie vermuteten.

Haben Sie je Augenblicke erlebt, wenn Sie Ihren Geist beherrschen wollten und es nicht konnten? Manchmal können wir am Abend nicht gut einschlafen, weil unzählige Gedanken durch unseren Kopf ziehen. Andere Male denken wir Gedanken, die wir lieber nicht denken würden. Manchmal können wir unsere Gedanken nicht sammeln oder können uns nicht an etwas erinnern, an das wir uns erinnern möchten.

Sie haben vielleicht auch Momente gehabt, als Ihr Geist

ohne Ihr Dazutun ziemlich gut funktionierte. Gedanken und Ideen flossen frei. Vielleicht war es anläßlich eines guten Gesprächs mit einem Freund über ein Thema, das Ihnen am Herzen lag. Sie stellten fest, daß Sie allerlei weise oder intelligente Dinge sagten, von denen Sie nicht einmal wußten, daß sie Ihnen geläufig waren. Sie mußten sich nicht anstrengen, um sich das auszudenken, weil die Gedanken einfach kamen. Es war, als seien Sie inspiriert gewesen.

Je besser Sie den Geist kennenlernen, desto mehr werden Sie realisieren, daß er nicht etwas ist, das Sie auf die gewohnte Art kontrollieren können. Der Geist mag ein Werkzeug sein, das Ihnen zur Verfügung steht, aber das heißt noch lange nicht, daß er untätig ist, wenn Sie ihn nicht benutzen. Auch wenn Sie lernen können, ihn anzuleiten, hat der Intellekt einen eigenen Willen. Er ist bestimmt nicht einfach nur ein passiver Spiegel, der darauf wartet, das zu reflektieren, was ihm vor die Nase kommt, sondern er verfügt über ein eigenes, aktiveres Leben, als Sie sich bewußt sind.

Der Gedankenstrom, den Sie erlebt haben, kommt aus Ihrem Unterbewußtsein. Auch wenn Sie sich nicht bewußt entschließen, diese Gedanken zu denken, haben Sie wahrscheinlich einige davon erkannt. Sie waren Ihnen nicht fremd. Als Sie ihrer gewahr wurden, fühlten sie sich so an, als seien es Ihre eigenen Gedanken. Sie dachten an andere Dinge. Das waren die Gedanken, die sozusagen »in Ihrem Geist« waren. Sie sehen, daß in Ihnen mehr Tiefe ist als einfach nur die oberste Schicht Ihres Bewußtseins. Unter dieser Schicht gibt es weitere Gedanken, Bilder und Gefühle. Kämen diese Gedanken alle gleichzeitig an die Oberfläche, würden sie Sie verwirren. An dieser Stelle hilft Ihnen das Unterbewußtsein.

Die oberste Schicht des Bewußtseins ist wie ein Diener oder ein Assistent. Er ordnet Ihre Gedanken, macht Sie verfügbar und überläßt Ihnen die Auswahl. Wenn Sie mit einer

Situation konfrontiert sind, sammelt Ihr Unterbewußtsein sofort viele Gedanken, die es für Sie bereithält. Diese Bewußtseinsschicht erlaubt es Ihnen, je nach Wunsch, mehrere Gedanken gleichzeitig zu denken. Wahrschcinlich ist Ihnen dieser Teil des Unterbewußtseins bereits bekannt, auch wenn Sie ihn bis jetzt nicht näher bezeichnet haben. Es ist ein nicht unfreundlicher, hilfreicher Teil von Ihnen.

Das Bewußtsein ist wie ein Strom. Wasser fließt in vielen Tiefen. Wir tauchen mit unserer Aufmerksamkeit in diesen Strom ein und bringen das an die Oberfläche, was wir in diesem Moment brauchen. Wir kontrollieren den Strom nicht in dem Sinn, daß wir ihn an- oder abstellen können, noch haben wir einen direkten Einfluß auf das, was durch ihn hindurchfließt. Dennoch beeinflussen wir, worauf er sich richtet und was er an die Oberfläche bringt. Es gibt vieles unter der Oberfläche, das wir brauchen könnten, wenn wir nur tief genug eintauchen.

Der Verstand ist eng und zerbrechlich im Vergleich zu den Tiefen und Geheimnissen des Unterbewußtseins. Das Unterbewußtsein ist unser Verbündeter. Es ist, als stünden Superwoman oder Superman neben uns, bereit, uns beizustehen. Auch wenn das Unterbewußtsein sich versteckt, ist es ein echtes Genie. Lassen Sie uns einige sehr spektakuläre Fähigkeiten untersuchen.

Die subtile Macht des Unterbewußtseins

Das Unterbewußtsein ist wie ein gebündelter Lichtstrahl. Es scheint sehr hell, aber nur auf eine begrenzte Stelle. Was es gewinnt, weil es so intensiv konzentriert sein kann, verliert es an anderen Fähigkeiten. Während das Ziel Ihrer Aufmerksamkeit Ihren Verstand fokussiert, verfügt Ihr Unterbewußtsein über ein diffuses Gewahrsein in alle Richtungen. Es reagiert so hyperempfindlich wie die neueste Radaranlage.

Nichts entgeht der Aufmerksamkeit des Unterbewußtseins. Während Sie sich auf eine Aufgabe konzentrieren, nimmt es nebenbei eine große Informationsmenge um Sie herum auf. Darin gleicht es einem Hund oder einer Katze, die neben Ihnen sitzt und Sie bewacht. Es kennt den Unterschied zwischen normalen und unerwarteten Ereignissen. Während Sie zum Beispiel dieses Buch lesen, sind Sie so gut wie taub für die vielen Geräusche in Ihrer Umgebung. Sollte jedoch ein fremdes Geräusch auftauchen, setzt Ihr Unterbewußtsein Sie sofort davon in Kenntnis und läßt Sie die Ohren spitzen.

Sie werden feststellen, daß Ihr Unterbewußtsein besser aufpaßt als Sie, wenn jemand unerwartet zu Ihnen spricht. Vielleicht reagieren Sie instinktiv und sagen: »Hmm?« Sie paßten nicht auf, als diese Person zu sprechen begann, also nahmen Sie an, Sie hätten sie nicht gehört. Beinahe ehe Ihr Gegenüber das Gesagte wiederholen kann, wiederholt Ihr Unterbewußtsein es jedoch für Sie. Sie hören ein geistiges Replay des Gesagten, das wie eine Tonbandaufnahme wirkt, weil Sie sogar den Ton der Stimme hören. Ihr Unterbewußtsein hat das Ereignis perfekt registriert, während Sie nicht aufpaßten.

Das Unterbewußtsein ist so empfindlich, daß es Dinge wahrnehmen kann, die Ihr bewußter Geist unmöglich erkennen könnte. Man könnte sagen, daß es »verstärkte Sinne« hat, ein hochentwickeltes Wahrnehmungssystem, das über normale menschliche Fähigkeiten hinausgeht.

Sicherlich haben Sie schon von subtil eingesetzter Werbung gehört und haben vielleicht schon Anzeigen für Tonkassetten gesehen, die Botschaften für Ihr Unterbewußtsein enthalten. Auf die Macht der Suggestion werden wir später noch zurückkommen. Für den Augenblick konzentrieren wir uns jedoch auf die Fähigkeit Ihres Unterbewußtseins, unterschwellige Anregungen zu empfangen, die Ihnen nicht bewußt sind. Sie werden überrascht sein, wie sensibel das Unterbewußtsein reagieren kann.

Ein unterschwelliger Reiz kann auf verschiedene Arten zustande kommen. Er kann durch das Raunen eines Klangs hervorgerufen werden, als Berührung, Geruch oder Geschmack auftreten und sogar intuitiv erscheinen. Wir empfangen auf subtilem Weg einiges an telepathischen Informationen. Alles, was »unterschwellig« oder »subliminal« bedeutet, heißt, daß die Botschaft vom bewußten Verstand nicht registriert wird.

Wissenschaftler, die empfindliche Mikroelektroden einsetzen, um die Gehirntätigkeit zu messen, können bestimmen, ob das Gehirn Empfindungen registriert. Sie haben festgestellt, daß das Gehirn Körperberührungen wahrnimmt, die so leicht sind, daß der Mensch selbst davon nichts merkt. Dasselbe gilt für visuelle Reize. Das Gehirn sieht mehr, als uns Menschen bewußt ist. Darüber hinaus haben Untersuchungen von Gehirnaufnahmen gezeigt, daß das Gehirn nicht nur den Reiz entdeckt, sondern auch seine Bedeutung auswertet. Das Unterbewußtsein nimmt Dinge wahr, von denen der Intellekt keine Ahnung hat, und es versteht ihre Bedeutung.

Betrachten wir folgende Situation: Sie hören irgendeine instrumentale Musik und bemerken nichts Besonderes an ihr. In Wirklichkeit ist in dieser Musik eine verbale Botschaft versteckt worden, die so leise ist, daß Sie sie nicht hören können. Eine Stimme sagt: »Sie gehen eine endlos lange Treppe hoch.« Auch wenn Ihnen nicht bewußt ist, daß es eine Botschaft gibt, hört Ihr Unterbewußtsein sie. Woher wir das wissen? Versuche haben gezeigt, daß die Botschaft Ihre Reaktion auf die Musik beeinflußt.

Wenn Sie zu dieser Musik tagträumen oder einfach die

Worte aufschreiben, die Ihnen dazu einfallen, werden Ihnen Ihre Gedanken Hinweise auf die Botschaft liefern. Im Vergleich zu Menschen, die dieselbe Musik ohne subliminale Botschaft hören, werden Ihre Assoziationen garantiert mehr Hinweise auf Themen enthalten, die mit Treppensteigen zusammenhängen. Ihr Tagtraum wird mehr von einer Anstrengung, Müdigkeit, einem Fußmarsch, einer Untersuchung, Klettern, ein Ziel erreichen und verwandten Themen handeln. Ihr Unterbewußtsein hat den Inhalt der unterschwelligen Botschaft aufgenommen, als sei er Teil der Musik.

Subliminale Botschaften funktionieren auch, wenn Sie unterschwellige Anreize bewußt wahrnehmen. Wenn man die verbale Botschaft schneller und schneller aufnimmt, wird sie auf ein Quietschen reduziert. Wenn dieses kleine Quietschen der Musikaufnahme beigemischt wird, können Sie es hören. Es klingt beinahe wie eine weitere, leicht deplazierte Note. Wenn Sie das Stück nachklingen lassen, wird sich die Auswirkung der unterschwelligen Botschaft erneut zeigen. Für Ihren Verstand war es nur ein winziges Quietschen, doch für Ihr Unterbewußtsein war es eine völlig verständliche Botschaft.

Denken Sie einen Augenblick darüber nach, was diese Versuche über die Wahrnehmungsfähigkeit des Unterbewußtseins aussagen.

Die subliminale Macht Ihres Unterbewußtseins betrifft auch den Geruchssinn. Sie reagieren auf Gerüche, die Ihr bewußter Verstand nicht einmal wahrnimmt. Cayce bemerkt, daß Gerüche eine größere Wirkung auf uns haben als irgendein anderer Sinneseindruck. Viele von diesen Wirkungen finden unterschwellig statt. Die Wissenschaft hat gerade erst damit begonnen, die Einflüsse solch subtiler Gerüche zu untersuchen.

Während der Menstruation reagiert eine Frau sehr empfindlich auf den Geruch anderer Frauen. Wenn Frauen viel

Zeit zusammen verbringen, stimmen sich ihre Regeln aufeinander ab. Wissenschaftler haben den Achselschweiß von regelmäßig menstruierenden Frauen genommen und auf Frauen mit unregelmäßiger Menstruation übertragen. Als sie diese Gerüche auf ihrem Körper trugen, pendelte sich ihre Menstruation ein.

Englische Wissenschaftler haben männlichen Achselschweiß ohne merklichen Duft auf öffentliche Toilettentüren gestrichen. Die entsprechenden Toiletten wurden von Männern, aber nicht von Frauen, gemieden. Die Forscher spekulierten, Männer würden Toiletten bevorzugen, die keinen Hinweis dafür liefern, daß ein anderer Mann sie gerade benutzt hat. Die unbewußte Reaktion auf einen subtilen Geruch ließ auf männliches Territorialverhalten schließen. Unsere tierischen Instinkte sind nicht so leicht zu vergessen.

Wir meinen, wir hätten nur fünf Sinne, aber das Unterbewußtsein verfügt über mindestens einen sechsten Sinn. Dieser reagiert auf Elektromagnetismus. Die Fähigkeiten, Wasser aufzuspüren, ist eine Reaktion auf einen unterschwelligen elektromagnetischen Reiz. Diese Reaktion verleiht uns auch unseren Orientierungssinn. Ein Forscher fuhr Schulkinder mit verbundenen Augen weit von zu Hause fort und bat sie, ihm die Richtung des Rückwegs zu zeigen, was ihnen ohne weiteres gelang. Bei einem anderen Versuch enthielten die Augenbinden jedoch kleine Magnete, die den Orientierungssinn der Kinder verwirrten, so daß sie den Heimweg nicht finden konnten. Das Unterbewußtsein verfügt wahrscheinlich noch über weitere Sinne, die es zu entdecken gilt.

Die Sensibilität des Unterbewußtseins scheint keine Grenzen zu kennen. Es ist so empfindlich, daß es wahrnehmen kann, wenn jemand auch nur an uns denkt. Es ist etwas an dem Gedanken, daß jemand an Sie denkt, wenn Sie es in Ihrem Ohr »klingeln« hören. Die unterschwelligen Kräfte des Unterbewußtseins schließen außersinnliche Wahrnehmungen ein. Darüber werden wir später mehr erfahren.

Versuchen Sie, sich Ihr Unterbewußtsein bildlich vorzustellen! Visualisieren Sie es als ultrasensitiven Empfänger von Informationen. Wie würden Sie es darstellen? Vielleicht sehen Sie es als ein Netz von Antennen, das Ihren Körper umgibt? Oder Sie sehen es als unsichtbare Augen, Ohren, Nase usw., doch viel größer als Ihr körperliches Sinnesrüstzeug. Entwickeln Sie ein positives Bild von Ihrem Unterbewußtsein, damit Sie sich näher mit ihm anfreunden können.

Das perfekte Gedächtnis des Unterbewußtseins

Nicht nur ist das Unterbewußtsein äußerst feinfühlig, es hat auch das Gedächtnis eines Elefanten. Sie haben wahrscheinlich schon davon gehört, daß man Hypnose einsetzt, um vergessene Gedanken aufzuspüren. Neuere Gerichtsentscheide haben die Rechtsgültigkeit der Hypnose als Mittel anerkannt, um dem Erinnerungsvermögen von Menschen nachzuhelfen, die Zeugen eines Verbrechens waren. Die Leute sehen viel mehr, als sie wissen oder erinnern können, doch das Unterbewußtsein merkt es sich. Unter Hypnose kann ein Mensch die Vergangenheit geistig mit solch präziser Lebendigkeit wiederholen, daß er Einzelheiten beschreiben kann, die ihm zuvor gar nicht aufgefallen waren.

Menschen sind unter Hypnose zu ihren frühen Kindheitserfahrungen zurückgekehrt und haben sie in erstaunlichen Details wiedererlebt. In einer Studie wurden hypnotisierte Erwachsene bis zu ihrem zehnten, siebenten und vierten Geburtstag zurückversetzt, und sie beschrieben die Ereignisse an jedem von diesen Tagen. Sie beantworteten ebenfalls Testfragen über den Tag, an dem der Geburtstag stattfand. Der

Kalender bewies die Richtigkeit ihrer Erinnerung. Die Trefferquote für den zehnten Geburtstag lag bei 93 Prozent. 82 Prozent konnten sich an den Tag ihres siebenten Geburtstages erinnern, und 69 Prozent wußten noch, welcher Tag an ihrem vierten Geburtstag gewesen war. Ein vierjähriges Kind ist sich vielleicht nur unterschwellig des Wochentages bewußt. Jahre später bewahrt das Unterbewußtsein jedoch immer noch eine genaue Erinnerung an diesen Tag.

In unseren Träumen sind wir dem perfekten Gedächtnis des Unterbewußtseins auf der Spur. So habe ich es selbst das erste Mal erfahren. Ich träumte, ein junges Mädchen würde seinen zehnten Geburtstag feiern. Sie rannte mit ihren Freundinnen herum und trug dabei eine Flasche Champagner. Sie ließ die Flasche fallen, und der Champagner fing an auszulaufen. Ich wollte mich bücken, um sie aufzuheben, dann überlegte ich es mir anders und sah zu, wie der letzte Rest der Flüssigkeit herausfloß.

Zum Zeitpunkt dieses Traums war ich gerade erst trocken geworden. Ich begriff, wie meine Tat im Traum meine Entscheidung reflektierte, alkoholische Getränke vollständig aus meinem Leben zu verbannen. Jemand fragte mich, welchen zehnten Geburtstag ich gefeiert hätte. Ich versetzte mich zehn Jahre zurück in die Vergangenheit und durchsuchte die Erinnerungen, die ich behalten hatte. Ich war erstaunt zu entdekken, daß ich vor genau zehn Jahren mit dem Trinken angefangen hatte! Der Traum markierte das Jubiläum dieses Ereignisses. Mein Unterbewußtsein hatte sich an das Datum erinnert und bezog sich indirekt darauf in meinem Traum, der auf meine Entscheidung hinwies, mit dem Trinken aufzuhören.

Träume sind eine häufige Quelle unbewußter Erinnerungen. Wenn Sie auf die Gefühle in einem Traum eingehen, werden Sie möglicherweise auf eine erstaunlich frühe Kindheitserinnerung stoßen. Diese Erinnerung wird auch das Gefühl dieser frühen Erfahrung beinhalten. Untersuchungen haben die Wirksamkeit dieser Technik bestätigt. Es ist etwas, mit dem Sie selbst experimentieren können. Es wird Sie erstaunen, an wieviel sich Ihr Unterbewußtsein erinnert.

Das Unterbewußtsein erinnert sich sogar an unterschwellige Erfahrungen. Es registriert und behält zum Beispiel Kindheitserinnerungen, die das Kind nicht bewußt wahrgenommen hat. Diese subliminalen Erfahrungen beeinflussen das erwachsene Verhalten dieses Menschen.

Solch unbewußte Erinnerungen tauchen manchmal in Träumen auf. Es ist uns jedoch beinahe unmöglich, sie dort zu entdecken, weil wir uns nicht einmal bewußt sind, daß wir die Erfahrung überhaupt gemacht haben. Wir können diese Erfahrung nicht als Erinnerung erkennen. Es ist vor allem der Psychotherapie zu verdanken, wenn wir wissen, daß Träume unterschwellige Botschaften aus der Kindheit enthalten können.

Ich habe manchmal von einer Frau gelesen, die sich wegen ihrer Bulimie behandeln ließ, die Eßstörung, bei der man »frißt« und sich »erbricht«. Sie hatte einen Traum, der ihren Therapeuten vermuten ließ, sie sei sich, als sie Säugling war, unterschwellig eines gefährlichen Geheimnisses bewußt gewesen, nämlich, daß ihr Vater ein Verhältnis mit einer anderen Frau hatte. Die Frau sagte, sie sei sicher, daß der Therapeut sich irre. Sie sprach mit ihrer Mutter, die ihr versicherte, es hätte keine Liebschaft gegeben.

Auf Drängen des Therapeuten kontaktierte die Frau ihren Vater und fragte ihn danach. Er vertraute ihr widerwillig an, daß ein Verhältnis bestanden, aber niemand, auch nicht ihre Mutter, davon gewußt habe. Er bat sie darum, es geheimzuhalten. Diese Enthüllung war ein schrecklicher Schock für diese Frau.

Mit der Hilfe ihres Therapeuten verstand sie, daß sie eine

unbewußte Tendenz hatte, ihre Mutter davor zu schützen, sich schlecht zu fühlen, indem sie versuchte, diese Gefühle selbst zu übernehmen. Diese Gewohnheit hatte in ihrer Kindheit angefangen, als sie das Geheimnis ihres Vaters und dessen Bedeutung für ihre Mutter unbewußt gespürt hatte. Als ihr Vater sie als Erwachsene bat, es nicht zu lüften, wurde das Muster offensichtlich. Die Enthüllung erwies sich als Wendepunkt in der Therapie. Die Frau war fähig, sich von Gefühlen zu befreien, die nicht wirklich ihre eigenen waren, sondern die ihrer Eltern. Als sie aufhörte, deren Gefühle auf sich zu nehmen, verspürte sie auch nicht länger das Bedürfnis, sich ihrer zu entledigen. Der Traum hatte ein eigenartiges Geheimnis zutage gefördert, das etwas betraf, was sie als Säugling nur unterbewußt gespürt haben konnte.

Diese Fallgeschichte zeigt, daß das Unterbewußtsein in der Lage ist, nach einer wichtigen vergrabenen Wahrheit zu suchen, von der nur es weiß, das sie existiert. Nicht nur ist sein Gedächtnis perfekt, sondern es setzt sein Erinnerungsvermögen intelligent ein. Es erkennt die Augenblicke in unserem Leben, in denen gewisse Erinnerungen uns weiterhelfen, findet sie und fördert sie ans Licht.

Die Kreativität des Unterbewußtseins

Das Unterbewußtsein kann mehr, als nur Informationen registrieren und erinnern. Es ist fähig, aufgrund dieser Daten zu handeln und sowohl kreativ als auch analytisch zu denken, um Muster aufzudecken, die vom Bewußtsein nicht wahrgenommen werden.

Ein Bereich, wo sich die Kreativität unseres Unterbewußtseins zeigt, ist in unseren Träumen. Versuchen Sie folgendes Rätsel zu lösen: Wenn wir von der Buchstabenreihe E, Z, D,

V, F ausgehen, welches sind dann die zwei nächsten Buchstaben? Wenn Sie die Lösung nicht gefunden haben, sind Sie nicht der oder die einzige. Studenten der Stanford University konnten es auch nicht. Sie versuchten, »darüber zu schlafen«, um zu sehen, ob sie das Rätsel im Traum lösen konnten.

Manchen von ihnen gelang es tatsächlich. Im Forschungsbericht von Dr. William Dement wird einer dieser Träume erwähnt. Ein Student befand sich im Traum in einer Kunstgalerie, wo er eine Reihe von Bildern an einer Wand hängen sah. Er begann sie zu zählen: Eins, zwei, drei, vier, fünf Bilder. Ihm fiel auf, daß die nächsten beiden Rahmen leer waren. Er begriff, daß die Zahlen sechs und sieben die Antwort auf das Rätsel waren.

Dem Unterbewußtsein fiel die subliminale Botschaft in den Buchstaben auf. Es waren die ersten Buchstaben der Zahlen eins bis fünf.

Bei einem anderen Versuch testete ein Mathematikprofessor seine Fähigkeit, Differentialrechnungen zu lösen. Der Versuchsleiter hypnotisierte den Professor und gab ihm die posthypnotische Suggestion, er werde Differentialrechnungen sehr schnell im Kopf lösen können. Dem war auch so. Er rechnete sie im Kopf aus. Seine Geschwindigkeit und seine Treffsicherheit verbesserten sich merklich gegenüber einer ersten Prüfung. Er behauptete, er könne jetzt Schritte überspringen, weil die Antworten ihm einfach einfallen würden.

Das Unterbewußtsein kann auch die Uhr anhalten, um mehr Zeit zur Lösung von Problemen zu gewinnen. Bei einer Demonstration befolgte eine hypnotisierte Kleiderdesignerin Suggestionen, die Zeit stillstehen zu lassen. Der Hypnotiseur suggerierte ihr, die nächsten zehn Sekunden würden ihr wie eine Stunde vorkommen. Während dieser hypnotischen Stunde sollte sie ein neues Kleid entwerfen. Zehn Sekunden später wachte sie auf und zeichnete einen neuen Entwurf. Sie war sehr zufrieden mit dem Ergebnis und meinte, um ein neues Design wie dieses zu entwerfen, hätte sie normalerweise bestimmt eine Stunde gebraucht! Ihr Unterbewußtsein hatte es ihr in zehn Sekunden geliefert.

Im Vergleich zum Verstand kann uns das Unterbewußtsein wie ein Genie vorkommen. Es steht zwar im Ruf, etwas zu sein, das unseren Verstand behindert, aber in Wirklichkeit ist das Gegenteil der Fall: Der Verstand trampelt auf dem Unterbewußtsein herum und schränkt es ein. Wenn der Verstand zur Seite tritt, kann das Unterbewußtsein seine Talente an den Tag legen.

Es gibt eine Geisteskrankheit, die als das Syndrom des »Universalidioten« bekannt ist. Der Verstand ist zurückgeblieben, aber es sind Anzeichen für ein kreatives Genie vorhanden. Menschen mit dieser Krankheit verfügen über bemerkenswerte Fähigkeiten. So kann sich jemand, der weder lesen noch schreiben kann, als außergewöhnlich guter Kopfrechner erweisen, der nur Sekunden braucht, um 8 356 356 mit 356 453 zu multiplizieren. Menschen, die keine musikalische Ausbildung genossen haben, können sich ein komplexes klassisches Klavierstück anhören und es dann perfekt nachspielen. Andere komponieren neue Musik oder malen wunderschöne Bilder. Das Beispiel des Universalidioten zeigt, daß es im Unterbewußtsein ein Genie gibt, das nur darauf wartet, daß man es zum Leben erweckt.

Das Unterbewußtsein im Alltag

Eine der wichtigsten Aufgaben des Unterbewußtseins, auf die Cayce unsere Aufmerksamkeit lenkt, ist die Überwachung von Tätigkeiten, die zur Gewohnheit geworden sind. Wenn wir eine Fähigkeit neu erlernen, wie unsere Schnürsenkel zu binden, Fahrrad zu fahren, Schreibmaschine zu schreiben oder ein Auto zu fahren, brauchen wir dazu unsere ganze Aufmerksamkeit. Haben wir dies einmal gelernt, müssen wir nur ein wenig aufpassen. Das Unterbewußtsein übernimmt und führt die Aufgabe für uns aus. Nur wenn unerwartete, nicht routinemäßige Ereignisse auftreten, lenkt das Unterbewußtsein Ihre Aufmerksamkeit auf die anstehende Aufgabe. Vielleicht ist Ihnen so etwas schon mal beim Autofahren aufgefallen. Sie wußten nicht, daß Sie vor sich hin träumten, bis Sie plötzlich auf die Bremse traten. Das Unterbewußtsein hatte Sie aufgerüttelt, damit Sie zu sich kamen.

Das Unterbewußtsein ist auch der treue Diener hinter den Kulissen bei den meisten unserer geistigen Abläufe. Wenn wir mit jemandem sprechen, steht uns ein unendlicher Wortschatz zur Verfügung. Wir brauchen nicht nach jedem Satz eine Pause einzulegen, um uns den nächsten auszudenken. Unser Unterbewußtsein faßt große Gedankengruppen für uns zusammen und macht sie uns zugänglich, damit wir sie aussprechen können.

Wenn wir jemand anderen sprechen hören, können wir nur etwa sieben Worte auf einmal im Kopf behalten. Dennoch müssen wir unseren Gesprächspartner nicht bitten, alle paar Worte mit dem Sprechen aufzuhören. Unser Unterbewußtsein erinnert sich an alles und hilft uns, zu verstehen, was er sagt. Während wir unserem Gegenüber zuhören, sammelt unser Unterbewußtsein auch Antworten für uns, die es bereithält, wenn es an uns ist, zu sprechen. Manchmal bemerken Sie diesen Prozeß. Wenn Sie darauf achten, ist es jedoch schwieriger für Sie, auf das zu hören, was Ihr Gesprächspartner sagt. In solchen Momenten ist es besser, das Unterbewußtsein seine Arbeit einfach machen zu lassen, damit es seinen Zweck erfüllen kann.

Das Unterbewußtsein kontrolliert ebenfalls die Vorgänge

in unserem Körper. Cayce bemerkt, wie das Unterbewußtsein unsere Körperfunktionen steuert und laufenläßt. Sie haben sich vielleicht noch nie überlegt, daß der Körper ohne eine führende Intelligenz auskommt. Wer macht, daß Ihr Herz schlägt, und wer stellt seine Geschwindigkeit so ein, daß es je nach Bedarf schneller oder langsamer schlägt? Ihr Unterbewußtsein, das auch Ihre Verdauung regelt, die sich zum Beispiel verzögert, wenn Sie beschließen, Sie würden unmittelbar nach einer Mahlzeit arbeiten, anstatt zu ruhen. Die verschiedenen Körperfunktionen arbeiten zusammen und passen sich an unterschiedliche Bedingungen an. Das Unterbewußtsein ist der Dirigent dieser harmonischen Symphonie.

Die Neurophysiologie weiß heute, wie der Blutkreislauf und das Nervensystem die verschiedenen Organe des Körpers vernetzen. Der große Meister dieses organisierten Netzwerks befindet sich gemäß den gängigen Lehrbüchern der Physiologie tief im Gehirn. Cayce bemerkt jedoch, daß das Unterbewußtsein bei seinen Bemühungen das Gehirn als Werkzeug einsetzt.

Das Gehirn ist nicht der Geist oder Intellekt! Statt dessen benutzt der Geist das Gehirn als Werkzeug. Das Unterbewußtsein benutzt sogar jedes Atom im Körper, um sich auszudrücken. Jedes Körperatom ist Teil des Bewußtseins. »Eines Geistes« zu sein, ein Ziel zu haben, bedeutet, daß jedes Atom im Körper im Einklang mit dem Ganzen ist.

Cayce nahm medial vorweg, was die moderne Neurophysiologie später im Labor erfuhr. Wenn wir lernen, mit dem Unterbewußtsein Kontakt aufzunehmen, können wir das Funktionieren unseres Körpers selbst beherrschen. Versuche haben gezeigt, daß diese Kontrolle sich auf einzelne Nerven- und Blutzellen ausdehnen läßt. In Zukunft wird die Wissenschaft die Mittel haben, um zu beobachten, wie diese Kontrolle sich auf der atomaren Ebene des Körpers auswirkt.

Wenn Cayce Vorlesungen über das Wesen des Unterbewußtseins hielt, empfahl er oft ein Buch von Thomsom Jay Hudson, *The Law of Psychic Phenomena*. Auch wenn es bereits 1892 geschrieben wurde, leuchtet es immer noch wie der Mond in der Nacht. Das Unterbewußtsein ist etwas Subjektives, während der Verstand als objektiv gilt. Seine Welt ist die »objektive Wirklichkeit« der Sinne. Das Unterbewußtsein bezieht sich auf innere Erscheinungen. Was uns von einem subjektiven Standpunkt aus wahr vorkommt, ist für das Unterbewußtsein eine Tatsache. Während die objektive Wirklichkeit über den Verstand zu herrschen scheint, ist das Unterbewußtsein der Diener unserer subjektiven Wirklichkeit.

Während der Verstand sich auf die Sinne verläßt und logisch denkt, operiert das Unterbewußtsein nach dem Grundsatz der Suggestion. Ob wir leise oder laut denken, unser Unterbewußtsein hört mit und hält das, was wir uns selbst sagen, für wahr. Wenn wir nicht aufpassen, kann die Macht der Suggestion uns leicht zum Verhängnis werden, denn unser Unterbewußtsein registriert natürlich auch alle negativen Dinge, die wir über uns selbst denken. Gleichzeitig nimmt es auch unsere Wünsche und Hoffnungen für bare Münze und kann uns dabei helfen, sie tatsächlich zu verwirklichen. Deshalb lohnt es sich, uns die Macht der Suggestion anzueignen und sie zu unserem Vorteil zu nutzen.

Der Einsatz von Bildern oder Symbolen ist ein weiteres Beispiel für die Subjektivität des Unterbewußtseins, das sich einer bildhaften Sprache bedient, um seine Gedanken auszudrücken. Zum Beispiel hörte in einem Versuch eine hypnotisierte Versuchsperson eine Zahlenreihe, aus der sie einen

Traum machen sollte. Der Versuchsleiter las sie in einer normalen Geschwindigkeit vor: 6, 5, 3, 9, 8, 8, 0, 1. Sofort danach erzählte die Versuchsperson einen Traum, der von einem gebogenen Rohr handelte (in Form der Zahl 6), in dessen Bauch sich ein fünfzackiger Stern befand. Die Versuchsperson brach das Rohr entzwei, weil die Hälfte von sechs drei ist. Dann drehte sie es um, um daraus einen Golfschläger zu machen (ein 9er-Eisen). Sie sah zwei Lemniskate (die »liegende« 8, Symbol für die Unendlichkeit) und erklärte, alles sei nichts (0), und alles sei dasselbe (1). Dann wiederholte sie die Zahlen fehlerfrei. Dieser Versuch zeigt, wie schnell das Unterbewußtsein Fakten in Bilder umsetzen kann.

Das Unterbewußtsein denkt symbolisch, wohingegen der Verstand die Dinge wortwörtlich nimmt und auf ihre faktische Bedeutung eingeht. Das Unterbewußtsein reagiert auf die emotionale Bedeutung von Worten und läßt seiner Phantasie freien Lauf. Symbole entsprechen nicht den buchstäblichen Tatsachen, sondern drücken Gefühle und subjektive Betrachtungsweisen aus. Die symbolische Logik des Unterbewußtseins ist der Teil von uns, der zu Träumen, Mythen und Märchen führt. Auch wenn diese Geschichten nicht unbedingt den Tatsachen entsprechen, spiegeln sie die Wahrheiten der Seele wider.

Wo zum Beispiel der Verstand keine direkte Beziehung zwischen einer Schildkröte und dem Planeten Erde wahrnimmt, sehen die beiden für das Unterbewußtsein sehr ähnlich aus. Die Linien auf dem Panzer der Schildkröte sind wie die Erdoberfläche mit ihren Hügeln und Tälern. Unser Planet ist ein sich bewegendes Zuhause, wie auch die Schildkröte ihr Heim auf ihrem Rücken trägt. Es gibt eine indianische Legende, die diesen symbolischen Entsprechungen Rechnung trägt. Gemäß dieser Legende war die Erde ursprünglich der Rücken einer Riesenschildkröte. Sie spricht sehr weise vom

Sinn einer bestimmten Eigenschaft – sowohl scheu und bescheiden als auch stark und beharrlich –, die es braucht, um das Leben auf der Erde zu erhalten.

Wegen des großen Spielraums, den es der Phantasie läßt, nimmt das Unterbewußtsein vielschichtige und merkwürdige Verbindungen wahr, die über eine strikte Logik hinausgehen. Es kann auch so einsichtsvoll wie ein alter Weiser sein.

Symbolisch gesprochen steht das Bewußtsein für die Sonne, während das Unterbewußtsein dem Mond entspricht. Das helle Licht der Sonne enthüllt unserem Auge Einzelheiten. Das diffuse Licht des Mondes erweckt unsere Gefühle. Während die Sonne am Tag hell scheint und den Himmel beleuchtet, ist der Mond kaum sichtbar. Abends, wenn die Sonne den Himmel verlassen hat, scheint der Mond hell. Wir können leichter erkennen, wie das Unterbewußtsein funktioniert, wenn der Verstand sich entspannt oder schläft. Die Rolle der Sonne im Leben unseres Planeten ist offensichtlich, doch auch der Mond hat eine große Bedeutung. Er ist zwar kleiner als die Sonne, aber der Erde näher. Seine Schwerkraft beeinflußt die Gezeiten, das Wachstum der Pflanzen und unsere eigenen Körperflüssigkeiten. Er mag zwar kein eigenes Licht abgeben, aber seine Energien beeinflussen uns trotzdem. Im hellen Licht des Tages funktioniert unser Wachbewußtsein durch die Sinne und durch den Intellekt, zwei stark gebündelte Kräfte. Das Mondlicht verleiht dem Unterbewußtsein die ruhige Stärke der Intuition. Es setzt das subtile Spiel der Gefühle ein, um eine ebenso wichtige Wahrheit zu enthüllen.

Der Verstand wird vom Mann symbolisiert, der oft von sich meint, er sei der Herrscher und der Gescheiteste von allen. Das Unterbewußtsein wird von der Frau verkörpert. Sie besitzt ihre eigene Weisheit, die die konzentrierte, lineare Intelligenz des Mannes durcheinanderbringt. Wenn wir die besondere Weisheit und Intelligenz der weiblichen Sicht schätzen lernen, lernen wir den besonderen Wert des Unterbewußtseins kennen.

Dieses versteckte Genie, ein Diener und Wächter mit verstärkter Empfindsamkeit und einer kreativen Vision, verdient unseren Respekt. Wenn wir seinen subtilen Einladungen folgen, kann er uns zu weiteren Geheimnissen des Geistes führen.

Kapitel 3

ASW und Transpersonales Bewußtsein

Demnach funktioniert das Bewußtsein ohne Form und ohne Körper.

Edgar Cayce 262-78

Jeder von uns ist sein eigener Mensch. Wir haben alle unser Bewußtsein. Das scheint ziemlich sicher.

Unsere Haut definiert die Grenzen unseres Seins. Unser eigener Verstand herrscht über unser eigenes Bewußtsein. Ihr Bewußtsein bleibt in Ihrem Kopf, während mein Bewußtsein seinen Platz in meinem Kopf einnimmt.

Jeder von uns besteht eindeutig getrennt von seinem Umfeld, von der Welt. Wir kleben nicht an ihr. Es steht uns frei, die Welt zu durchstreifen, während sie am Ort bleibt. Die Welt bewegt sich nicht mit jedem Schritt, den wir machen. Der Rest des Lebens zieht an uns vorbei, während wir zuschauen. Wir bewegen uns nicht mit ihm. Wir führen alle unser eigenes Leben, getrennt vom Rest der Welt.

Es ist auch klar, daß das, was sich in Ihrem Kopf befindet, etwas anderes ist als der Stoff, aus dem die Welt »da draußen« besteht. Sie können die Dinge berühren, aber wie berühren Sie Ihren Geist? Die Dinge der Welt sind stofflich und gehören zur konkreten Wirklichkeit von Chemie und Physik. Der Körper und das Gehirn sind ein Teil dieser materiellen Welt, doch was ist mit dem Verstand? Das Bewußtsein ist irgendwie anders. Es besteht aus etwas anderem – aus Gedanken und Bildern.

Das alles ist offensichtlich, aber es ist einfach nicht wahr! Es ist nur eine Übereinkunft, die vom Verstand eingesetzt wird. Die Trennung zwischen uns selbst und anderen und zwischen innen und außen ist eine Schöpfung des Verstands. Es ist seine größte Leistung und sein schlimmster Fluch.

Um diesen Fluch zu vermeiden, müssen wir über die Illusion des Bewußtseins hinausgehen. Um den Geist so kreativ wie möglich einzusetzen, müssen wir den Verstand mit seinem Ursprung bekannt machen – dem transpersonalen Bewußtsein. Das ist keine leichte Aufgabe.

Die subliminalen Kräfte des Unterbewußtseins

Unser Bewußtsein kann den Gedanken des Unbewußten akzeptieren, doch typischerweise nur unter gewissen Einschränkungen. Unser normales Verständnis sieht eine Tasche, eine versteckte Schublade oder den Keller eines Hauses. Es ist ein Behältnis, ein Ort, an dem man Erinnerungen aufbewahrt.

Wir haben bereits gesehen, daß ein Teil des Unbewußten, das Unterbewußtsein, mehr als nur eine Tasche ist. Es ist eine aktive, äußerst wahrnehmungsfähige Kraft und kein Behältnis, noch ist es begrenzt oder gefangen. Es kann sein, daß es überhaupt keine Grenzen hat. Nicht nur ist es unser geheimer Diener, sondern es unterhält auch unsichtbare Verbindungen zum Unterbewußtsein anderer.

Wenn wir in Gesellschaft sind, kann unser Bewußtsein zum Beispiel für uns das einsame Gefühl des »Selbstbewußtseins« schaffen. Wir schätzen mit unseren Augen insgeheim den ganzen Raum ab und spüren, wie andere dasselbe tun.

Wir werden zum Objekt ihrer Wahrnehmung, wie sie zum Objekt unserer Wahrnehmung werden. Das Bewußtsein schafft Eindrücke von Trennung.

Das Unterbewußtsein erfährt die Situation auf eine andere Weise. Es reagiert sehr empfindlich auf die emotionale Stimmung im Raum. Für das Unterbewußtsein sind diese Schwingungen, die es intuitiv empfindet, wirklich, auch wenn es keine äußeren Hinweise gibt, die bewußt wahrgenommen werden könnten. Wir können die Gefühle eines anderen Menschen beinahe so spüren, als gäbe es zwischen uns eine Verbindung.

Unser Bewußtsein lehnt solche Gedanken ab, es sei denn, wir sind mit den Beweisen für die Existenz der Telepathie vertraut. Aber auch dann fühlt sich unser Bewußtsein nicht immer wohl, wenn es sich auf solche Gefühle einläßt. Das Unterbewußtsein kann sie aber nicht ignorieren.

Ich bin sicher, daß Sie selbst schon einmal so etwas erfahren haben. Vielleicht wollten Sie einen gemachten Eindruck ignorieren, weil Sie nicht wußten, ob Sie ihm vertrauen könnten und was Sie damit anfangen sollten. Trotzdem hatte es wahrscheinlich eine Auswirkung auf die Art, wie Sie die Situation einschätzten.

Die unterschwelligen, außersinnlichen Wahrnehmungen des Unterbewußtseins beeinflussen ihre Gedanken, Gefühle und Handlungen. Ihr Bewußtsein ist sich dieses Einflusses nicht bewußt, aber er ist da. Wissenschaftliche Versuche haben wiederholt aufgezeigt, daß das Unterbewußtsein die Gedanken anderer Menschen »lesen« kann.

Douglas Dean vom Newark College of Engineering entwickelte den folgenden subliminalen ASW-Test. Die Versuchsperson liefert dem Forscher zehn Namen von Leuten, die ihr etwas bedeuten. Der Forscher fügt zehn weitere Namen hinzu, die er willkürlich aus dem Telefonbuch wählt, und überträgt alle zwanzig Namen auf einzelne Karten. Dann geht er in ein anderes Zimmer und übergibt die gesamten Karten jemand anderem. Diese Person liest einen Namen nach dem anderen, ohne ihn auszusprechen, während der Forscher die Reaktion der Versuchsperson mit einem Plethysomographen mißt. Diese Maschine zeichnet die Blutzufuhr in den Fingerspitzen auf und registriert kleinste Veränderungen im menschlichen Gefühlszustand.

Wenn der Sender einen Namen liest, den die Versuchsperson kennt, reagiert ihre Blutzufuhr. Irgendwie weiß sie, ob der Sender an jemand von Bedeutung denkt, obwohl sie nichts Besonderes erfährt. Während sie einfach nur ruhig dasitzt, ist sich die Versuchsperson der Art des Versuchs nicht einmal bewußt. Das Unterbewußtsein und der Körper, der von ihm gesteuert wird, besitzen eine unheimliche Sensibilität.

Andere Versuche haben aufgezeigt, daß die Erfahrungen anderer Menschen auf außersinnlichem Weg den Inhalt unserer Gedanken beeinflussen. Dr. Thelma Moss von der Medizinischen Fakultät der Universität Kalifornien in Los Angeles hat zum Beispiel belegt, daß das, worauf sich ein Mensch konzentriert, in die Tagträume eines anderen Menschen überfließen kann, der sich in einem nahen Zimmer befindet. Dr. Montague Ullman und seine Kollegen am Maimonides-Krankenhaus in Brooklyn haben festgestellt, daß ein schlafender Mensch die Gedanken anderer Menschen auffangen und in seinen Traum einbeziehen kann.

Wir sind uns normalerweise nicht gewahr, daß unser Bewußtsein telepathisch beeinflußt wird, wobei es für den beobachtenden Forscher ganz klar ist, daß eine unterschwellige Botschaft im Spiel ist. Beim Experiment von Dr. Ullman betrachten die Versuchspersonen farbige Bilder. Eindrücke dieser Bilder tauchten garantiert in den Träumen und Tagträumen dieser Menschen auf. Sie nahmen an, daß diese Gedanken ihre eigenen waren. Die Forscher wußten es besser.

Diese wissenschaftlichen Befunde stellen nur einige Beispiele für das dar, was Cayce über die Verbindung zwischen dem Unterbewußtsein der Menschen zu sagen hat. Ihr Unterbewußtsein ist in Kontakt mit dem Unterbewußtsein aller anderen Menschen. Nicht nur der heilige Nikolaus weiß, ob wir brav waren! Jeder hat Zugang zu den Gedanken der anderen. Auch wenn wir uns dessen nicht bewußt sind, was andere denken, werden wir von ihren Gedanken beeinflußt.

Die unbewußte Verbindung

Ich weiß, daß ich meinen eigenen Intellekt als etwas erfahre, das in meinem Kopf fließt. Ich erlebe ihn normalerweise nicht als etwas, das über mich hinausreicht, um in direkten Kontakt mit anderen Intellekten zu treten. Auch wenn ich die Beweise für ASW akzeptieren kann, fällt es mir nach wie vor schwer, mir eine geistige Verbundenheit vorzustellen.

Edgar Cayce vermittelt uns ein Bild dieser geistigen Verbundenheit. Was dieses Modell aussagt, ist eigenartiger, als wenn ich es erfunden hätte. Es zeigt, daß es einen Geist gibt, an dem alle Menschen teilhaben. Die Abbildung zeigt, wie sich Cayce den Geist vorstellt.

Die Abbildung zeigt einen mehrzackigen Stern. Dieser Stern stellt das gesamte Bewußtsein dar. Jeder Zacken des Sterns steht für eine Portion des Bewußtseins oder Intellekts eines anderen Menschen. Um genauer sein zu können, würden wir einen Stern mit Milliarden Zacken brauchen, doch können wir es auch so verstehen. Die Spitze eines jeden Zackens stellt das Bewußtsein eines einzelnen Menschen dar.

Das Bewußtsein, von dem Sie normalerweise meinen, es sei

»Ihr« Bewußtsein, ist nur einer der Zacken des Sterns. Unser Bewußtsein stellt nur einen winzig kleinen Teil des gesamten Intellekts dar. Wenn Sie Ihr Bewußtsein schätzen, was ich doch annehme, werden Sie begreifen, wieviel mehr Bewußtsein es eigentlich zu schätzen gibt! Unser Bewußtsein ist etwas Wunderbares, also können wir uns erst recht vorstellen, wie prächtig das gesamte Bewußtsein ist!

Das Auftreten von Bewußtsein ist auf das Wachstum des Sterns zurückzuführen. Er fing als kleiner Punkt an und entwickelte dann Zacken, die sich mit der Zeit zuspitzten. Das Bewußtsein ist zu einer sehr genauen, absoluten Konzentration fähig, isoliert sich aber durch seine äußerst beschränkte Sicht vom Rest des Geistes. Wie ein Zacken des Sterns sich von den anderen unterscheidet, so kommt uns auch unser Bewußtsein getrennt und fern vom Bewußtsein anderer vor.

Wenn wir die Welt mit den Augen unseres Bewußtseins betrachten, sehen wir sie aus dem Blickwinkel der Sternspitze. Das Bewußtsein wirkt durch seine Empfindsamkeit auf materielle Gefühle. Wenn wir die Welt mit unserem Herzen sehen, machen wir uns die intuitiven Fähigkeiten des Unterbewußtseins zu eigen. Durch das Unterbewußtsein schaffen wir Verbindung zur Masse des Sterns.

Ein telepathisches Experiment

Mit unserem Bewußtsein können wir keinen Kontakt zu einem anderen Punkt auf dem Stern aufnehmen, es sei denn durch unsere Sinne. Sie können nicht mit jemandem sprechen, der nicht da ist, außer durch ein Telefon, das den Abstand überbrückt. Um »auf jemanden zuzugehen« und ihn mit dem Verstand zu berühren, brauchen wir ein besonderes Werkzeug. Alle unsere Sinne sind besondere Werkzeuge, um physikalische Energie aufzuspüren. Die Kommunikationsmittel, die wir entwickelt haben, sind Werkzeuge, die den Bereich der Sinne ausdehnen.

Nur der bewußte Verstand braucht solche Werkzeuge. Mit dem Unterbewußtsein können wir durch unsere Gefühle direkt auf einen Menschen eingehen. Wie sonst können Sie sich erklären, daß Ihre Freundin anruft, als Sie gerade an sie denken?

Auf der Basis dieser gemeinsamen Erfahrung behauptet Cayce, daß Sie selbst das Geheimnis der Telepathie entdecken können. Er schlägt vor, daß Sie ein einfaches Experiment versuchen. Sprechen Sie mit einem Freund ab, daß Sie jeden Tag zur gleichen Zeit mit dem aufhören werden, was Sie gerade tun, um sich aufeinander einzustimmen.

Konzentrieren Sie sich einfach auf Ihre unterbewußte Verbindung zu diesem Menschen. Wie fühlt sich seine Gegenwart an? Das ist die »Wellenlänge«, auf die Sie sich sozusagen einstimmen müssen. Dann lassen Sie Ihren Gedanken, Bildern und Tagträumen freien Lauf. Achten Sie auf das, was Ihnen durch den Kopf geht. Richten Sie es so ein, daß Sie beide einander alle paar Tage anrufen oder sehen, um Notizen zu vergleichen. Die Chancen sind sehr groß, daß Sie und Ihr Freund feststellen werden, daß jeder von Ihnen Gedanken und Bilder erlebte, die mit dem Leben des anderen zu tun hatten.

Andere haben dieses Experiment mit guten Resultaten versucht. Der Schriftsteller Upton Sinclair beschreibt in seinem Buch *Mental Radio* den Erfolg, den er und seine Frau damit hatten. In *Thoughts Through Space* erzählt das Medium Harold Sherman, wie er diese Methode einsetzte, um während seiner Expedition zum Südpol Sir Hubert Wilkins aufzuspüren. Kürzlich haben die Forscher Russell Targ und Harold Putoff in ihrem Buch *Mind Race* von den Resultaten eigener Versuche berichtet, die aufzeigen, daß jeder zu dieser Art Telepathie in der Lage ist, die sie »Sehen auf Abstand« nennen.

Vielleicht haben Sie auch schon andere Erfahrungen außer dieser Form von Telepathie gemacht, die eine unterbewußte Verbindung zwischen den Menschen vermuten ließ.

Nicht jede außersinnliche Wahrnehmung findet unterschwellig statt. Wie Cayce' Sternmodell vorschlägt, geht unsere Verbindung mit anderen tiefer als das Unterbewußtsein.

Archteypen: Bilder aus dem universalen Unbewußten

Während er in der psychiatrischen Klinik seine Besuchsrunde machte, wurde C. G. Jung von einem aufgeregten Patienten angesprochen. Er wollte, daß Jung sich die Sonne am Himmel ansah: »Schauen Sie, die Sonne wackelt mit dem Schwanz!« rief er aus. »Sie macht den Wind!«

Einige Zeit später hatte Jung Grund, über die Wahnvorstellung dieses Patienten zu staunen. Nicht daß dieser Mann etwas sehen konnte, das nicht vorhanden war, denn Halluzinationen kamen in der Klinik häufig vor, sondern später entdeckte Jung etwas, als er zum ersten Mal die deutsche Übersetzung eines obskuren, über zweitausend Jahre alten griechischen Textes las. Dieser betraf eine Einweihungszeremonie eines religiösen Kults. Während des Rituals erfährt der Initiand eine geheime Offenbarung vom Schweif der Sonne und daß dieser es ist, der den Wind macht. Die Einzelheiten dieser längst vergessenen religiösen Zeremonie glichen den Wahnvorstellungen seines Patienten auffallend.

Wie konnte die Vorstellungskraft dieses armen, ungebildeten Bauern so genau einem obskuren Mythos einer alten Sekte gleichen? Wie konnte er davon erfahren haben? Das war das Wunder. Es scheint keine Erklärung dafür zu geben, wie es möglich war.

Die Begebenheit führte den Schweizer Psychiater und Zeitgenossen Sigmund Freuds dazu, auf der Suche nach der Quelle einer universalen Symbolik die Tiefen des menschlichen Bewußtseins auszuloten. Nicht nur fand er Beweise für eine solche Symbolsprache in den Halluzinationen von Geistesgestörten, sondern auch in den Träumen normaler Menschen, in den Religionen der Welt wie auch in den Mythen und Märchen der Völker.

Kulturelle Vererbung oder Bildung können das Auftauchen einer gemeinsamen Symbolik nicht erklären. Sie ist angeboren und steigt direkt aus einem universalen Bereich des Unbewußten empor.

Diese Entdeckung zwang Jung dazu, einen anderen Bereich der Psychoanalyse zu begründen als Freud. Denn als Freud das Unterbewußtsein entdeckte, meinte er, er sei auf eine Tasche mit verdrängten Erinnerungen und Trieben gestoßen. Es ist seiner Theorie des Unbewußten zu verdanken, daß es uns wie ein Keller vorkommt. Jung war hingegen der Meinung, das Unterbewußtsein sei wie eine Quelle, die von einem riesigen unterirdischen Reservoir gespeist wird.

Jung schlug eine psychoanalytische Theorie vor, die auf dem basierte, was er die Archetypen des kollektiven Unterbewußten nannte. Diese Archetypen sind eine Reihe universaler Muster, aus denen die Sprache der Symbolik hervorgeht. Diese Muster deuten auf einen Bereich des Geistes hin, der eine gemeinsame Verbindung zwischen allen lebendigen und verstorbenen Menschen herstellt.

Der Geist eines jeden Menschen, gleichgültig, was er hat oder versäumt hat, weist Anzeichen dafür auf, daß er seine Wurzeln in einem universalen Geist hat. Aus diesen Wurzeln tauchen alte Symbole spontan im Geist nichtsahnender Menschen auf. Diese Symbole stellen Gedanken dar, die dieser Mensch nie bewußt gehabt hat und die ein archetypisches Gedankenmuster reflektieren, das dem Geist innewohnt.

Nehmen wir zum Beispiel einen Fall, den Dr. Edward Whitmont in seinem Buch *The Symbolic Quest* beschreibt.

Er betrifft ein junges Mädchen, das unter Asthma litt und immer wieder denselben Traum hatte, der davon handelte, wie sie versuchte, aus dem Wasser auf das Festland einer Insel zu klettern, wobei ein großer »Ziegenmann« versuchte, sie immer wieder ins Wasser zurückzustoßen. Anhand dieses Traumes können wir annehmen, ihr Wachstum würde irgendwie unterdrückt. Ihr Asthma war irgendeiner Form von Ertrinken zu verdanken. Doch mittels welcher Kraft?

Als Dr. Whitmont die Mutter befragte, erfuhr er, daß auch sie öfter denselben Traum hatte. In ihm versuchte ein östlicher Potentat, in ihr Haus einzubrechen. Er drohte, wenn sie ihn nicht einließe, würde er ihr Kind töten.

Dr. Whitmont erkannte, daß beide Träume auf den östlichen Ziegengott Ammon verwiesen, der von den Ägyptern mehrere tausend Jahre vor unserer Zeitrechnung verehrt wurde. Diese Gottheit steht für die erdigen Instinkte der Natur. Es ist dieselbe Energieform, die von der Kirche später als gehörnter »Teufel« abgelehnt wurde.

Der Teufel, der das Kind dieser Frau ertränkte, hatte jedoch nichts mit dem Christentum zu tun. Es war der Teufel der rigiden Einstellung ihrer Mutter. Sie leugnete die instinktive, spontane, freudige und sinnliche Seite ihres Lebens zugunsten von rigiden Meinungen. Auch wenn die Mutter verbal eine liberale Einstellung zum Ausdruck brachte, war ihre emotionale Haltung gegenüber ihrem Kind ziemlich dominierend. Sie wußte immer, was das beste für ihre Tochter war.

Die Tochter hatte nicht einmal Platz zum Atmen. Die Angst der Mutter gegenüber den grundsätzlichen Energien des Lebens machte es dem Kind unmöglich, diese Gefühle selbst in den Griff zu bekommen. Als die Mutter »lockerer« wurde, bekam das Kind buchstäblich »mehr Atem«.

Die beiden Träume paßten nahtlos zusammen. Ihre Ähnlichkeit deutet auf eine unterbewußte Verbindung zwischen Mutter und Kind hin.

Der Traum des Kindes läßt ebenfalls darauf schließen, daß es ein unbewußtes Verständnis dessen hatte, was mit ihm geschah. Das Symbol des Ziegenmannes war jedoch nicht Teil der Sprache oder Erfahrung des Kindes. Es reflektierte die Einsichten des archetypischen Unbewußten über die Ursache seiner Probleme und drückte dieses Verständnis durch den Einsatz eines jahrtausendealten Bildes aus. Das archetypische Bewußtsein bringt ein Bild aus einer uralten Sprache hervor und setzt es angemessen ein, um die Situation zu diagnostizieren. Durch den Traum des Kindes sprach ein altes und universales Bewußtsein.

Das archetypische Unterbewußte ist nicht nur einfach eine Quelle universaler Symbole, sondern es scheint auch wach und sich der gegebenen Situation bewußt zu sein. Es spricht zwar in einer alten Sprache, kommt jedoch zu einem aktuellen Schluß.

Wie alle, die diesen Forschungsbereich untersucht haben, stellte auch C. G. Jung fest, daß dieser archetypische Geist sehr klug ist. Es ist, als wäre er ein Weiser, der schon seit mehreren Jahrtausenden unter uns weilt und dennoch über die gegenwärtigen Ereignisse im Leben eines Menschen Bescheid weiß. Die wichtigste Sorge dieses alten Weisen scheint eine spirituelle Frage zu sein: Wie kann die Fülle Gottes im Leben dieses Menschen ausgedrückt werden?

Kann es sein, daß in den Tiefen Ihres Geistes, meines Geistes und dem Geist eines jeden Menschen der Geist Gottes lebt? Cayce' Quelle bejaht diese Frage und nennt diesen Geist das Überbewußtsein. Es ist der unendliche Geist, der in allem Leben ist und keine Grenzen kennt.

Während das Unterbewußtsein für Telepathie zuständig ist, findet Hellsichtigkeit durch Intuition und im Überbewußtsein statt. Edgar Cayce verfügte in seinen medialen Trancen über hellsichtige Fähigkeiten, was heißt, daß jemand sich ohne die Vermittlung eines anderen Geistes aus der Ferne Informationen verschaffen kann. Während Cayce meint, daß er die Krankheit eines fernen Menschen dadurch diagnostiziere, daß er dessen eigenes unbewußtes Wissen über seinen Körperzustand telepathisch lese, verhalf das Überbewußtsein Cayce zu seiner Hellsicht. Eine dieser hellsichtigen Taten bestand darin, den Ort einer benötigten Medizin zu beschreiben. Sie wurde nicht mehr hergestellt, aber Cayce' Hellsichtigkeit vermittelte ihm den Eindruck eines staubigen Flakons hinten in einem Regal einer bestimmten Apotheke in einer weit entfernten Stadt. Als der Apotheker angerufen und überzeugt worden war, dort nach dem Medikament zu suchen, wo Cayce es vorschlug, fand er tatsächlich die kleine Flasche, die hinter neuere Lagerbestände geraten war.

Unsere Hellsichtigkeit äußert sich am häufigsten durch unsere Intuition. Cayce meint, die Intuition sei die höchste Form der Medialität. Intuitionen tauchen auf, wenn sie gebraucht werden, und sind dazu da, uns anzuleiten. Sie weisen uns auf Möglichkeiten hin, warnen uns vor Gefahren und schlagen bestimmte Handlungsweisen vor. Die Intuition regt an. Sie ist der Anstoß des Überbewußten.

Was das Überbewußte anbelangt, erinnert Cayce uns ständig daran, daß alles Wissen in uns liegt. Auch wenn wir außerhalb von uns selbst suchen, um etwas zu lernen und Rat und Hilfe zu erhalten, ist alles, was wir erfahren und lernen, das Resultat unserer inneren Antwort. Wir müssen lernen, uns nach innen zu wenden.

Wir werden später auf die Meditation und das Träumen zurückkommen, zwei Methoden, die es uns leicht machen, mit dem Prozeß der Einkehr zu beginnen. Wir werden sehen, wie es kommt, daß das Unterbewußtsein immer am aktivsten ist, wenn wir schlafen, und unser bewußter Verstand mit der universalen Bewußtseinsebene verschmilzt. Unsere Träume sind die Spuren intuitiver Eindrücke.

Transpersonales Bewußtsein

Jungs Entdeckung einer universalen Ebene des Unbewußten, die allen Menschen gemeinsam ist, stimmt mit Cayce' Modell des Geistes überein. Auch wenn der Geist im einzelnen Menschen viele Punkte bewußten Gewahrseins aufweisen mag, gibt es nur den einen Geist. Innerhalb der Religionen und spirituellen Traditionen hat dieser Geist verschiedene Namen: kosmisches Bewußtsein, das übergeordnete Bewußtsein oder der Geist Gottes.

In der Sprache der neuesten psychologischen Schule würden wir sagen, der Geist sei transpersonal. Die Bezeichnung »transpersonal« ist neu, doch sie bringt eine Idee zum Ausdruck, deren Zeit gekommen ist. Zahlreiche Wissenschaftler und Philosophen haben sie seit Entstehung der Bewußtseinsbewegung in den sechziger Jahren aus den verschiedensten Gründen eingeführt.

Transpersonal bedeutet, daß der Geist ein Leben besitzt, das über das hinausgeht, was man im einzelnen Menschen antrifft. Das Bewußtsein ist nicht nur etwas, das innerhalb eines Menschen stattfindet, sondern es ist eine eigene Wirklichkeit.

Der Geist ist wie die Luft, die wir atmen. Gibt es sie nur, wenn sie in unseren Lungen ist? Natürlich nicht. Gibt es den Geist nur, wenn er in einem Bewußtsein aktiv ist? Dem ist nicht so, auch wenn wir meistens so über ihn denken.

Wir können sagen, Sie hätten Ihre Luft und ich die meine. Wie der Geist ist jedoch auch die Luft transpersonal. Sie ist überall. Es gibt einen umfassenden Luftkörper, doch er füllt viele verschiedene Orte aus. Manches von dieser Luft fließt durch meine Lungen, ein anderer Teil durch die Ihren. Luft verbindet alle Pflanzen, Tiere und Menschen, wie sie auch Schachteln, Flaschen, Häuser und andere Hohlkörper füllt.

Die Luft existiert unabhängig davon, wo sie sich befindet, sowie das Bewußtsein unabhängig davon existiert, wer es benutzt. Es gibt nur eine Luft und nur ein Bewußtsein, die zusammen eine einzige lebendige Wirklichkeit darstellen.

Während es uns schwerfällt, sich den Geist als eine einzige Wirklichkeit vorzustellen, gelingt es uns ohne weiteres, die

Natur so zu sehen. Wir können uns die Natur als ein unpersönliches Ganzes vorstellen, das seinen eigenen Gesetzen gehorcht. Wir verstehen die Natur wie eine einzige primäre Wirklichkeit, auch wenn sie auf viele unterschiedliche Arten in Erscheinung tritt. Die Wirklichkeit der Natur geht über die Besonderheiten eines einzelnen Stücks Natur hinaus.

Versuchen Sie, sich den Geist auf dieselbe Art vorzustellen, als unpersönliches Ganzes. Denken Sie an ihn als eine eigene Welt, mit einem Eigenleben und eigenen Gesetzen. Das Leben des Geistes reicht weit über die Erfahrung hinaus, die ein einzelner Mensch von ihm haben kann. Er besteht unabhängig vom Körper und dauert nach dem Tode dieses Körpers weiterhin an. Der Geist ist transpersonal.

Ideen: Die vierte Dimension

Woraus besteht der Geist, da er unabhängig von einem lebendigen Körper existieren kann, und zwar nicht nur unabhängig vom Körper, sondern auch unabhängig von Zeit und Raum? Der Geist gehört einer anderen Dimension an. Gemäß Cayce besteht er in der vierten Dimension, der Welt der Muster, die wir normalerweise Gedanken oder Ideen nennen.

Wo finden Sie diese Ideen? In Ihrem Geist natürlich. Ein anderes Wort für unser Bewußtsein könnte auch »Ideenland« oder »Ideosphäre« lauten. Ideenland ist eine eigene Welt.

Eine Idee ist nicht den Gesetzen von Raum und Zeit unterworfen. Wie lang ist eine Idee? Wieviel wiegt sie? Es ist eine offensichtliche Tatsache, die häufig übersehen wird, daß Ideen keine materiellen Eigenschaften haben.

Nehmen wir die Idee der Gefahr. Wir wissen, was dieser Gedanke bedeutet, aber welche materiellen Maßstäbe lassen sich anwenden, um ihn zu messen? Als Idee ist er nicht an einen Ort und eine Zeit gebunden. Gefahr ist eine Sache, die im Verlauf der Geschichte sowohl von Tieren als auch von Menschen (und möglicherweise auch von Pflanzen) erlebt worden ist, und ein Beispiel dafür, was Jung unter einem Archetyp versteht, weil es ein universelles Erfahrungsmuster ist. Es ist mehr eine Idee als eine spezifische Sache oder Begebenheit.

Die Dinge, auf die Ideen hinweisen, sind von dieser Welt, aber die Ideen selbst sind es nicht. Wir können Ideen nicht wirklich mit einem Maßstab, einer Waage oder einer Uhr messen. Manchmal sprechen wir von Ideen, als würden wir mit ihnen »um uns schmeißen«, über sie »stolpern«, nach ihnen »suchen«, sie gegeneinander »abwägen«, wobei wir manche von ihnen »beweiskräftiger« finden als andere. Dann gibt es Ideen, »deren Zeit gekommen ist«. Wie wir wissen: »Die Gedanken sind frei!« Man kann ein Buch verbrennen, aber nicht die Ideen, die in ihm enthalten sind. Eine Idee ist nicht von dieser Welt.

Bestimmte Manifestationen einer Idee können zu gewissen Zeiten oder an einem bestimmten Ort auftauchen, aber die Ideen selbst finden in einer anderen Art Wirklichkeit statt. Die wirkliche Welt der Ideen ist die Welt des Geistes.

In der Welt von Raum/Zeit verstehen wir, wie eine Begebenheit zu einer anderen führt, weil es eine Frage von chemischen und physikalischen Gesetzen ist. In der Wirklichkeit des Geistes kann eine Idee auch unweigerlich zur nächsten führen. Dennoch werden diese Gedankenketten von den Gesetzen des Geistes bestimmt.

Auf der Verstandsebene herrscht die Macht der Logik. Die Logik ist keine physikalische Kraft, aber sie wirkt trotzdem als mächtige geistige Macht.

Ideen sind auch durch Bedeutungsmuster miteinander verbunden. Durch die Ähnlichkeit ihrer Bedeutung zieht eine

Idee die andere an. Es gibt eine Art von Schwerkraft in der Ideosphäre, die nicht auf dem Gewicht der Materie beruht, sondern auf der Ähnlichkeit der Bedeutung (»Gleich und gleich gesellt sich gern«). Auf der unterbewußten Ebene des Geistes folgt die Schwerkraft der Affinität eher symbolischen als logischen Mustern.

Auch wenn Menschen durch Raum und Zeit getrennt sind, können sie sich durch Ideen, die sie verbinden, einander mitteilen und einander auf diese Weise nahestehen. Ideen definieren die Geographie einer Kultur oder einer Religion. Eine Nation ist ein Geisteszustand.

Die Kommunikation von Ideen verlangt nicht unbedingt, daß Signale durch den materiellen Raum gesendet werden. Die Telepathie zum Beispiel ist eine Fähigkeit, die über Raum und Zeit hinausreicht. Wenn Ideen in ihrer eigenen vierten Dimension bestehen, brauchen sie nicht auf Reisen zu gehen, um sich telepathisch von einem Menschen auf einen anderen zu übertragen.

Wenn eine Idee aus der Ideosphäre fällt und im Geist eines Menschen auftaucht, ist es sehr wahrscheinlich, daß sie auch im Geist eines anderen Menschen erscheinen wird. Oft werden die gleichen Entdeckungen in verschiedenen Labors gleichzeitig gemacht. Einstein soll gesagt haben, daß jemand anderes die Relativitätstheorie entdeckt hätte, wenn er es nicht getan hätte, weil der Gedanke »in der Luft« lag. Wenn eine Idee Hochsaison hat, blüht sie überall.

Der britische Biologe Rupert Sheldrake hat eine Theorie entwickelt, um solch simultane Entdeckungen zu erklären, die er »morphische Resonanz« nennt. In seinem Buch *Das schöpferische Universum* liefert er eine Vision der transpersonalen Wirklichkeit des Geistes, die der Sicht von Cayce ziemlich ähnlich ist. Sheldrakes Bezeichnung für die Vierdimensionalität von Ideen ist das »morphogenetische Feld«. Er behauptet, daß geistige Ereignisse im individuellen Gehirn von diesem vierdimensionalen Feld beeinflußt werden. Wenn ein neues Muster, eine neue Idee, sich in Harmonie mit dem empfänglichen Feld eines Gehirns befindet, wird es zunehmend leichter für diese Idee, in unserem Gehirn mitzuschwingen. Je mehr Menschen sich diesen Gedanken vorstellen können, desto leichter können andere Menschen auf dieselbe Idee kommen. Um seine Theorie zu beweisen, zeigte Sheldrake mit Hilfe des britischen Fernsehens BBC eine Demonstration.

In diesem Versuch sandte er Feldforscher in entlegene Teile der Welt und zeigte den Leuten zwei Vexierbilder von der Art, wie man sie in der Rätselecke der Sonntagsbeilage einer Zeitung sieht: »Finden Sie die Gestalt, die sich in diesem Bild versteckt.« Seine Forscher errechneten den Prozentanteil der Bevölkerung, der diese versteckten Gestalten aufspürte. Sheldrake zeigte eines dieser Bilder daraufhin in der Fernsehsendung, die von Millionen britischer Fernsehzuschauer gesehen wurde, und machte die versteckte Gestalt durch den Einsatz einer besonderen Nahaufnahme-Technik sichtbar. Dann sandte er seine Feldforscher wieder an dieselben entlegenen Orte, wo die Fernsehsendung nicht empfangen worden war. Wieder legten die Forscher Hunderten von Menschen dieselben zwei Bilder vor. Dieses Mal konnten jedoch etwa doppelt so viele Menschen wie zuvor die Gestalt in dem Bild erkennen, das im Fernsehen gezeigt worden war. Sheldrake schlug vor, daß die Enthüllung des versteckten Bildes im Fernsehen gemäß den Bedingungen seiner Theorie dessen Wahrnehmung erleichtert habe.

Es ist natürlich, sich Ihr Bewußtsein als etwas vorzustellen, das in Ihrem Kopf umhertreibt, und Ihre Ideen für kleine Dinge zu halten, die sich in Ihrem Gehirn befinden. Versuchen Sie es mit einem anderen Bild!

Stellen Sie sich vor, Ihr Gehirn wäre ein Fernsehempfänger und die ausgesandten Ätherwellen seien das eigentliche Bewußtsein. Ätherwellen durchdringen alles. Genau wie Ätherwellen nicht im Fernsehkasten hocken, sitzt unser Bewußtsein nicht in unserem Gehirn. Statt dessen ist das Gehirn empfindlich für die Energie der Ätherwellen und kann sich auf sie einstellen.

Cayce meint, daß das einzelne Gehirn mit den Schwingungen von Mustern vibriert, die innerhalb des größeren Geistes bestehen. Das Gehirn stellt sich auf Ideen ein, die sich in der Atmosphäre befinden.

Entfernen wir alle Fernsehapparate von unserem Planeten, bleiben die Ätherwellen. Der Geist verfügt über eine eigene Wirklichkeit, die nicht vom physischen Körper abhängig ist. Die Verbindung zwischen Geist und Körper ist das Gegenteil von dem, was wir im allgemeinen annehmen.

Geist und Materie: Muster der Einheit

Ein Fernsehgerät schafft keine Ätherwellen. Es verhält sich genau umgekehrt: Die Ätherwellen betreiben den Fernseher. Das Schwingungsmuster der Ätherwelle bestimmt das Tätigkeitsmuster auf dem Bildschirm. Auf ähnliche Weise ist der Geist die aktive Kraft hinter dem, was wir um uns herum wahrnehmen. Der Geist besitzt eine eigene primäre Wirklichkeit. Diese Wirklichkeit ist universal. Sie nährt uns alle mit einigen ähnlichen geistigen Mustern. Derselbe Geist verleiht der Welt die Muster der Natur. Wie Hermann Melville in *Moby Dick* schreibt: »O Natur, o Seele des Menschen! Wie weit jenseits von jeder Äußerung sind deine verwobenen Gleichnisse! Nicht das kleinste Atom regt sich oder lebt in der Materie, das nicht ein kluges geistiges Doppel hätte.«

Es besteht eine intime Verwandtschaft zwischen dem Geist und der Natur oder auch zwischen dem Geist und der Materie. Cayce bezeichnet diese Verbindung als das »Bild«. Gott schuf die Welt, den Geist und die Natur aus Bildern. Dieselben Bilder, die sich im Geist befinden, sind in den Formen der Natur anzutreffen. Ein anderer Ausdruck, den Cayce verwendet, ist »Muster«. Beide Bezeichnungen werden heute gebraucht, um die Verbindung zwischen Geist und Materie zu beschreiben. Cayce möchte, daß wir verstehen, daß der Geist und die Natur eins sind – sie weisen gemeinsame Muster auf.

Eine künstliche Stimulierung des Gehirns kann zum Beispiel zu eigenartigen visuellen Mustern führen. Ähnliche Muster erscheinen als Resultat von Kopfverletzungen oder nach der Einnahme von LSD. Diese eingebildeten Muster gleichen jedoch solchen, die in der Natur anzutreffen sind.

Erinnern wir uns an Jungs Entdeckung, daß die Wahnvorstellungen seines Patienten die Offenbarungen einer alten religiösen Zeremonie nachvollzogen. Viele Jahre nach dieser Entdeckung verzeichnete das Raumschiff Mariner 2 etwas Ähnliches. Es enthüllte, daß es auf der Oberfläche der Sonne Windbewegungen gibt! Astrophysiker entdeckten später einen Kometen, der einen Schweif von geladenen Teilchen bewegt. Sie nahmen an, dieser Schweif hänge mit den Bewegungen des Sonnenwindes zusammen. Einige Jahre später entdeckte Mariner 10, daß der Planet Merkur auch einen Schweif aufweist, der in entgegengesetzter Richtung der Sonne verläuft.

Diese Berichte deuten auf das Vorhandensein eines universalen Musters, das seinen Weg in eine religiöse Zeremonie und in die Wahnvorstellungen eines Geisteskranken fand. Es drückt sich ebenfalls in der Tätigkeit der Sonne und ihrer Nachbarn aus. Wir oben, sie unten. Geist und Natur teilen dieselben Muster.

Das vielleicht bedeutendste Beispiel dieser Beziehung verdanken wir der Mathematik, der Königin der Wissenschaften. Mathematiker lassen ihrer Vorstellungskraft freien Lauf und erfinden völlig imaginäre mathematische Systeme. Wie Science-fiction-Autoren, die phantastische Geschichten erfinden und deren Wirkungen beobachten, führen Mathematiker Untersuchungen an ihren Erfindungen durch.

So sieht das Leben eines theoretisch arbeitenden Mathematikers aus. Dafür wird er bezahlt. Er verdient Geld, weil seine imaginäre Welt der Wissenschaft weiterhilft. Mathematische Erfindungen stimmen oft mit einem neuentdeckten Muster in der Natur überein.

Ein neueres Beispiel ist die »Fraktale«, die vom IBM-Mathematiker Benoît Mandelbrot entdeckt wurde. Wir sind mit der ersten, zweiten und dritten Dimension vertraut und haben von einer vierten Dimension gehört. Was wäre die Hälfte dieser vierten Dimension? Die fraktale Dimension ist ein Konzept, das sich grundsätzlich keiner außer einem Mathematiker vorstellen kann. Dennoch schuf Mandelbrot mit diesem Gedanken eine Mathematik, die Aspekte der Natur erklären kann, die zuvor nicht verstanden worden waren. Die fraktale Geometrie dient zum Beispiel dazu, Muster von unregelmäßigen Küstenstreifen oder rollenden Hügeln und Tälern und vielen anderen, scheinbar willkürlichen Unregelmäßigkeiten der Natur zu erklären. Was in der Vorstellung eines Mathematikers begann, wurde zu einem Werkzeug, mit dem die Wissenschaft die materielle Wirklichkeit untersuchen und verstehen kann.

Wir können Bilder, Analogien und Beispiele anführen, um auf die Existenz der separaten Wirklichkeit des einen Geistes hinzuweisen und nehmen dennoch unseren Geist und unsere Identität durch unseren Verstand wahr. Dieses Bewußtsein ist ein Geist der Trennung. Es trennt unser Bewußtsein von unserer Wahrnehmung des einen Geistes. Was sollen wir von unserem Verstand halten, wenn wir wissen, daß es nur einen Geist gibt?

Stellen Sie sich vor, einst vor langer Zeit, hätte es nur den einen Geist gegeben. Es gab nur ein Wesen, aber niemanden, der es betrachten konnte. Dann entwickelte sich das individuelle Bewußtsein, und die Menschen wurden für sich selbst erkennbar.

Es war, als würden sie aus einem schläfrigen Tun aufwachen und plötzlich entdecken, daß sie Menschen waren, die in der Welt umhergingen. »Da sind wir«, sagten sie sich im Augenblick der Geburt ihres Selbstbewußtseins, »und wir leben in einer Welt.« Sofort tauchten weitere Fragen auf: »Wo sind wir hergekommen? Wo waren wir zuvor? Wie sind wir hierhergelangt?«

Die Schöpfungsmythen der ganzen Welt erzählen ähnliche Geschichten über dieses Ereignis. In der Bibel trennt Gott zum Beispiel das Licht von der Finsternis, Wasser vom Himmel und das Festland vom Meer. Vor diesem Akt der Schöpfung durch Unterscheidung war alles eine dunkle, formlose Leere.

Es bedurfte einer trennenden Handlung, um bewußtes Leben zu schaffen. Warum? Als freie Agenten in der Sinnenwelt der materiellen Wirklichkeit zu leben, erfordert, daß wir uns als getrennt von dieser Welt erfahren können.

Wenn Sie ein Kind haben oder Zeuge gewesen sind, wie ein Kind sich von der Geburt an entwickelte, kennen Sie sicherlich die schreckliche Trotzphase der Zweijährigen. Das ist der Augenblick, wenn das liebe Kleine lernt, »nein!« zu sagen. Ehe es dieses Nein lernt, ist das Kind einfach ein reflektiver Teil des familiären Hintergrundes. Nicht, daß es immer brav wäre, denn es kann aufbegehren, Widerstand leisten und seinen eigenen Weg gehen, doch verglichen damit, daß es sich jetzt vor Sie hinstellt, Ihnen in die Augen sieht und »Nein!« sagt, scheinen frühere Widerstände geringfügig.

Wenn es lernt, »nein« zu sagen, sind die kindlichen Tage des unschuldigen, instinktiven Widerstands gegen Ihre Wünsche gezählt. Das Kind weiß jetzt, was es macht, wenn es »nein« sagt. Es setzt Ihrem Willen absichtlich seinen eigenen Willen entgegen. Das Kind ist zu einem Individuum geworden – und es weiß dies! Ein Individuum zu werden und zu lernen, »nein« zu sagen, sich den Wünschen der Eltern zu widersetzen und ein Selbstbewußtsein zu entwickeln, ist alles Teil eines wichtigen Stadiums im Wachstumsprozeß. Ohne diese Entwicklung wird das Kind nie zu einem richtigen Menschen heranwachsen, noch wird es sein eigenes Leben führen können.

Der Akt des Neinsagens ist sowohl eine Verneinung als auch eine Bejahung. Mit der Macht des Schwertes, zu schneiden und in zwei Hälften zu teilen, sagt dieses »Nein« sowohl: »Du bist nicht ich!« als auch: »Ich bin ich!«

Die kindliche Entwicklung des Selbstbewußtseins eines Einzelwesens ist der Entwicklung des Verstands in den Ursprüngen der Menschheit sehr ähnlich.

Der Verstand kann sich auf etwas Spezifisches konzentrieren, indem er alles ignoriert, was ihn umgibt. Wenn wir uns auf unsere Aufmerksamkeit konzentrieren, nehmen wir einen Akt der Trennung vor und sagen »Ja« oder »Nein« zu allem anderen. Wären Sie nicht in der Lage, Ihre Aufmerksamkeit zu konzentrieren, könnten Sie dieses Buch nicht lesen. Sein Geruch könnte Ihre Aufmerksamkeit ebenso in Anspruch nehmen wie die Worte, die auf dieser Seite gedruckt stehen. Der Verstand ist das Bewußtsein, mit dem wir unsere Sinne unterscheiden.

Wie wir im letzten Kapitel erfahren haben, unterscheidet diese Fähigkeit zur Aufmerksamkeit den bewußten vom unbewußten Verstand. Während Sie Ihren Verstand konzentrieren, empfängt das Unterbewußtsein allerlei Botschaften. Wären Sie sich der Wahrnehmungen des Unterbewußtseins gewahr, Sie wären hoffnungslos abgelenkt. Es erfordert eine Trennung zwischen dem Bewußtsein und dem Unterbewußtsein, sonst gäbe es keinen Verstand oder Intellekt, wie wir ihn kennen.

Ein Kleinkind muß lernen zu vergessen, daß es in der elterlichen Welt enthalten ist, und die Freiheit haben, zu spielen und sich Dinge vorzustellen, um Begabungen zu entwickeln. Gleichzeitig ist in ihm auch das Bedürfnis, seine Wurzeln und seinen Ursprung zu kennen. Es gibt einen Grund für die Trennung, doch sie findet nur im Geist statt, nicht in der Wirklichkeit.

Die alte Weisheit des Ostens erkennt diesen wichtigen Aspekt des Intellekts. Sie drückt sich im Bild der Beziehung von Yin und Yang aus, die in der Abbildung dargestellt ist.

Das Yin-Yang-Symbol zeigt zwei Gegenstände. Können Sie sie sehen? Der eine ist ein schwarzer Komet, der sich um einen weißen Himmel dreht, der andere ein weißer Komet in einem schwarzen Himmel. Das ist richtig, es sind zwei Kometen, aber Sie neigen dazu, nur den einen oder den anderen zu sehen. Wie Sie das Bild betrachten, bestimmt, welche Farbe Sie als Gegenstand und welche Sie als Hintergrund wahrnehmen.

Ein Muster zu betrachten, einen Teil davon zum Gegenstand zu erheben und den Rest zum Hintergrund zu machen ist die Arbeit des Verstands. So möchte er die Dinge sehen. Es ist schwer, beides gleichzeitig zu sehen, dennoch besteht der Zweck des Yin-Yang-Symbols darin, uns daran zu erinnern, daß das Sichtbare und das Unsichtbare beide Teil derselben Wirklichkeit sind. Es zeigt uns die Macht des Verstandes, aber auch, was dieser vergißt, um existieren zu können.

Dennoch hat uns die Fähigkeit, unsere Aufmerksamkeit zu konzentrieren und Trennungen wahrzunehmen, auch als voneinander getrennt erscheinen lassen, getrennt von unserer Umwelt, getrennt von der Schöpfung und getrennt von Gott. Sie schneidet uns von unserem spirituellen Erbe ab, dem unsichtbaren Band, das alles Leben vereint. Für unseren bewußten, sinnesorientierten Verstand gibt es keine sichtbare Einheit des Lebens, sondern nur Dinge wie Atome, Felsen, Pflanzen, Tiere, Menschen, Gebäude und Autos, die irgendwie miteinander zusammenhängen.

Alle religiösen Traditionen in Ost und West haben Formen der Disziplin entwickelt, um dem Verstand dabei zu helfen, aus seiner Illusion der Trennung aufzuwachen und seine Wurzeln in der unteilbaren Ganzheit zu erkennen. Es macht dem Verstand große Mühe, zu realisieren, daß die Wahrnehmung von Trennungen nur ein wirksames Werkzeug, aber nicht die Wahrheit ist.

Wollen wir den Verstand dazu bringen, den Griff zu lokkern, mit dem er an seinen eigenen Sinneseindrücken festhält, wird es ihm helfen, wenn wir ihm dafür einen Ersatz anbieten. Wir können ihn mit der *Seele* des Bewußtseins bekannt machen.

Kapitel 4

Seelenbewußtsein

Eine körperlich/geistige Kraft war erst eine Seele, ehe sie in das materielle Bewußtsein einging.

Edgar Cayce 4083-1

Wir sind in die Tiefen der Seele getaucht und haben einige der faszinierenden Wunder der Bereiche des Unbewußten ausgekundschaftet. Zuerst schien es uns, als würden wir in einem dunklen Keller graben, doch als wir tiefer gruben, öffnete sich diese dunkle Gegend der Unterwelt des Bewußtseins, um eine weite Aussicht zu offenbaren.

Als wir tief in uns gingen, tiefer als das Unterbewußtsein, sahen wir den enormen Himmel des Überbewußtseins. Die unendliche Welt in uns und der Himmel über uns sind eins. Was sollen wir von dieser Überraschung halten? Wie ist es möglich, daß wir eine derartige Verbindung zum Unendlichen haben?

Der Psychiater C. G. Jung hat entdeckt, daß tief in jedem Menschen, im zentralen Kern seines Wesens, eine religiöse Kraft wohnt, die er das wahre Ich oder die Seele nannte. Von dieser Position aus hielt Cayce seine medialen Lesungen. Er nannte das Bewußtsein der Seele das Überbewußtsein. Während sich C. G. Jung in der Schweiz durch seine Untersuchungen kämpfte, um seine Entdeckung der universalen Ebene des Geistes zu verstehen, widmete sich Cayce in Amerika der Aufgabe, dem universalen Geist eine Stimme zu verleihen. Während Jung indirekte Beweise für das Überbewußte fand und dessen Spuren studierte, erlaubte es Cayce dem Überbewußtsein, direkt zu sprechen. In Trance war Cayce wie ein Botschafter des guten Willens, der dem Überbewußtsein beim Sprechen hilft und uns selbst davon berichtet.

Von seiner Quelle erfahren wir etwas Wichtiges über die Natur des Menschen: Wir sind spirituelle Wesen, Seelen. Unsere materielle Existenz ist eine Spiegelung und ein Nebenprodukt unserer Spiritualität, die sich durch die schöpferischen Kräfte des Geistes in der materiellen Wirklichkeit manifestiert.

Die Erschaffung von Seelen

Haben Sie sich als Kind je Gedanken über den Ursprung der Dinge und über Ihren Platz im Universum gemacht? Ich kann mich daran erinnern, zum Himmel aufgeschaut und versucht zu haben, die Sterne zu zählen. Die Unendlichkeit des Universums war überwältigend. Was war oder wo blieb die Erde? Und was war mit mir?

Vom Naturkundeunterricht her wußte ich, daß mein Körper aus Millionen Atomen bestand. Waren die Sterne am Himmel auch wie Atome? Und wenn sie Atome waren, wessen Körper stellten sie dar? War das Gott? Wenn ja, war ich ein Partikel in Gottes Körper? Wo in diesem gigantischen Körper war mein Atom – mehr in der Nähe von Gottes Nase oder mehr bei seinen Zehen? Konnte Gott mich spüren, wenn ich auf und ab sprang?

Verglichen mit dem Kosmos, fühlte ich mich schrecklich klein, doch mein Bewußtsein, das zwar unsichtbar, aber dennoch etwas war, das ich in mir spüren konnte, kam mir irgendwie groß vor. Es konnte sich bis in den Himmel ausdehnen. Auch wenn mein Körper Abermillionen Meilen von Gottes Augen entfernt sein mochte, fühlte sich mein Geist dem Gottes irgendwie nahe, als könnten unsere Geister sich beinahe berühren.

Ich kann mich daran erinnern, diese Gedanken mit meinen kleinen Freunden diskutiert zu haben. Parties unter freiem Himmel waren Lieblingsanlässe für solche Spekulationen. Für uns Kinder waren diese Phantasien sehr real. Es war alles so wunderbar und glaubwürdig. Wir waren die geborenen Mystiker. Manchmal sind Kinder weiser als Erwachsene. Das Bild, jeder von uns ein Atom im Körper Gottes zu sein, entspricht genau Cayce' Beschreibung vom Ursprung und vom Wesen der Seele im überbewußten Zustand.

Aus einem schwarzen Loch, das das ursprüngliche, dunkle und einsame Geheimnis verbarg, sprang Gott mit einem Blitz an kreativen Impulsen hervor. Wie ein Einzelkind, das eingebildete Spielgefährten schafft, erschuf Gott Seelen. Die Schöpfung von Seelen war ein Akt von Gottes kreativer Großzügigkeit, wie es auch der Ausdruck eines Wunsches nach Gesellschaft war.

Wie würden Sie sich das vorstellen? Wie würden Sie die Seele als ein Stück von Gott sehen? Meine Kindheitsfreunde und ich stellen sie uns – ähnlich wie in Cayce' Beschreibung – als »Atom im Körper Gottes« vor. Genau wie die Form von Atomen der Form von Sonnensystemen gleicht, sind wir als Atom Gottes in gewisser Weise Gott ähnlich. In der Bibel heißt es, wir seien im Ebenbild Gottes erschaffen worden. Was bedeutet das für Sie? Eine Bedeutung geht dahin, daß wir von Gottes Einbildung erschaffen wurden. Ein anderer Sinn lautet, daß wir irgendwie ein Spiegel Gottes sind und ihm entsprechen.

Cayce meint, die Bibel gebe eine wahre und korrekte Beschreibung der Beziehung der individuellen Seele zur Seele Gottes. Die Seele ist sowohl ein Stück von Gott, aus Gottes Geist, wie auch ein Bild Gottes. Cayce benutzt Worte wie »Modell« und »Abbild«, wenn er beschreibt, wie die Seele eine kleine Kopie des Schöpfers ist. Modern könnten wir sagen, daß unsere Seele ein Klon Gottes ist.

Einfach ausgedrückt sind wir Kinder Gottes. Wenn Gott Kinder hätte, würden sie ihm dann nicht gleichen? Doch Gottes Kinder sind Seelen, keine Menschen, wie wir sie kennen. Wir sind abgehärtet durch unser konkretes materielles Dasein und vergessen, daß wir Seelen sind. Deshalb kommt es uns vor, zu sagen, wir seien Kinder Gottes, sei nur ein sehnsüchtiges poetisches Bild und nicht eine buchstäbliche Wahrheit. Es stimmt jedoch, und es ist Zeit, zu dieser Wahrheit zurückzukehren. Sie wird uns frei machen und sollte auch unser Selbstwertgefühl erhöhen und uns den Willen verleihen, eine kreative und verantwortliche Haltung gegenüber dem Leben einzunehmen.

In Shirley McLaines Fernseh-Miniserie *Tanz im Licht* bittet ihr Geistführer sie, zu versuchen, zu sagen: »Ich bin Gott.« Verständlicherweise zögert sie, um es dann zu probieren. Ich kann mir vorstellen, den meisten Zuschauern muß es verrückt oder wenigstens frevelhaft vorgekommen sein, zu hören, wie Shirley erklärte, sie sei Gott. Die Irrenanstalten sind voller Leute, die das gleiche von sich behaupten.

Cayce möchte hingegen, daß wir verstehen, daß das, was Shirley sagte, grundsätzlich stimmt, wenn – und das ist allerdings eine Voraussetzung – wir wissen, wen wir meinen, wenn wir »Ich« sagen. Nicht das gewöhnliche »Ich« ist Gott. Es ist nicht das kleine Ich, das Ego, das Cayce die Persönlichkeit nennt, sondern vielmehr das größere Selbst, die Seele, die eine Identität mit Gott für sich in Anspruch nehmen kann.

Für die meisten Menschen ist es reiner Egoismus, wenn sie jemanden sagen hören: »Ich bin Gott.« Cayce möchte aber, daß wir uns auf die spirituelle Identität eines Menschen konzentrieren, auf die Tatsache, daß wir Seelen und als solche ein Teil Gottes sind. Als Seelen besitzen wir darüber hinaus alle Eigenschaften Gottes. Nicht alle individuellen Seelen sind von Gott, aber jede Seele weist die Eigenschaften Gottes auf. Jede Seele ist eine Miniaturausgabe Gottes.

Wir können es uns wie die Wellen eines Ozeans vorstellen. Jede Welle kommt uns wie eine Einheit vor, und doch ist sie Teil des Ozeans. Und jede Welle besteht aus Wasser wie das Meer und enthält alle molekularen Bestandteile des Ozeans. Die Seele besteht aus demselben Stoff, aus dem Gott gemacht ist, und weist die gleichen Merkmale wie Gott auf.

Die wichtigste Eigenschaft Gottes ist die schöpferische. Vielleicht kommt es daher, daß »der Schöpfer« einer der häufigsten Namen Gottes ist. Als Seelen verfügen wir über die gleichen Schöpferkräfte wie Gott. Wie gerne würde unser kleines Ich, unser Ego, über solche Macht verfügen! Es lechzt förmlich nach dem Gedanken. Wenn wir jedoch einmal anfangen, das Wesen dieser schöpferischen Kraft und seinen Ursprung in der Seele zu verstehen, begreifen wir, daß es sowohl eine Verantwortung als auch eine glorreiche Chance darstellt. Das grundsätzliche Thema dieses Buchs betrifft die Rolle, die der Geist in dieser kreativen Macht spielt.

Dimensionen der Seele: Geist, Bewußtsein und Wille

Wie spricht man über die Seele? Das Wort hat eine lange und widersprüchliche Geschichte. Meistens spricht man über die Seele als etwas, das wir »haben«: Wir sollen sie nicht verlieren, nicht kaputtmachen oder beeinträchtigen, aber wir sollen sie retten lassen. Sie ist etwas, auf das wir achten sollen, als hätte man sie uns zum Aufbewahren gegeben. Wie verwahren Sie Ihre Seele? Wissen Sie, wo Ihre Seele heute abend ist?

Edgar Cayce stellt unsere alltägliche Wirklichkeit auf den Kopf. Er erklärt, daß wir eigentlich Seelen *sind*. Es ist nicht, daß wir eine Seele haben, sondern vielmehr besitzt die Seele uns – unsere Seelen sind wir!

Die Seele hat den Körper geschaffen, den sie in der materiellen Welt benötigt, den Körper, von dem wir als »ich« sprechen. Die Seele verfügt über die kreative Geistesmacht, die im Herzen des Überbewußtseins entsteht und sich bis in die Fingerspitzen des Bewußtseins erstreckt – jenem kleinen Stück Identität, das wir dem gleichsetzen, wer wir sind. Doch unser Körper und unser Bewußtsein, die wir normalerweise dafür halten, sind nur die Nasenspitze der Seele. Unser wahres Wesen liegt in einem viel größeren Bereich.

So hochtrabend und geheimnisvoll uns die Seele vorkommen mag, wir haben ein gewisses Gespür für sie. Wir sprechen von einem »Verlust der Seele«, wenn wir das Gefühl haben, es würde etwas Wichtiges in unserem Leben fehlen. Es könnte Liebe sein oder Traurigkeit wegen des Verlustes des menschlichen Elements in einer mechanischen Welt. Vielleicht ist es der Funke der Spontaneität. Das Wort Seele bezieht sich auf etwas besonders Menschliches.

Wenn wir sagen, jemand hätte den »Geist« eines Menschen getötet, beziehen wir uns auf ein wichtiges und vitales Element des Lebens. Wenn wir unseren Unternehmungsgeist verlieren, sind wir kraftlos. Wir vermissen die Energie und die Inspiration, die der Geist liefert.

Wir haben alle unseren eigenen Geist. Jemand, der nicht länger selbst denken kann, ist kein vollständiger Mensch mehr. Wir sagen, es sei schrecklich, »sein Bewußtsein zu vergeuden«, und erkennen seine Bedeutung, um ein vollwertiges menschliches Leben in Selbstrespekt und Selbstbestimmung führen zu können. Wenn wir eine Tätigkeit als geistlos oder geisttötend kritisieren, anerkennen wir, daß alles, was den Geist tötet, entmenschlichend ist.

Einen eigenen freien Willen zu haben, ist ebenfalls etwas, das wir am Menschsein für wesentlich halten. Wenn wir jemandem begegnen, der seinen Willen verloren hat, machen wir uns große Sorgen, daß seinem Leben etwas Wichtiges fehlt. Wir sind gegen Folter und Gehirnwäsche, weil sie darauf abzielen, den Willen zu brechen. Es ist entwürdigend, wenn wir etwas gegen unseren Willen tun müssen, und wir rebellieren natürlicherweise gegen einen solchen Druck. Die Willensfreiheit ist etwas, das wir in einem Menschen als etwas Grundsätzliches definieren.

Geist, Bewußtsein und Wille sind Dimensionen der Seele im menschlichen Leben. Wenn sie fehlen, werden sie vermißt. Jede von diesen Eigenschaften der Seele hat für uns eine Bedeutung. Die Seele als Geist, Bewußtsein und Wille ist etwas, das aus uns Menschen macht.

Das sind die Aspekte der Seele, die Cayce benennt. Wir haben immer gewußt, daß diese Begriffe wichtig sind. Nur haben wir sie nicht unbedingt mit der Seele in Verbindung gebracht. Cayce möchte, daß wir dies als Dimensionen der Seele anerkennen und schätzen.

Er ist sehr spezifisch in seinem Hinweis auf die »Dimensionalität« der Seele und möchte, daß wir verstehen, daß die endliche, bewußte Welt des materiellen Lebens die Unendlichkeit notgedrungenermaßen interpretiert. Der bewußte Verstand der Sinne lebt in einer dreidimensionalen Welt. Wir kennen Höhe, Breite und Weite und die drei Dimensionen von Raum, Zeit und Maß. Gemäß dieser dreidimensionalen Sicht wird die Seele auch in Ausdrücken dieser drei Dimensionen verstanden.

Geist, Bewußtsein und Wille sind einzeln betrachtet grundsätzliche Dimensionen des Geistes mit eigenen Merkmalen. Wird eine dieser Dimensionen auf ein Minimum beschränkt, sind wir traurig. Es gibt in uns ein Absterben, ein Abflachen unseres Lebens, als wären wir in einer zweidimensionalen Welt gefangen und nicht wirklich menschlich. Um uns als Menschen wirklich lebendig zu fühlen, müssen alle drei Dimensionen gegeben sein.

Der Geist – die eine Lebenskraft

Geist ist Lebenskraft, die eine und einzige Energie im Universum. Gott ist Energie. Als Gott die Seele schuf, wurde dieselbe Energie oder derselbe Geist Teil einer jeden Seele. Jede Seele besteht aus derselben Lebenskraft wie Gott und der Rest der Schöpfung.

Die Wissenschaft kennt heute vier Energieformen: die Schwerkraft, den Elektromagnetismus und die schwachen und starken Atomkräfte. Theoretiker versuchen zu beweisen, daß diese vier Energieformen alle Variationen ein und derselben grundsätzlichen Energie sind.

Cayce lehrt uns, daß alle Energie aus derselben Quelle stammt. Atomkraft, Sonnenenergie, Liebe, Haß usw. sind verschiedene Aspekte derselben einen Energie. Das erste Gesetz der Schöpfung lautet, daß alles von derselben Welle ausgeht, von derselben Energie. Diese Energie ist der Geist.

Wie die Physik sie definiert, ist Energie die Fähigkeit, Arbeit zu leisten. Energie ist die Fähigkeit, für eine gewisse Dauer eine Leistung zu erbringen. Energie bedeutet Macht, die Macht, Veränderungen hervorzubringen, zu arbeiten und etwas zu bewirken. Energie ist der Dynamo, der Funke, das Leben. Energie ist Schwingung und reine Spannung.

Wir begegnen nie einer reinen Schwingung. Sie besteht immer aus irgendeinem Muster. Dieselbe Energie kann je nach Umständen verschiedene Formen oder Verkleidungen annehmen. Eine Art Energie ist der Atomstrom, andere Umstände bringen Elektrizität hervor. Menschen erleben Energie als Durchhaltevermögen, Motivation, Triebe und Gefühle. Das sind nur vier Arten oder Formen von Energie. Das Bewußtsein verleiht dem Geist oder der Energie sein Gesicht. Das Bewußtsein schafft die Energiemuster.

Der Geist als Schöpfer von Mustern

Der Geist, in dem wir etwas tun, bestimmt die Qualität der Energie, die wir einbringen. Die Qualität der Energie hängt mit den Mustern zusammen, aus denen sie besteht, was die Ideale oder Ziele bedeutet, die wir in unserem Kopf haben.

Der Geist, in dem wir etwas tun, ist oft wichtiger als das, was wir tatsächlich machen, denn er reflektiert unsere Absicht. William Blake sagt: »Eine in böse Absicht gekleidete Wahrheit schlägt aller Lügen Tücke.«

Liebe ist die höchste spirituelle Macht. Wir wissen, daß etwas, das wir im Geist der Liebe tun, auf die bestmögliche Art getan wird. Im Evangelium des Johannes lesen wir, daß Gott Liebe ist. Das ist die ideale Form der Schöpferkraft, eine Energie, die Muster wie Fürsorglichkeit, Einfühlsamkeit, Respekt und guten Willen beinhaltet.

Diese Energiemuster werden vom Bewußtsein geschaffen. Es gibt nur eine Energie, nur einen Geist. Wenn wir vom Geist sprechen, in dem etwas unternommen wird, beziehen wir uns auf das geistige Muster, das diese eine Energie formt. Wie wir Energie erfahren, ist eine Reflexion der Muster, die das Bewußtsein zusammenstellt.

Das Bewußtsein ist das zweite Merkmal der Seele. Das Bewußtsein Gottes, das das gesamte Universum schuf, ward den Seelen anläßlich ihrer Schöpfung gegeben. Alle prächtigen Muster der Natur sind die Schöpfungen dieses Bewußtseins. Das Bewußtsein Gottes verlieh dem Geist seine Form durch diese Muster. Dieses Bewußtsein wirkt in jeder Seele.

Das Bewußtsein organisiert und schafft Muster. Ein gutes Bewußtsein ist sich dieser Muster in einem hohen Maße bewußt. Ein kreativer Geist kann Muster sehen, die anderen nicht auffallen. Ein aufmerksames Bewußtsein ist in jeder Situation wach, gegenwärtig und bereit, alte Muster zu erkennen und neue zu schaffen.

Wenn es mit Mustern arbeitet, ist das Bewußtsein der Erbauer. Es lenkt Energie in bestimmte Muster und hat demnach eine Auswirkung darauf, wie diese Energie ausgedrückt wird.

Der Wunsch nach einer neuen Arbeit, einer neuen Wohnung oder einer neuen Partnerschaft ist eine Quelle der Energie, die das Bewußtsein dazu veranlaßt, Muster zu schaffen, die diesen Wunsch befriedigen werden und eine Gelegenheit formen. In der Vorstellung werden neue Arbeitsmuster konzipiert, Blaupausen für ein besseres Leben entworfen, Szenarien für befriedigende Beziehungen visualisiert.

Das Bewußtsein funktioniert auf verschiedenen Ebenen, von denen wir den Verstand am besten kennen. Doch jetzt wissen wir, daß hinter dem Verstand das Unterbewußtsein liegt und dahinter das Überbewußtsein. Alle drei haben ihren eigenen Wirkungsbereich.

Der Verstand kann sich gut auf Einzelheiten konzentrieren und die feineren Unterschiede zwischen dem einen Muster und einem anderen erkennen.

Das Unterbewußtsein ist weniger fokussiert, kann aber besser subtile oder übergeordnete Muster wahrnehmen, die dem Bewußtsein entgehen. Wenn wir vor lauter Bäumen den Wald nicht mehr sehen können, dann deshalb, weil unser Verstand dominiert. Wenn Sie ihn, wie im Schlaf, ablegen, wird das Unterbewußtsein Muster in Ihrem Leben aufdekken, die Ihnen bisher noch nicht aufgefallen waren.

Das Überbewußtsein ist nicht nur der Muster in unserem jetzigen, sondern auch der aller unserer früherer Leben wie auch der Muster ihrer Zusammenhänge gewahr. Sein Zugang zum universalen Bewußtsein verleiht ihm eine Perspektive der ewigen Muster der Wahrheit und der Gesetze, die alle Aspekte des Lebens bestimmen.

Erinnern wir uns an unser Beispiel von dem Mädchen aus dem letzten Kapitel, das Asthma hatte. Das Unterbewußtsein von Mutter und Kind entdeckte das Muster, das die Einstellung der Mutter mit der Krankheit des Kindes in Verbindung brachte. Das Überbewußtsein erkannte die Beziehung zwischen diesem Familienmuster und jahrhundertealten Energiemustern, die von den Menschen einst als heilig angesehen wurden.

Der Wille als Wähler

Der Wille kann endlose Muster schaffen, um Energie zu lenken und ihr eine Form zu verleihen. Für das Bewußtsein ist ein Muster nicht unbedingt wichtiger als ein anderes. Die Wahl der Muster ist nicht die Aufgabe des Bewußtseins, sondern die des Willens. Wir wählen, welche geistigen Muster den Energiefluß in unserem Leben bestimmen sollen. Diese Wahl steht uns offen, weil wir einen freien Willen haben. Er ist die dritte Dimension der Seele.

Eine grundlegende Wahl, die von Gott getroffen wurde, als er die Seele schuf, war, jeder Seele einen freien Willen zu geben. Laut Cayce ist es Gottes Absicht, die Seele zu seinem Gefährten zu machen und nicht zu einem Sklaven oder einem Roboter. Auch wenn das Gottes Absicht ist, ist es unser freier Wille, diese Gesellschaft zu wählen, zu übergehen oder zurückzuweisen. Es ist Gott wichtig, daß wir einen freien Willen haben, um diese Wahl treffen zu können. Sie werden sich erinnern, daß der Student im Traum erkannte, daß E, Z, D, V, F Zahlen waren.

Denken Sie einen Augenblick darüber nach. Wenn Sie Zeit mit einem Freund verbringen, ist es Ihnen da nicht auch wichtig, daß Ihr Freund seine Zeit mit Ihnen verbringen *will*? Würden Sie vermuten, dieser Mensch wünscht Ihre Gesellschaft nicht, sondern hat andere Gründe für das Zusammensein, würde das Ihre Gefühle bestimmt beeinflussen. Wenn Sie Ihren Partner oder Freund fragen: »Worauf hast du Lust?«, und die Antwort lautet: »Keine Ahnung, was immer du möchtest«, finden Sie das nicht frustrierend?

Eine Frau wird sich nicht wohl fühlen, wenn ihr Partner immer das zu machen scheint, was ihr gefällt, ohne etwas von seinen eigenen Gefühlen auszudrücken, noch fühlen sich Männer von Frauen angezogen, die immer das tun, worum man sie bittet, denn es gibt ihnen das Gefühl, daß diese Frau sich gegenüber jedem Mann so verhalten würde. Ein Mann möchte wissen, daß eine Frau auf ihn eingeht.

Wir möchten, daß die Liebesbeweise, die unsere Freunde uns entgegenbringen, einer freien Entscheidung zu verdanken sind. Wir wollen, daß unsere Freunde wählen, uns zu lieben, und sich nicht dazu verpflichtet fühlen.

Gleichermaßen will Gott, daß jede Seele aus freiem Willen ein bewußter Gefährte wird. Es ist Gottes Absicht, daß jeder von uns realisiert, daß wir Seelen sind, Kinder Gottes, und unseren rechtmäßigen Platz als mitarbeitende Gestalten einnehmen. Um dieser Absicht zu entsprechen, gab uns Gott einen freien Willen und erlaubt seinen weitreichenden Gebrauch. Die Seele ist frei, weil sie den Willen hat, zu wählen.

Mit Ihrem Bewußtsein können Sie sich viele verschiedene Arten vorstellen, wie Sie Ihre Zeit verbringen wollen. Es ist ganz klar, daß Sie nicht für alles Zeit haben. Wollen, heißt entscheiden und wählen können.

Wir erkennen den Willen auch in dem, was unsere Aufmerksamkeit erregt. Hier handelt es sich um unseren unbewußten Willen. Wir haben unseren freien Willen größtenteils verloren. Wenn wir uns unserer Glaubensvorstellungen, unserer Wahrnehmungen und unserer Werte nicht bewußt sind, treffen wir unsere Entscheidungen unbewußt, ohne sie uns zu überlegen. Gewohnheiten bewahren den Intellekt davor, das Rad jedes Mal neu erfinden zu müssen. Doch Gewohnheiten, die auf alten Entscheidungen basieren, können sich später als Diktatoren erweisen, die unseren Willen stehlen.

Um unsere Willensfreiheit zurückzuerlangen, müssen wir uns dessen bewußt werden, was wir unterbewußt gewählt haben. Dann können wir uns erneut entscheiden.

Cayce möchte, daß wir wissen, daß es keine Kraft in der Welt gibt, die der Macht unseres Willens widerstehen kann. Die Sterne, Drogenabhängigkeit, Karma, widrige Umstände, die Bürokratie, sogar die Gesetze der Natur – nichts davon ist stärker als unser Wille.

Sogar die Gesetze der Natur sind nicht so stark wie unser Wille! Mit dieser überraschenden Aussage nimmt Cayce moderne Ansichten über die Naturgesetze vorweg. Die Wahrheit ist etwas, das wächst, sagt er, und deutet an, daß die Gesetze der Natur nichts als Gewohnheiten des Universums sind und sich durch Lernen und den Willen verändern lassen. Das ist etwas, worüber Sie nachdenken können, während Sie beginnen, die kreative Macht des Bewußtseins zu entdecken.

Die Schöpfung als Projektion der Seele

Nehmen wir einmal an, Sie fühlten sich nervös. Ihr Geist wandert von einem Thema zum nächsten, Ihre Arme und Beine geben keine Ruhe. Sie erleben Energie, die nach Ausdruck ringt. Doch was sollen Sie machen? Sie denken an verschiedene Arbeiten, die auf Sie warten, aber Sie wissen nicht, ob Sie wirklich Lust haben, diese zu erledigen. Sie denken an eine Mal- oder Strickarbeit, die unfertig wartet, an einen Freund, den Sie schon lange besuchen wollten, oder an ein Buch, das Sie gerade lesen. Keines dieser Dinge bringt den Durchbruch, und Sie machen viel Lärm um nichts, während Ihr Verstand weiter in seinen Karteien mit Ideen, Bildern und anderen Möglichkeiten sucht, wie Sie Ihre Energie ausdrükken könnten. Irgendwann in diesem Prozeß stellen Sie fest, daß Sie beim Aufräumen sind oder die Garage putzen. Vielleicht war es eine bewußte Entscheidung, oder Sie sind darüber gestolpert. Auf jeden Fall haben Sie von den verschiedenen Möglichkeiten, die Ihr Geist in Betracht gezogen hat, diese gewählt. Ihr Wille wählte eines der Muster, die vom Geist für Ihren Energieausdruck zur Verfügung gestellt wurde. Jetzt ist diese nervöse Energie in materielle Wirklichkeit umgesetzt worden: Ihr Haus ist aufgeräumt, die Garage sauber. Sie fühlen sich irgendwie anders.

Dieses Beispiel beschreibt etwas, das die meisten von uns kennen, und illustriert ebenfalls ein sehr wichtiges Geheimnis über den Schöpfungsprozeß. Was als Energie angefangen hat, entwickelte sich zu einer Reihe von geistigen Mustern oder Bildern. Durch einen Akt der Entscheidung, die Anwendung unseres bewußten oder unbewußten Willens, wurde ein bestimmtes geistiges Muster eingesetzt, das diese Energie in eine spezifische Tätigkeit leitete. Das Resultat war eine materielle, konkrete Wirklichkeit. Energie wurde vom Geist zu einem Muster verdichtet, um eine entsprechende Erscheinung in der materiellen Welt hervorzurufen.

Dieser Ablauf von dem Zustand reiner Energie über ein geistiges Muster bis zu einer feststellbaren Manifestation ist der Prozeß der Schöpfung. Cayce drückt diesen Prozeß in einer Formel aus: »Der Geist ist das Leben, das Bewußtsein der Erbauer, das Materielle das Resultat.« Diese Formel läßt sich auf alle Lebensbereiche anwenden. Sie stimmt sowohl für den Zustand unseres Körpers als auch für die Schöpfung aller Lebensformen wie auch für die Erfahrungen, die wir im Leben und im Verlauf der Geschichte machen. Was wir um uns wahrnehmen und im Leben erfahren, begann als Energie, die vom Geist zu einem Muster verdichtet wurde.

Schauen Sie sich um und betrachten Sie Ihre Lebensumstände, Ihre Arbeit, Ihre Familie und die anderen Elemente Ihres Daseins. Was Sie sehen, ist ein Stück Geschichte. Die Umstände Ihres Lebens sind lebendige Überbleibsel von Gedanken, denen Sie in der Vergangenheit nachzugehen sich entschieden. Manche davon erkennen Sie. In der Arbeit, die Sie jetzt machen, sehen Sie vielleicht das Resultat früherer Wünsche, Vorstellungen und Anstrengungen. Andere Aspekte fallen Ihnen vielleicht weniger auf. Es gibt wahrscheinlich Umstände in Ihrem Leben, die Ihnen nicht gefallen und die Sie nicht gewählt haben. Das sind die Umstände, derer Sie sich annehmen können, wenn Sie sich bewußter werden, wie der Geist die Wirklichkeit schafft.

Das Leben, wie wir es erfahren, ist eine Projektion der Seele. Das Wort »Projektion« eignet sich gut, um sich den Schöpfungsprozeß vorzustellen. Es gibt eine Analogie, die mich besonders anspricht, die von zwei Psychologen entwikkelt wurde, die das Cayce-Materiel sehr gut kennen. Es geht um die Funktionsweise eines Filmprojektors in einem Kino.

In diesem Projektor steckt eine starke Glühbirne, die nur ein helles, weißes Licht verbreitet. Die Glühbirne stellt den Geist dar, die Grundenergie in der gesamten Schöpfung. In den Projektor läßt sich ein Film einlegen, der aus durchsichtigen Streifen besteht, die mit farbigen Mustern versehen worden sind. Während das Licht konstant bleibt, kann der Film praktisch alles enthalten. Es ist die kreative Fähigkeit des Bewußtseins, Muster zu schaffen und zu erfinden, was auf dem Film sein wird. Der Film stellt das geistige Muster des Bewußtseins dar. Das Muster auf dem Film gestaltet das Licht, das von der Glühbirne kommt. Wenn das Licht durch die farbigen Stellen des Films scheint, erscheint es selbst farbig, obwohl die Glühbirne nur weißes Licht ausstrahlt. Die Muster auf dem Film halten das Licht an einer Stelle zurück und lassen es an einer anderen durch, wodurch der Eindruck von Formen entsteht. Wenn dieses gefilterte Licht auf eine Leinwand projiziert wird, erscheinen Bilder.

Die Leinwand ermöglicht es den Bildern, gesehen zu werden. Cayce nennt diese Leinwand den »Knäuel von Zeit und Raum«. Die dreidimensionale Welt ist wie eine Leinwand oder eine Vorrichtung, die es einem geistigen Muster erlaubt, gesehen zu werden. Ohne die Leinwand würden die projizierten Bilder entlang dem Lichtstrahl bis in die Unendlichkeit reisen. Die Leinwand »fängt« das projizierte Bild ein und erlaubt es ihm, sichtbar zu werden. So ist es auch mit dem Leben in unserem materiellen Dasein. Die Existenz des Raum/Zeit-Kontinuums erlaubt es dem Materiellen, um unseres Bewußtseins willen zu bestehen.

Was wir für unseren Körper halten, für Fleisch, Blut und Knochen, die sich für uns konkret und wirklich anfühlen, sind in Wirklichkeit Projektionen des Bewußtseins wie Bilder auf einer Leinwand. Von ihrem Ursprung in der Energie des Geistes und von unserem Bewußtsein als Muster verwirklicht, schafft unsere Seele einen Körper in ihrem eigenen Bild, genau wie sie als Abbild Gottes geschaffen wurde. Ihre Seele schuf in Ihrem Bewußtsein Ihren Körper. Ihr Körper ist das materielle Symbol, in dem sich Ihre Seele ausdrückt. Mittels Projektion erschafft Ihre Seele auch die Erfahrung, die Sie in dem Film machen, den Sie Ihr Leben nennen. Sowohl Ihr Körper, der beständig zu sein scheint und sich nur langsam verändert, als auch Ihre Lebensumstände sind leicht umzustellen, wie wenn man einen anderen Film in den Projektor einlegt. Das macht aus dem Geist ein magisches Instrument.

Die »magische Laterne«, wie der Filmprojektor in seinen Anfängen genannt wurde, kann tatsächlich zaubern. Sie wissen, wie es ist, einen Film zu sehen und sich von ihm mitreißen zu lassen. Wir vergessen unsere eigene Wirklichkeit und treten in die des Films ein. Wir werden an ferne Orte transportiert und gehen auf eine emotionale Reise. Wir werden Teil eines anderen Lebens, einer anderen Wirklichkeit.

Die Erfindung des Filmprojektors hat eine ungeheure Wirkung auf unsere Kultur gehabt. Zweifellos gründet seine Macht auf der Tatsache, daß er mechanisch funktioniert und etwas vom Wesen der Wirklichkeit nachempfindet. Der Ursprung dieser Erfindung war möglicherweise auch das Resultat der unbewußten Erkenntnis des Erfinders von den Geheimnissen der Wirklichkeit und daß sie eine Projektion unseres Bewußtseins sind.

Wie der Film so ist auch das Leben ein Traum. Erst stellen wir es uns vor, dann projizieren wir das, was wir uns vorgestellt haben. Wir werden von der Projektion hypnotisiert, wodurch der Traum wirklich wird. Leben und Traum sind Teil des Zaubers. Daß daraus unsere Wirklichkeit wird, stellt uns vor ein gewisses Problem.

Spielende Seelen verlieren den Heimweg

Hänschen war ganz in sein Spiel vertieft, als es geschah. Bewaffnet mit seinen beiden Pistolen, von denen er eine in jeder Hand hielt, schaffte er sich mutig eine Bande Gesetzloser vom Hals. Er hatte alle bis auf zwei von ihnen tödlich verletzt und wollte sich gerade seinen beiden letzten Gegnern zuwenden. Er kam aus seinem Versteck heraus und bewegte sich auf sein Schicksal zu, wobei er seine Feinde aufforderte, endgültig aufzugeben oder aber zu sterben, als die Szene von einer durchdringenden Stimme zerschlagen wurde, die ankündigte: »Hänschen! Komm hei-eim! Wir essen!« In diesem Augenblick ist die Welt dieses kleinen Helden, der beinahe als strahlender Sheriff vereidigt worden wäre, zu der eines kleinen Jungen zusammengeschrumpft, der von seiner Mutter nach Hause gerufen wird. So gerne er essen würde, wünschte er sich, er hätte sein Essen mit in den Saloon genommen, um seine Beförderung mit seinen bewundernden Anhängern feiern zu können. So ein Mist!

Hänschens Situation gleicht Cayce' Geschichte von der Seele, nur daß die meisten Seelen, im Gegensatz zu Hänschen, noch nie einen Ruf nach Hause vernommen haben. Die Filme, die von Seelen projiziert worden sind, ihre Träume, sind so wirklich geworden, daß vergessen wurde, daß ihre Schöpfungen nur Spielsachen sind. Sie haben ihr Zuhause vergessen. Ihnen scheinen nur ihre Träume geblieben zu sein.

Mit der spirituellen Energie, die Gott ihnen verlieh, und den Mustern in ihrem Bewußtsein erschaffen die Seelen zusammen mit Gott die dreidimensionale Welt, die wir das irdische Dasein nennen. Es begann als unschuldiger Ausflug, um zu spüren, wie sich ein sinnliches Dasein anfühlen könnte, die kreative Erweiterung des Königreichs Gottes. Doch die

Welt der Sinne, wie die Bilder auf der Leinwand, verfügen über eine hypnotische Macht. Die Seele begann, sich in der Welt der Sinne zu verstricken.

Die Seele fiel ins Bewußtsein und verlor dadurch ihr natürliches, überbewußtes Geburtsrecht, sich nur mit dem Unterbewußtsein und der Welt der Gefühle zu identifizieren. Wie ein zweijähriges Kind muß auch die Seele »Nein!« sagen zu ihrer Verbindung mit dem Schöpfer und somit die Konsequenzen der Anwendung ihres eigenen Willens erfahren.

Indem sie sich auf ihren eigenen Willen verließ und die Sinneswelt des Bewußtseins wählte, ist die Seele dem hypnotischen Traum ihrer Projektionen gefolgt. Weil sie in ihrer Verzauberung die Natur nicht als Teil ihres tiefsten Wesens, sondern vielmehr als einen Tummelplatz der Ausbeutung sieht, hat sie sich in einen mechanischen Alptraum verstrickt, vergleichbar mit der Lage des »Zauberlehrlings« in Walt Disneys Film *Fantasia*. Die Dinge sind ihr entglitten.

Was wird daraus hervorgehen? Irgendwann muß die Seele aus ihrem Alptraum erwachen. Dieses Erwachen findet statt und wird »New Age« genannt.

Als Erweiterung des Bewußtseins hat die Wissenschaft nicht nur einige der technologischen Gefahren geschaffen, die unsere Existenz bedrohen, sondern auch angefangen, die Verwobenheit des Lebens und seine nichtmaterielle Essenz zu verstehen. Eine andere Sicht des Lebens gewinnt an Akzeptanz.

Dennoch ist dieses Erwachen auch Teil eines zeitlosen Prozesses. Gott hat nie damit aufgehört, uns nach Hause zu rufen. Es hat immer schon Menschen gegeben, die auf diese Aufforderung eingegangen und aus ihrem Schlaf erwacht sind. Sie haben wiederum versucht, Gott dabei zu helfen, andere zu erwecken. Der Druck des modernen Lebens ist ein neuerer Anreiz, auf den Ruf des Geistes zu hören.

Edgar Cayce sagte diese schwierigen Zeiten voraus und rät uns, den Druck in unserem Leben als eine Gelegenheit zu sehen, eine neue geistige Einstellung zu entwickeln.

Es gibt Menschen, die glauben, nichts, was der Mensch tun kann, mache einen Unterschied für die Welt, denn es liege alles völlig bei Gott. Und dann gibt es Menschen, die glauben, daß es völlig beim Menschen liegt, die Dinge zu richten, die auf der Welt nicht in Ordnung sind.

Cayce' Sicht stimmt beiden Positionen zu. Der göttliche Teil der Menschheit ist die höchste Instanz, Gott handelt durch das Bewußtsein und die Taten der Menschen. Wenn Menschen sich der spirituellen Grundlage des Bewußtseins gewahr werden, werden sie sogar noch kreativer in ihrer Fähigkeit, sich selbst, anderen und Gott zu helfen, das Leben auf Erden so zu gestalten, wie es im Himmel ist.

Der kreative Gebrauch des Bewußtseins

Das Platzen von Hänschens Seifenblase, vom imaginären unverwundbaren und erobernden Helden, und der Wirklichkeit, ein kleiner Junge zu sein, dessen Mutter ihn nach Hause ruft, gleicht der Enttäuschung des Bewußtseins, wenn es die Wahrheit seiner Position im Schema der Dinge entdeckt. Als Hänschen nach Hause geht, hat er das Gefühl, seine männliche Welt sei ihm auf immer gestohlen worden und er werde nie wieder spielen können.

Natürlich stimmt das nicht. Seine Mutter wäre die erste, die zugeben würde, daß Hänschens Spiel lebenswichtig für seine Entwicklung ist. Während er Gesetzlose jagt, entwickelt er Mut, Ausdauer, Selbstvertrauen und andere Fähigkeiten, die ihm in der Welt weiterhelfen werden. Gleichzeitig hat er ein Familienleben und muß essen.

Auch fürchtet sich das Bewußtsein, wenn es erfährt, daß seine Wirklichkeit seine eigene Erfindung ist und es sich innerhalb einer größeren, unbewußten Wirklichkeit befindet, wo man es ihm nicht mehr erlauben wird, Spiele zu spielen. Im Gegenteil: Die kreativen Spiele, die das Bewußtsein spielt, sind sehr wichtig. Es muß lernen, sie gut zu spielen, doch muß es auch wissen, daß es ein Zuhause hat. Nicht eines, das es selbst geschaffen hat, sondern eines, das es unterstützt und nährt. Dann steht es ihm frei, seine Arbeit zu machen, die darin liegt, seine Spiele aufs kreativste zu spielen.

Der Geist ist der Schöpfer des Bewußtseins. Mit unserem Bewußtsein werden wir Daseinsaspekten gewahr, die wir sonst nicht bemerken könnten. Das Bewußtsein hilft der Welt, zum Leben zu erwachen. Was würde mit der Welt geschehen, wenn sich niemand ihrer bedrohten Existenz bewußt wäre? Sich immer mehr Einzelheiten des Lebens bewußt zu machen, wie dies in der Wissenschaft geschieht, verhilft einem immer größeren Teil der Welt dazu, für uns lebendig und wirklich zu werden. Dieser kreative Teil des Bewußtseins scheint Gott ebenfalls wichtig zu sein.

In einem seiner Gebete bestätigt Cayce, daß wir für Gott wie »Lichter an einem Baum« seien. Als Seele stellt jeder von uns einen der Wege dar, wie Gott die Welt erfährt. Wir lassen jeder unser Licht auf unsere eigene Weise auf die Welt fallen und offenbaren Gott die Welt auf unsere Art. C. G. Jung stellt sich Gott in seinem späteren Leben wie einen Riesen vor, der aus dem Geist des einzelnen hervorlugte und sich auf dessen Bewußtsein verließ, um neue Eindrücke von der Welt zu erhaschen. Gottes Schöpfung wird durch unsere individuellen Reaktionen auf das Leben weitergeführt.

Wie wir die Welt sehen, beeinflußt die Art und Weise, wie wir auf sie reagieren, was wiederum die Welt beeinflußt. Gott möchte, daß wir uns dieser Tatsache bewußter werden, damit wir in unserer Rolle als Mitschöpfer Gottes mehr Verantwortung übernehmen können. Es wird uns die Freiheit und die Verantwortung gegeben, unser Leben so zu gestalten, wie wir es wollen.

Sie können Ihren Willen kriegen! Welchen Weg werden Sie wählen? Wenn Sie das übergeordnete Bild verstanden und realisiert haben, daß das Leben ein Traum ist, wie wählen Sie dann, welche Art Traum Ihr Leben sein soll? Wir werden jetzt den Konsequenzen dieser Frage nachgehen.

Teil II

Was stellen Sie sich vor? Sie können es haben! So erschaffen Sie ein ideales Leben

Tausende von Menschen, die unter körperlichen Krankheiten, finanziellen Schwierigkeiten, Problemen zu Hause oder bei der Arbeit und jedem anderen erdenklichen menschlichen Unglück litten, schrieben Edgar Cayce und baten ihn um eine mediale Lesung, die bei der Diagnose des Problems oft die Existenz eines unvermuteten Geheimfaktors offenbarte. Das konnten Körperbeschwerden sein, Erinnerungen aus einem früheren Leben, die Einwirkungen eines Geists oder die negativen Gedanken von jemandem im Umfeld des Betreffenden. Gleichgültig, welche überraschende Enthüllungen Cayce anzubieten hatte, er kam in seiner Karriere, die darin bestand, Menschen zu helfen und die Hindernisse in ihrem Leben wegzuräumen, immer wieder auf das gleiche Thema zurück und bestand darauf, daß sie es sich aus dem Kopf schlugen, sie seien die Opfer der Umstände. Sanft, direkt und eindeutig oder auch indirekt läßt er uns wissen, daß wir alle die Schöpfer unserer eigenen Umstände sind. Erst wenn wir willens sind, die Verantwortung für unser Unglück zu übernehmen, können wir unser eigenes Glück schmieden.

Cayce teilt uns diese Offenbarung nicht mit, um uns unsere Probleme vorzuwerfen oder damit wir uns schlecht fühlen. Er bietet uns ein Geschenk, einen Weg zur Freiheit und zum Erbe unseres göttlichen Geburtsrechts als kreative Seelen an.

Seine Botschaft ist eigentlich eine Neuformulierung der

alten und zeitlosen Offenbarung aller Mysterien. Die »immerwährende Weisheit«, der universale Kern aller Religionen, besagt: »Das bist du!« Du, Gott und die Wirklichkeit sind eins. Cayce würde sagen: »Was Ihnen im Leben begegnet, ist Ihr Selbst, die Spiegelung einer Seele, die sich in die dreidimensionale Welt hinausprojiziert.« Cayce erklärt die Bedeutung dieser immerwährenden Weisheit in Details. Seine Erklärung reicht von den allgemeinsten religiösen Wahrheiten bis zu den äußerst spezifischen Tatsachen des psychologischen Funktionierens und Wirkens des Körpers.

Heute ist dieses Rezept zum Motto der New-Age-Bewegung geworden: »Du bist Gott! Du erschaffst deine eigene Wirklichkeit!« Viele Workshops gründen auf diesen Aussagen. Die Macht des Bewußtseins zu erkennen, unsere Wirklichkeit zu formen, ist tatsächlich ein wichtiger Teil des Denkens, das das New Age auszeichnet. Wenn Sie jedoch argwöhnen, diese Schlagwörter seien ein bißchen inflationär, haben Sie tatsächlich ihre fatale Schwäche entdeckt. Anzunehmen, Sie seien Gott und erschaffen Ihre eigene Wirklichkeit, bürdet Ihnen eine Last auf, die zu schwer auf Ihren Schultern liegen kann. Der Wert der Cayce-Lesungen zu diesem Thema liegt darin, daß sie den Begriff einer von uns selbst geschaffenen Wirklichkeit auf eine Weise einführen, die nicht in die Falle des Größenwahns oder der Selbstverachtung führt. In diesem Abschnitt werden wir sehen, wie Cayce die Frage nach der Schöpfung eines idealen Lebens beantwortet.

Erst werden wir die Annahme untersuchen, daß es keine objektive Wirklichkeit unabhängig von einem subjektiven Standpunkt gibt. Diese Idee stellt die moderne wissenschaftliche und philosophische Entsprechung zur immerwährenden Weisheit dar. Der Grundsatz der universalen Subjektivität zwingt Sie zur Entscheidung, welche subjektive Sicht Sie einnehmen wollen.

An diesem Scheideweg angelangt, weist Cayce auf die Bedeutung einer Bestimmung der eigenen Werte hin, insbesondere der spirituellen. Er meint, die Wahl eines spirituellen Ideals sei unsere wichtigste Lebensaufgabe. Bei der Ergründung dieses Themas werden wir mehr über die Rolle von Idealen bei der Gestaltung unserer Wirklichkeit erfahren. Hier hilft Cayce uns, die Fallen zu vermeiden, in die wir durch eine naive Anwendung des Schlagworts: »Du schaffst deine eigene Wirklichkeit« geraten können.

Danach werden wir Cayce' Rat zur Umsetzung eines Ideals folgen, um mit den Gegebenheiten des Lebens fertig zu werden und sie entsprechend unserer eigenen Werte zu gestalten. Wie wir auf eine Situation reagieren, ob sie uns als ihr Opfer fordert oder ob wir darin eine Entwicklungschance sehen, ist eine Frage der Einstellung.

Das Bewußtsein ist der Erbauer, die Materie das Resultat. Unsere Einstellungen spiegeln sich in der materiellen Wirklichkeit, in der Gesundheit unseres Körpers und den materiellen Umständen unseres Lebens. Cayce kennt auch das Geheimnis der Anwendung einer umgekehrten Strategie, und so werden wir lernen, die materielle Daseinsebene als Hebel zu benutzen, um zerstörerische Einstellungen und Gefühlszustände zu verändern. Sogar wenn wir in der Falle der Negativität sitzen, können wir etwas unternehmen, um uns von ihrem Griff zu befreien.

Schließlich werden wir lernen, wie wir unseren Willen einsetzen können, um ein ideales Leben zu erschaffen. Cayce schätzt den richtigen Einsatz der Willenskraft, aber er möchte, daß wir lernen, wie wir uns eine höhere Ebene des Willens zunutze machen können. Der Einsatz von Willensstärke ist oft eine ermüdende Übung von beschränkter Wirksamkeit. Ideale haben ihren eigenen Willen. Wir können lernen, uns mit ihrer Macht zu stärken. Wenn wir eine harmonische Verbindung zwischen dem bewußten und dem göttlichen Willen herstellen, machen wir aus der Herausforderung, unsere eigene Wirklichkeit zu schaffen, eine Gelegenheit zur spirituellen Selbstverwirklichung.

Sie sind nicht das passive Ziel der Pfeile des Unglücks, sondern der aktive Schöpfer Ihres Lebens. Ihr Leben und alles, was Sie in ihm erfahren, sind eine Schöpfung und ein Spiegel der Ideen und Werte, mit denen Sie übereinstimmen. Sie können diese Tatsache nehmen und sich Ihr Unglück zum Vorwurf machen, oder Sie können sie zum Anlaß nehmen, sich ein ideales Leben zu gestalten. Fangen Sie damit an, daß Sie Ihre Probleme als Gelegenheit sehen, etwas über sich selbst zu erfahren, neue Fähigkeiten zu erwerben und neue Ebenen des Bewußtseins zu erreichen. Wenn Sie Geduld haben, können Sie alles meistern, was Sie sich vornehmen.

Kapitel 5

Die Wirklichkeit ist eine subjektive Erfahrung

Vergeßt nicht, daß ihr in Seele/Körper zu dem werdet, mit dem euer Bewußtsein sich beschäftigt, von dem es lebt und sich ernährt, mit dem es wohnt und weilt und geistigen Umgang pflegt! Das ist das Gesetz und das Schicksal. Seit allem Anfang ist es so, daß jeder Gedanke des Schöpfers seine eigene Frucht in sich trägt.

Edgar Cayce 262-78

Wenn zwei Menschen in den Himmel schauen, werden sie dort unterschiedliche Wolkenmuster sehen. Einer sieht zum Beispiel einen Riesen, der in einer Kutsche fährt, während der andere eine Giraffe sieht. Daran erkennen wir, daß das, was ein Mensch sieht, etwas Subjektives ist, etwas, das sich an die Bedürfnisse und Interessen des einzelnen Menschen hält. Andererseits ist uns klar, daß die Wolke in Wirklichkeit eine fließende Masse Wasserdampf ist. Das nennen wir die objektive Wirklichkeit.

Wir erfahren den Unterschied zwischen objektiv und subjektiv schon in sehr jungem Alter: Subjektiv ist das, was wir empfinden, wünschen oder fürchten. Unser persönlicher Standpunkt ist subjektiv. Objektiv ist das, was wirklich da ist, die nackte Wahrheit. Den Unterschied zwischen objektiver Wirklichkeit und subjektivem Glauben zu erkennen, ist die Grundlage für eine gute geistige Verfassung.

Diese offensichtliche Wahrheit ist fundamental für unsere Erziehung und für unser Weltbild. Ihr zu widersprechen wird zu Widersprüchen führen, Verwirrung stiften und Ängste schüren. Dennoch muß es gesagt werden: Es gibt keine objektive Wirklichkeit, sondern lediglich unsere subjektive Erfahrung von ihr.

Wir haben Cayce' metaphysisches Modell untersucht, das den Ursprung dieser Subjektivität erklärt. Die materielle Wirklichkeit ist ein Nebenprodukt der geistigen Bewußtseinsmuster, die der einen Schöpfungsenergie ihre Form verleihen.

Cayce äußert sich zu diesem Standpunkt auch in praktischen Begriffen. Er bemerkt oft, daß die Gedanken, die ein Mensch denkt, die Erfahrungen erschaffen, die dieser Mensch erlebt. Er zitiert gerne aus den Sprichwörtern: »Der Mensch ist so, wie er in seinem Herzen denkt.« Unsere Lebensumstände spiegeln die Geschichte unserer Gedankenmuster.

Unsere Erwartungen, Vorstellungen und sogar die Gedanken, wie wir denken, um unsere Welt zu verstehen, bestimmen, was wir erfahren. Wir sehen, was wir verstehen. Vielleicht ist das der Grund, warum in unserer Sprache »ich sehe« und »ich verstehe« grundsätzlich dasselbe bedeuten. Die Erfahrung eines jeden Menschen ist subjektiv, ein persönlicher Standpunkt. Es gibt keine andere Wirklichkeit.

Wir mögen die Wissenschaft als den Gipfel der menschlichen Objektivität betrachten, doch das ist eine fragwürdige Annahme. Die Wissenschaft wird von derselben Erwartungshaltung regiert, weil auch sie eine menschliche Tätigkeit ist. Wenn er mit Wissenschaftlern kommunizierte, die seine Gedanken überprüfen wollten, hinterfragte Cayce ihre Motive. Er wußte, daß hinter ihren Instrumenten und Methodologien dieselbe Subjektivität arbeitete wie in jedem anderen Bereich der menschlichen Erfahrung. Diese Subjektivität drückt sich in Erwartungen, Zielen und Einstellungen aus. Die Wissenschaft erschafft eine ihrer Vision entsprechende Wirklichkeit.

Der Zweck dieses Kapitels besteht darin, die Annahme zu untersuchen, ob es so etwas wie Objektivität gibt. Wir werden sehen, was es für Dinge sind, von denen wir typischerweise annehmen, sie seien Beispiele für objektive Vorgänge, und begreifen, daß es gute Gründe dafür gibt, bei jeglicher Erfahrung von Wirklichkeit das Vorhandensein von Subjektivität zu vermuten.

Erwartungen schaffen Wirklichkeit: Der »Rosenthal-Effekt«

Wir verbringen einen Großteil unseres Lebens im Umgang mit anderen Menschen, die bei vielen unserer Bestrebungen eine Rolle spielen. Unsere Erfolge und Mißerfolge hängen stark davon ab, wie wir uns mit anderen verstehen. Wie reagieren die Leute auf Sie? Verhalten Sie sich freundlich und hilfsbereit, oder sind Sie anderen Menschen im Weg? Mögen sie Sie, oder gehen Sie ihnen auf die Nerven?

Die Wahrheit ist, daß die anderen dazu neigen, Ihre Erwartungen zu spiegeln. Wie Sie sie behandeln, enthüllt die Gedanken, die Sie mit sich umhertragen, Ihre Annahmen und Glaubensvorstellungen. Was Sie von anderen Menschen erwarten, kann leicht zu einer sich selbst erfüllenden Prophezeiung werden.

Nehmen wir das Beispiel der Psychologie, wo unter Einsatz wissenschaftlicher Methoden Labortests an Menschen durchgeführt werden. Klinische Psychologen sind äußerst versiert in der vorsichtigen Beobachtung menschlichen Verhaltens unter strikt kontrollierten Bedingungen. Allerdings haben sie feststellen müssen, daß ihre Versuche dazu führten, die Wirklichkeit zu schaffen, die ihre Forschung objektiv beobachten und messen sollte. Selbsterfüllende Prophezeiungen kommen sowohl im Labor als auch im Alltag vor.

Diese störende Tatsache wird manchmal »Rosenthal-Effekt« genannt, nach dem Harvard-Psychologen Robert Rosenthal, der dies zuerst entdeckte. Ich werde etwas ins Detail gehen, weil dieser Effekt uns auf ungewohnte Weise zeigt, daß unsere Erwartungen sich tatsächlich selbst erfüllen. Danach werden Sie zweimal überlegen, wie Sie mit anderen Menschen umgehen.

Die Versuchspersonen in Rosenthals ursprünglichen Untersuchungen waren nicht die üblichen. Er beobachtete eine Anzahl klinischer Psychologen, während diese ihre eigenen Forschungen durchführten, und ließ sie ein bestimmtes, von ihm entworfenes Experiment absolvieren. Er bat seine Kollegen: »Stellen Sie fest, ob es stimmt, daß . . .« und erklärte ihnen daraufhin seine Hypothese. Aber er sagte nicht allen das gleiche. Der einen Hälfte der Forscher sagte er, es verhalte sich mit seiner Theorie auf die eine Weise, während er der anderen das Gegenteil weismachte. Dann schickte er sie ins Labor und wartete auf ihre Ergebnisse. Meistens kehrten die Forscher mit Resultaten zurück, die die entsprechende Hypothese bestätigten.

Rosenthal und andere haben dieses Phänomen in Hunderten von Versuchen bestätigt gefunden. Bei gewissen Versuchen wurden die Versuchspersonen von den Psychologen nach verschiedenen Kriterien getestet: Wahrnehmungs- und Lernfähigkeit, Persönlichkeit und Intelligenz sowie unbewußte körperliche Reaktionen. Bei anderen Versuchen wurde mit Tieren gearbeitet. Die Resultate waren immer die gleichen. Gewisse Forscher beeinflußten unbewußt die Menschen oder Tiere, die sie untersuchten, um die Ergebnisse zu erhalten, die von ihnen erwartet wurden.

Sie können sich vorstellen, wie hart der Rosenthal-Effekt die Forscher getroffen hat. Es sind viele Versuche unternommen worden, um den Grund für das Problem zu finden. Der erste Verdacht war, daß es an einem Beobachtungsfehler liegen könnte. Seit mehreren Hunderten von Jahren wissen wir, daß Wissenschaftler Fehler machen, sei es in dem, was sie beobachten, oder wie sie ihre Beobachtung festhalten. Meistens stimmen diese Fehler mit den Vorurteilen des Versuchsleiters überein. Fehler dieser Art sind jedoch selten wichtig genug, um den Rosenthal-Effekt zu erklären. Allerdings tritt dieser Erwartungseffekt auch ein, wenn der Forscher das Experiment nur durchführt und seine Beobachtungen nicht selbst festhält.

Dann begannen Forscher, Versuchsleiter durch Einwegspiegel zu beobachten, um herauszufinden, ob sie sich auf irgendeine Art verhielten, die ihre Fähigkeit erklärte, die Ergebnisse zu produzieren, die sie erwarteten. Auf diese Weise wurde entdeckt, daß es tatsächlich daher rührte, daß sie mit ihren Versuchspersonen in kleinen, doch scheinbar bedeutsamen Dingen anders umgingen, die diese dazu brachten, ihren Erwartungen zu entsprechen. Wie dies geschieht, ist auch heute noch nicht völlig klar.

In einem Forschungsprojekt zum Beispiel, das einen Versuch enthielt, in dem »intelligente« mit »dummen« Mäusen verglichen wurden, stellte der Beobachter fest, daß die Forscher die Mäuse, die sie für intelligenter hielten, öfters anfaßten und ihnen buchstäblich mehr Streicheleinheiten gaben. Andererseits sprachen diese Forscher häufiger mit den Mäusen, von denen sie glaubten, sie seien dümmer. Ist es möglich, daß Berührungen Mäuse ihre Aufgaben besser erledigen lassen, während sie weniger gut abschneiden, wenn man mit ihnen spricht? Wenn Sie sich eine Antwort auf diese Frage überlegen, bedenken Sie, daß der Rosenthal-Effekt sogar aufgetreten ist, wenn die Forscher es mit mikroskopisch kleinen Würmern zu tun hatten.

Wegen der enormen Konsequenzen haben Forscher Hunderte von Experimenten durchgeführt, in denen sie den Umgang von Forschern mit menschlichen Versuchspersonen untersuchten. Studien von Filmen und Videos des Verhaltens von Forschern haben einige Unstimmigkeiten gezeigt. In einem anderen Versuch neigten sowohl weibliche als auch männliche Forscher dazu, Frauen häufiger anzulächeln als Männer. Viele sogenannte »wissenschaftliche Tatsachen« über den Unterschied zwischen den Geschlechtern könnten der unbewußten Auswirkung von Geschlechtsstereotypen oder dem Verhalten des Forschers zu verdanken sein. Der unselige Rosenthal-Effekt tritt auf, weil die Versuchspersonen sich anders verhalten, wenn man sie anlächelt!

Lächeln ist nicht der einzige Faktor, von dem Versuchspersonen beeinflußt werden. Das Geschlecht und die Persönlichkeit des Forschers, das Bedürfnis nach Macht oder Anerkennung, die persönliche Wärme, das Ausmaß an Nervosität und Gesprächigkeit, dies beeinflußt alles die Art, wie eine Versuchsperson anläßlich eines Versuchs reagiert. Die Ergebnisse eines Versuchs hängen davon ab, ob der Versuchsleiter einen guten oder einen schlechten Tag hat. Es ist nachgewiesen worden, daß sogar die Frage, ob der Forscher schwitzt oder nicht und wie schnell er atmet, das Verhalten der Versuchsperson beeinträchtigt!

Was noch nicht geklärt ist, doch gegenwärtig aktiv untersucht wird, ist die Frage, wie Forscher solche Tätigkeiten wie Schwitzen oder Körperbewegungen vermitteln. Anhand dessen, was wir erfahren haben, wissen wir, daß es eine unterschwellige Wahrnehmung gibt. Deshalb würde es uns nicht überraschen, wenn der Versuchsperson solche Details im Verhalten des Forschers unbewußt auffielen. Vielleicht findet eine Kommunikation mittels des Unterbewußtseins statt – die unsichtbare Verbindung zwischen den Intellekten.

Forscher, die versucht haben, den Rosenthal-Effekt einzugrenzen, räumen ein, daß er sehr verbreitet ist. Er läßt sich kaum vermeiden, weil er uns schon beinahe medial vorkommt.

Sogar wenn Forscher ihre Versuche mittels Fernbedienung vornehmen, ist der Effekt offensichtlich. In einem Fall sollten Forscher ihre Anweisungen an ihre Versuchspersonen per Tonband erteilen, ohne sie persönlich zu kontaktieren. Trotzdem wurde die Erwartungshaltung des Forschers irgendwie auf die Versuchspersonen übertragen und beeinflußte die Ergebnisse. In einem anderen Fall benutzten Forscher Assistenten, um ihre Versuche durchzuführen. Diese kannten die Erwartungen der Forscher nicht; dennoch übertrugen sie deren Erwartungen auf Versuchspersonen, und zwar so, daß sich diese Erwartungen bestätigten.

Wenn gut ausgebildete Psychologen ihre Erwartungen in ihren wissenschaftlich kontrollierten Versuchen mit Menschen häufig bestätigt fanden, dürfen wir vermuten, daß es ziemlich wahrscheinlich ist, daß wir in unserem eigenen Umgang mit anderen Menschen auch dazu neigen, unsere Erwartungen bestätigt zu finden. Der Rosenthal-Effekt zeigt uns, daß sich unsere Erwartung davon, wie die Menschen um uns sich verhalten werden, tatsächlich erfüllt.

Gefühle sind subjektiv

Gesellschaftliche Beziehungen sind eindeutig eine subjektive Angelegenheit. Lassen Sie uns deshalb unsere Untersuchung der Subjektivität auf einer konkreteren Ebene weiterführen. Schauen wir uns die Sinne an, und wie sie die Tatsachen der Wirklichkeit wahrnehmen. Sind unsere Sinne objektiv? Vermitteln unsere Augen, Ohren, Nase, Zunge, Finger und andere Wahrnehmungsorgane unserem Körper die Welt der Wirklichkeit?

Wir bemerken die chemischen Vorgänge, die auf unserer Zunge oder in unserer Nase stattfinden, nicht. Was wir erfahren, sind Geschmacksrichtungen und Gerüche. Die chemischen Zusammensetzungen, die diese Ereignisse hervorrufen, enthalten nicht die emotionale Reaktion, die wir erleben. Die Freude am Geruch frisch gebackenen Brots findet in unserem Bewußtsein statt.

Wir nehmen das Pulsieren der physikalischen Energie in der Luft, die in unseren Ohren schwingt, nicht wahr. Was wir erfahren, ist der Klang. Der Klang ist ein geistiges und kein materielles Ereignis. Es ist nichts an den physikalischen Merkmalen der Schwingungen in der Luft einer Oper, die erklären würden, warum so viele Menschen weinen.

Wir spüren die elektromagnetische Energie, die auf unser Auge trifft, nicht direkt. Licht ist eine subjektive Erfahrung, eine Schöpfung des Bewußtseins. Wir nehmen nicht die Wellenlänge dieser Energie wahr, sondern ihre Farbe. Farben sind keine Aspekte der subjektiven Welt, sondern geistige Merkmale.

Unsere Sinne reagieren auf die physikalischen Prozesse in der äußeren, objektiven Welt, doch das, was wir erleben, sind subjektive Phänomene, die vom Bewußtsein geschaffen werden. Ein Strahlenbündel passiert die Pupille des Auges und erreicht die Netzhaut, wo es oberflächliche Nerven reizt, woraufhin diese elektrochemische Impulse an das Gehirn senden. Daraufhin werden bestimmte Nervenzellen innerhalb des Gehirns aktiviert. Es findet eine chemische Kettenreaktion statt, die sich von der Oberfläche der Netzhaut bis in das Innere des Gehirns bewegt. Von alledem nehmen wir nichts wahr. Wir erleben das Gefühl von Licht.

Unsere Sinne sprechen keine objektive, sondern ihre eigene subjektive Sprache. Sie informieren uns nicht über die tatsächlichen materiellen Begebenheiten, die sie auslösen, sondern versehen uns statt dessen mit subjektiven Gefühlen, die den Stoff des Bewußtseins ausmachen. Gefühle sind eine subjektive Übersetzung von physikalischen Ereignissen in psychologische Erfahrungen.

Die Übersetzung von physikalischen Prozessen in geistige Ereignisse ist nicht die einzige Form emotionaler Subjektivität.

Unsere Gefühle haben Vorurteile

Weil die Beziehung zwischen den physikalischen Ereignissen, die unsere Sinne und Sinneseindrücke anregen und erschaffen, so kompliziert ist, kommt es zu einer weiteren Ebene der Subjektivität. Doppeltes Licht bedeutet nicht automatisch doppelte Helligkeit. Es kommt auf die Situation an. Eine Kerze scheint im Dunkeln heller als am Mittag. Gewöhnlicher Reis schmeckt ausgezeichnet, wenn Sie großen Hunger haben. Rot leuchtet im Vergleich zu Grün, wirkt jedoch fad neben Orange.

Um seine Erfahrungen zu gestalten, benutzt das Bewußtsein das Gehirn auf eine sehr komplexe Art. Wenn es einen Sinneseindruck bildet, zieht es Kontraste, Veränderungen im Ausmaß des Reizes, Bewegungen, relative Größen, den Zeitverlauf und ein Heer anderer physikalischer Beziehungen zwischen den vorhandenen Reizen in Betracht. Die Welt der Sinnestäuschungen ist ein unterhaltsamer Ort, um zu entdekken, wie Empfindungen das Gehirn überlisten können. Illusionen haben der Psychologie gezeigt, wie unschuldig und kreativ das Bewußtsein seine Empfindungen interpretiert.

In den meisten Fällen setzt das Bewußtsein sein Wahrnehmungssystem ein, um besser funktionieren zu können. Um diese optimale Leistung zu erbringen, opfert es unter gewissen Umständen seine Genauigkeit. Zum Beispiel beachten die Sinne bei ihren Wahrnehmungen die Veränderungen. Es gibt keine Botschaft des Status quo; allein die Veränderung bringt Neues.

Unser Nervensystem drückt seine Bevorzugung von Veränderung dadurch aus, daß es ermüdet, wenn es immer wieder dasselbe wahrnimmt. Die meisten Nervenzellen können nicht immer wieder in schneller Aufeinanderfolge aktiviert werden. Das nennt man Ermüdung. Nervenbündel werden damit aufhören, eine Botschaft weiterzuleiten, wenn es immer noch dieselbe ist. Diesen Prozeß nennt man Inhibition oder Unterdrückung. Sie hören die Klimaanlage, wenn Sie sie gerade erst angestellt haben, doch bald verschwindet das Geräusch im Hintergrund. Es ist unterdrückt worden. Wird sie jedoch wieder abgeschaltet, klingt die Ruhe danach sehr laut.

Wenn Sie das Phänomen des visuellen Nachklangs entdecken, werden Sie Auswirkungen dieses Aspekts auf Ihr Wahrnehmungssystem erleben. Starren Sie auf ein schwarzes Viereck, das Sie auf ein weißes Blatt Papier legen. Jetzt legen Sie das schwarze Viereck weg und starren nur auf den weißen Hintergrund. Sie werden ein helleres weißes Viereck auf dem Papier nachglühen sehen. Das ist das Nachbild. Auf das schwarze Papier zu starren hat Ihre Augen müde werden lassen, weshalb sie beginnen, ihre Wahrnehmung des »schwarzen Vierecks« von einer neuralen Aktivierung abzuhalten. Wenn Sie das schwarze Viereck wegnehmen und auf das weiße Papier darunter schauen, interpretiert Ihr Gehirn die Unterdrückung der Information des »schwarzen Vierecks« seitens der Netzhaut dahingehend, daß sie jetzt »weißes Viereck« bedeutet. Dieser Bereich des Papiers ist so »unschwarz«, daß er uns weißer als weiß vorkommt.

Nachbilder gibt es für alle Sinne, so zum Beispiel bei den Farben. Wenn Sie auf ein rotes Viereck starren, ist das Nachbild grün. Es gibt auch ein Nachbild für Körpergefühle. Wenn Sie Ihre Rollschuhe nach mehreren Stunden ausziehen, fühlen sich Ihre Füße so leicht an, daß Sie beinahe fliegen könnten. Auch der Geschmack hinterläßt ein Nachbild. Nach einem Honigbrot schmeckt Ihnen Orangensaft sauer.

Nachbilder sind eine Art Kontrasteffekte. Sie werden dadurch hervorgerufen, daß Ihre Sinne den Eindruck eines konstantbleibenden Reizes unterdrücken und überkompensiert, wenn ein gegenteiliger Reiz sich präsentiert.

Kontrasteffekte sind nur ein Beispiel einer unerwarteten Konsequenz dessen, was unter den meisten Umständen eine nützliche Einstellung des Nervensystems darstellt, und können zu starken subjektiven Erlebnissen führen, die über reine Sinnestäuschungen hinausgehen. Ein Mensch, der über viele Jahre hinweg von anderen schlecht behandelt worden ist, wird jemanden, der auch nur das kleinste Maß an Rücksicht zeigt, für einen wunderbaren Heiligen halten.

Die Wissenschaft ist subjektiv

Unsere Sinneswahrnehmungen, die mechanische Grundlage unseres Erlebens der Welt, sind sehr subjektiv. Sie stehen für einen kreativen Umgang mit physikalischen Daten, die für den Intellekt weitgehend unsichtbar bleiben. Wir sind der subjektiven Ebene grundsätzlich ausgeliefert. Dies zu wissen hilft uns aber auch nicht weiter. Die meisten Sinnestäuschungen bleiben bestehen, auch wenn wir sie erklären können.

Diese Ebene der Subjektivität ist der vom Bewußtsein vorgenommenen Vernetzung des Gehirns zu verdanken.

Während die Sinne ungenau sind und eingebaute Vorurteile aufweisen, würden wir erwarten, daß die Wissenschaft mit ihren hochpräzisen Meßinstrumenten die Wirklichkeit objektiv betrachten kann. Ob wir Wissenschaft und Technik mögen oder nicht, wir respektieren alle ihre Macht und halten sie hoch als Ideale der Objektivität.

Unser Glaube an die reine Objektivität der Wissenschaft ist jedoch falsch. Die Wissenschaft ist ein subjektives Unternehmen. Das ist eine wichtige Aussage, die es zu bedenken gilt. Wenn wir die Wege untersuchen, wie Subjektivität sich in die Wissenschaft einschleicht, müssen wir schließen, daß die gesamte menschliche Erfahrung subjektiv sein muß. Es kann sehr wohl sein, daß Sie zum gleichen Schluß wie diverse andere Philosophen kommen, daß die objektive Wirklichkeit, wenn es sie überhaupt gibt, eine Unbekannte bleibt und vermutlich vom Menschen gar nicht erkannt werden kann.

Die Wissenschaft ist ein Wertsystem

Die Wissenschaft ist Ausdruck eines Wertsystems. Was sie »objektive« Einstellung gegenüber der Wirklichkeit nennt – Loslösung, Analyse, Vorhersage und Kontrolle –, ist eigentlich eine Wertaussage, ein Vorurteil zugunsten einer bestimmten Einstellung dem Wissen gegenüber.

Nehmen wir einmal an, jemand möchte Sie kennenlernen. Wie wäre es, wenn dieser Mensch zu Ihnen sagen würde: »Die beste Art, dich kennenzulernen, besteht für mich darin, daß ich dich auf Abstand halte. Ich werde dich in Stücke teilen und deine Bestandteile analysieren und alle die kleinen Tatsachen deines Lebens mit dem Computer auswerten. Ich werde lernen, jede deiner Bewegungen vorherzusagen. Darüber hinaus werde ich, um zu beweisen, daß ich Macht über dich habe und dich wirklich kenne, die völlige Kontrolle über dich erlangen und dich dazu veranlassen, dich so zu benehmen, wie ich es will.« Würden Sie sich jemandem in die Arme werfen, der mit einem solchen Vorschlag auf Sie zukommt? Sie wären wahrscheinlich entweder belustigt oder aber entsetzt!

Doch das ist exakt die Haltung, die die Wissenschaft gegenüber der Natur einnimmt. Sie nennt sich »objektiv« und zieht die Isolierung der Werte der Intimität vor, die Analyse der Erfahrung, die Vorhersage dem persönlichen Einsatz und die Kontrolle dem Dialog. Männer werden von Frauen wegen genau dieser Werte kritisiert. Gewisse Denker sind sogar so weit gegangen, vorzuschlagen, daß die Objektivität der Wissenschaft nichts als eine Rationalisierung männlicher Werte sei.

Als Reaktion auf einige der negativen Auswirkungen dieses wissenschaftlichen Ansatzes haben gewisse Wissenschaftler begonnen, mit einer anderen Methode zu experimentieren, die den Respekt für die Integrität der Natur einschließt. Vielleicht können wir ebenso viele wertvolle Wahrheiten über die Natur erfahren, wenn wir mit ihr kommunizieren, als wenn wir sie zerstückeln oder sie zerlegen.

Die Wissenschaft erfindet Geschichten über die Wirklichkeit

Die Wissenschaft faßt die Wirklichkeit nicht mit bloßen Händen an, sondern mit den Handschuhen ihrer Theorien. Sie starrt nicht mit dem nackten Auge auf die Natur, sondern sieht sie durch eine begriffliche Brille.

Wir nehmen normalerweise an, die Wissenschaft würde sich nur mit Tatsachen befassen. Die Tatsachen der Wissenschaft werden jedoch von Begriffen und Theorien bestimmt. Schwerkraft, Elektromagnetismus, Energie, Elektrizität, Atome und ähnliche Begriffe sind keine eigentlichen Tatsachen. Elektrizität oder Schwerkraft sind nicht gegenständlich. Was wir haben, sind stenographische Kürzel, die beschreiben, wie gewisse Aspekte der Welt sich verhalten. Diese Begriffe wurden entwickelt, um die Empfindungen und Erfahrungen von Wissenschaftlern zu erklären. Die Wissenschaft erfindet Geschichten über die Natur.

Die Empfindungen oder Tatsachen, die von Wissenschaftlern gesucht werden, gründen auf den Theorien, an die sie glauben. Ohne eine Theorie, um einer Tatsache eine Bedeutung zu verleihen, wird sie nicht einmal bemerkt. Die Geschichte der Wissenschaft ist voller neuer Entdeckungen, die aus Tatsachen hervorgingen, die zuvor als irrelevant eingestuft worden waren. Wissenschaftler sind auch nur Menschen: Sie sehen das, was sie interessiert, und ignorieren alles andere.

Ich bin sicher, Sie sind schon einmal an einen Menschen geraten, der behauptete, Sie zu verstehen, aber sich nur zu seinen eigenen Bedingungen mit Ihnen auseinandersetzte. Gleichgültig, was Sie über sich selbst enthüllten, dieser Mensch konnte Ihren Standpunkt nicht wirklich verstehen. Statt dessen tat er nur so, als verstehe er Sie, während er alles analysierte, was Sie sagten, und in Begriffen seiner eigenen Lieblingstheorien und -ideen interpretierte. Er bemerkte nur die Dinge an Ihnen, die für seine Theorien relevant sind. Macht Sie das nicht wütend? Sie würden wohl kaum behaupten, dieser Mensch sei objektiv, ganz im Gegenteil. Der Betreffende mag eine gewisse Objektivität für sich in Anspruch nehmen, doch er sieht die Dinge nur im Sinne seiner eigenen Erkenntnis.

Jeder Mensch verwendet Modelle und Konzepte, um die Welt wahrzunehmen und zu verstehen. Es folgt ein Beispiel, das den Unterschied zwischen nackten Tatsachen und Erfahrungen verdeutlicht. Es zeigt, wie wir automatisch Begriffe benutzen, um unsere Erfahrungen zu gestalten.

Folgendes Beispiel betrifft ein visuelles Objekt, das von einem Psychologen namens Fritz Heider entwickelt wurde. Er fertigte eine abstrakte bewegliche Zeichnung an, ein bewegliches Diagramm, bestehend aus einem Kreis und einem Viereck. Um deren Bewegung zu definieren, verwendete er eine mathematische Formel. Stellen Sie sich folgendes vor: Der Kreis beginnt an einer Stelle, bewegt sich dann für eine bestimmte Zeit mit einer bestimmten Geschwindigkeit in eine bestimmte Richtung. An diesem Punkt angelangt, wechselt er die Richtung und die Geschwindigkeit, um sie auch später wieder zu ändern. Heider programmierte die Bewegung des Vierecks, indem er eine ähnliche Formel anwandte, jedoch von anderen Zahlenwerten ausging und an einer anderen Stelle mit der Bewegung begann als beim Kreis, nämlich etwas später. Als er dieses komplizierte Programm fertig entwickelt hatte, ließ er das Bild laufen und führte es einem Publikum vor.

Als die Leute den Kreis und das Viereck sahen, die sich regelkonform bewegten, was meinen Sie, was sie zu sehen glaubten? Sie können sicher sein, daß sie nicht so etwas sagten wie: »Was haben wir denn da? Sie haben zwei Gleichungen geschaffen, die die Bewegung eines Kreises und eines Vierecks definieren, und diese aufeinander abgestimmt. Einfach genial!« Natürlich hat das niemand gesagt. Statt dessen lautete die unweigerliche und spontane Reaktion: »Du meine Güte, das Viereck jagt dem Kreis hinterher, während der Kreis versucht, ihm zu entkommen!«

Da die Beobachter Menschen waren, setzten sie sofort ihre

Vorstellungskraft ein und nahmen die Ereignisse auf dem Bildschirm in Ausdrücken ihrer Begrifflichkeit von rennen, jagen und fliehen wahr. Sie schufen eine Bedeutung für das, was sie sahen, und verliehen den beiden »Akteuren« – den geometrischen Figuren – Absichten. Ihre Reaktion war natürlich. In ihrer Wahrnehmung liegt eine gewisse poetische Wahrheit. Dennoch ist sie subjektiv.

Als er diesen Versuch entwickelte, ging Heider davon aus, daß wir auf das reagieren, was wir sehen, indem wir unsere Erfahrungen entsprechend den Bedeutungen einordnen, die wir erkennen können, und Geschichten daraus konstruieren, die aufgrund unserer früheren Erfahrungen einen Sinn ergeben.

Die Sprache der Wissenschaft und die Art, wie Sie Ihre Wahrnehmungen einordnen, ist die gleiche. Der einzige Unterschied liegt darin, daß die Geschichten, die von Wissenschaftlern erfunden werden, abstrakter sind und kompliziertere Ausdrücke enthalten. Ob Wissenschaftler oder nicht, Menschen erfahren die Ereignisse der Welt in Begriffen von Bedeutung und nicht von nackten Tatsachen. Es bleibt uns wenig übrig, als zu wählen, welche Begriffe wir benutzen wollen, wenn wir unsere Wahrnehmungen gestalten.

Nehmen wir an, Sie sehen zum ersten Mal in Ihrem Leben ein Auto. Wenn Sie es als »Skulptur« wahrnehmen würden, wären die Fakten, auf die Sie achten würden, Formen und Linien.

Wenn Sie es als Behältnis sähen, wäre der Innenraum das wichtigste. Sie könnten messen, wieviel Wasser der Kofferraum aufnehmen könnte oder wie viele Bücher Sie in der Fahrkabine unterbringen können. Wenn Sie es für eine Art Rechner oder Computer halten würden, würden Sie Ihre Aufmerksamkeit auf die Meßgeräte am Armaturenbrett richten. Sie würden Knöpfe drücken und an Hebeln ziehen, um zu sehen, wie sie reagieren. Wenn Sie dieses Auto als einen Lastwagen sehen, würden Sie errechnen, wieviel er laden und wie schnell er fahren kann, wenn er voll beladen ist. Auf jeden Fall würden die Tatsachen, die Sie feststellen würden, von Ihrer Vorstellung von diesem Auto abhängen.

Dieses Problem zeigt, daß Objektivität nicht einfach nur eine Frage der Genauigkeit von Messungen ist. Zu sehen, was wirklich da ist – mit anderen Worten, objektiv zu sein – erfordert, daß Sie wissen, was Sie sehen und wie Sie das, was Sie sehen, in Ihrem Gehirn einordnen sollen. Zu wissen, wonach Sie suchen, setzt voraus, daß Sie einen Begriff oder ein Modell dafür haben, das sich auf das bezieht, was Sie betrachten.

Wenn Sie keine Idee haben, was Sie sehen, aber mehr darüber erfahren wollen, werden Sie einige Fragen stellen, Messungen vornehmen oder es irgendwie abtasten müssen. Was Sie über etwas erfahren, hängt von den gestellten Fragen ab. Um Fragen formulieren zu können, werden Sie einige Begriffe ausprobieren müssen.

Jeder Sinn beinhaltet Begrifflichkeiten. Dennoch sind Begriffe nicht mehr als eben das und stellen keine unmittelbare Wirklichkeit dar. Sie zwingen uns ihren subjektiven Gesichtspunkt auf. In einem sehr realen Sinn ist unsere Wahrnehmung etwas Verherrlichendes. Wir verherrlichen die Begriffe, die unsere Wahrnehmungen zuordnen, und verwechseln sie mit der Wirklichkeit.

Wissenschaftler unterscheiden sich nicht von Dichtern, die Verbindungen zwischen Erfahrungen erfinden. Der Dichter kennt die Liebe und schreibt, daß die Rose sich als Ausdruck der Liebe zur Sonne öffnet, der Wissenschaftler, der mit der Photosynthese vertraut ist, bemerkt, daß die Rose sich als Reaktion auf die Einwirkung des Sonnenlichts auf die Zellen dieser Pflanze öffnet.

Die Wissenschaft hat auch nur Modelle, Symbole, Metaphern und Theorien. Wissenschaft ist Science fiction, ein Produkt der Vorstellungskraft. Die Wissenschaft lebt in ihrer eigenen Traumwelt. Wissenschaftler würden das bestätigen, während Sie ihnen vielleicht schon zu Hilfe eilen, und darauf hinweisen, daß die Wissenschaft ihre Theorien testet, um zu erfahren, wo sie fehlerhaft sind. Diese Annahme sagt aus, die Wissenschaft sei objektiv, weil sie sich die Konsequenzen ihres Traums überlegt und Untersuchungen schafft, um die Fehler in ihren Modellen zu finden. Die Wissenschaft kneift sich selber, um zu sehen, ob sie nicht träumt. Wissenschaftler messen die Welt, doch manchmal beschädigt ihr Maßstab das, was sie messen, und verändert die beobachtete Wirklichkeit.

Die Wissenschaft beeinflußt die Wirklichkeit

Wir würden gerne annehmen, daß es eine Wirklichkeit unabhängig von unserer eigenen Subjektivität gibt. Die Wissenschaft entwickelt Theorien über diese Wirklichkeit und testet ihre Angemessenheit. Um Theorien zu überprüfen, muß man Versuche durchführen und Messungen vornehmen. Es geht darum, herauszufinden, was los ist. Wir haben jedoch gesehen, daß in der Psychologie die Forscher dazu neigen, den Dingen durch ihre Erwartungen eine gewünschte Richtung zu geben. Wir haben auch gesehen, daß die Wissenschaft wie auch unsere Sinne im allgemeinen dazu tendieren, in ihrer Wahrnehmung der Wirklichkeit gewissen Vorurteilen zu unterliegen. Unsere Beobachtungen scheinen unsere Annahmen zu spiegeln. Dieses Problem wird nicht einfach verschwinden, sondern scheint im Gegenteil schlimmer zu werden, je mehr wir uns dem kleinsten Prinzip der materiellen Wirklichkeit nähern, dem Atom.

Je weiter die Wissenschaftler ihre Nase in die Wirklichkeit des Atoms stecken, um so mehr entzieht sich das Atom dieser Einmischung. Die Atomphysik hat feststellen müssen, daß ihre Messungen das beeinträchtigt, was sie zu messen versucht. Sie entdeckte die größte Falle der Beobachtung der Wirklichkeit: Etwas beobachten, heißt, es verändern.

Die sogenannte Unschärferelation sagt aus, daß es nicht möglich ist, etwas genau zu bestimmen oder zu messen, ohne gleichzeitig wenigstens einen Aspekt des Zustands zu verändern.

Dieses Prinzip ist nichts Neues für Sie. Sie wissen, wie anders Sie sich verhalten, wenn jemand Sie sieht. Wenn Sie je Gegenstand eines Interviews gewesen sind, wissen Sie, daß die Art Information, die der Journalist von Ihnen erhält, davon abhängt, wie er auf sie zugeht. Er hat eine Wirkung auf Sie, die die Art der Information verändert, die Sie ihm geben werden. Wenn Sie je versucht haben, Tiere in freier Wildbahn zu beobachten, wissen Sie, wie frustrierend das sein kann, denn sobald diese Sie sehen, hören Sie mit dem auf, was sie gerade machen oder rennen davon.

Der Beobachter beeinflußt die Beobachtung. Diese Wirkung dehnt sich auf die grundsätzlichsten Bereiche der Wirklichkeit aus. Die Atomphysik hat entdeckt, daß es einfach nicht möglich ist, ein Atom zu beobachten, ohne daß dieses einen Eindruck von der Beobachtung des Wissenschaftlers empfängt. Um etwas sehen zu können, müssen Sie ein Licht darauf richten. Das Licht wird von diesem Gegenstand reflektiert und fällt auf die Augen. Auf der atomaren Ebene muß das Meßinstrument, um die Gegenwart eines atomaren Teilchens entdecken zu können, eine Form von Kontakt mit diesem Teilchen aufnehmen. Dieser Kontakt beeinflußt das Teilchen und verändert seine Lage oder seine Bewegungsrichtung. Die Wahrnehmung beeinflußt das Wahrgenommene.

Was gesehen wird, wird ebenfalls vom Beobachter bestimmt. Was ist ein Atom? Wir stellen es uns wie einen Gegenstand vor und nennen es ein Teilchen. Manchmal verhält es sich jedoch so, als wäre es gar kein Ding, sondern ein Ereignis, eine energetische Reaktion in Form einer Welle. Ob ein Atomphysiker ein Teilchen oder eine Energiewelle findet, wenn er diese winzigen Aspekte der Wirklichkeit untersucht, hängt von der Art der Beobachtung ab. Atome können sich von Materie in Energie und wieder zurück verwandeln, was einen Wissenschaftler vor große Probleme stellen kann, wenn er das, was wirklich existent ist, erfassen möchte. Was er sieht, scheint davon abzuhängen, wie er es verstehen möchte.

Es gibt viele Menschen, die der Meinung sind, die Grundlage der Wirklichkeit, ihre grundsätzliche Realität, sei atomar. Wenn das die Wirklichkeit ist, hat die Physik entdeckt, daß man sie einfach nicht beobachten kann, ohne sie zu beeinträchtigen. Die Wirklichkeit verändert sich in dem Moment, in dem sie betrachtet wird. Sie reagiert sehr empfindlich auf den Beobachter, sie wird durch ihn beeinflußt. Manche Physiker glauben, daß es keine Beschreibung der Wirklichkeit geben kann, ohne nicht gleichzeitig eine Beschreibung des Beobachters dieser Wirklichkeit zu liefern. Das Bewußtsein muß ein Teil der Gleichung sein, weil es ein Teil des Vorgangs der Schöpfung von Wirklichkeit ist.

Die Wissenschaft der Subjektivität

Wenn wir die Welt erfahren, gehen wir mit ihr einen Dialog ein. Die Wirklichkeit steht nicht einfach still, sondern bezieht sich auf unsere Blicke, regt sich unter unserer Berührung und spiegelt unsere Annahmen. Die Welt reflektiert unsere Glaubensvorstellungen, unser Verständnis und unsere Erwartungen, und das gilt sogar für Wissenschaftler, die die Welt mittels genauer technologischer Geräte betrachten.

Die Subjektivität besteht weder in unseren Sinnesorganen noch im Mikroskop des Wissenschaftlers. Es ist ein sich selbst erfüllender Aspekt unseres Umgangs mit anderen, sei dieser nun gesellschaftlich, geschäftlich oder wissenschaftlich.

Die Wissenschaft der Subjektivität versteht, daß wir nur dann objektiv sein können, wenn wir erkennen, daß die Wahrheit ein interaktiver Anlaß ist. Der Beobachter und das Beobachtete schaffen zusammen das, was wir objektive Wirklichkeit nennen.

Tatsachen, Umstände und andere Zugaben, die die Atome unseres Lebens ausmachen, sind unseren eigenen kreativen Wahrnehmungen unterworfen. Der erste Schritt, um zu lernen, unser Leben zu unseren eigenen Bedingungen zu leben, besteht darin, zu begreifen, daß es tatsächlich keinen anderen Weg gibt. Wir kommen nicht umhin, die Wirklichkeit zu schaffen, die wir erfahren.

Kapitel 6

Ein ideales Leben

Die wichtigste Erfahrung dieses und jedes Wesens ist es, erst zu wissen, was das – spirituelle – Ideal ist. Wer und was ist euer Muster?

Edgar Cayce 357-13

Was würden Sie tun, wenn Sie im Weltraum verlorengegangen wären? Überall, wohin Sie schauen, über Ihnen, unter Ihnen und zu allen Seiten, ist alles, was Sie sehen, die enorme Weite des Alls – voller Sterne. Was ist oben? In welcher Richtung liegt der Heimweg?

Es ist etwas ebenso Irritierendes an dem Gedanken, daß unsere gesamte Erfahrung subjektiv ist. Wenn alles, was wir erfahren, ein Spiegel von uns selbst ist, woran können wir uns dann orientieren? Wenn Erwartungen sich selbst erfüllen, und die Wirklichkeit unsere eigene Schöpfung ist, sind wir da nicht im Teufelskreis unseres Selbst gefangen? Es scheint, als würde uns die Wissenschaft der Subjektivität in einen Spiegelsaal führen.

Janets Problem

Ich erinnere mich an Janet, eine Frau, die mich aufsuchte, um sich von mir beraten zu lassen. Sie fühlte sich deprimiert und verloren und hatte das Gefühl, ihr Leben sei ein Scherbenhaufen, weswegen sie sich Vorwürfe machte.

Sie hatte eine gute Anstellung gehabt und ein kreatives Leben geführt. Doch dann wurde ihr Mann zum Alkoholiker und verlor seine Arbeit. Er begann sie zu mißhandeln, nicht nur mit seinen Fäusten, sondern auch verbal mit Kritik und Anschuldigungen. Schließlich verließ er sie. Was er zurückließ, war nicht nur eine zerbrochene Ehe, sondern Schulden, Wunden, Verwirrung und Schuldgefühle.

Als Janet mich aufsuchte, wohnte sie bei ihrer Mutter. Sie hatte kein Geld, keine Arbeit und noch nicht einmal einen Führerschein. Alles, was sie hatte, waren ihr Kind, Rechnungen und Schuldgefühle. Ihre Depression war zweifacher Art. Erstens hatte sie das Leben verloren, das sie kannte, und zweitens gab sie sich selbst die Schuld daran.

Sie wußte nicht, wie sie je das gute Leben wiederfinden sollte, das sie vor ihrer Ehe geführt hatte. Ihr Selbstvertrauen war zerstört, und sie glaubte nicht, daß sie es je wieder aufbauen könnte.

Sie hatte die Einstellung ihres Mannes übernommen, es sei alles ihre Schuld, und war wütend auf sich, weil sie dieses Debakel verursacht hatte. Sie fühlte sich schuldig, weil sie ihn zum Trinken getrieben hatte, und meinte, sie müsse seine Schläge verdient haben. Sie war schuldig, wußte aber nicht, wo ihr Fehler lag. Deshalb hatte sie mich aufgesucht.

Sie sagte etwas im Sinne der New-Age-These: »Du bist der Schöpfer deiner eigenen Wirklichkeit«, während ich beobachtete, wie sie daraus eine weitere Geißel machte, mit der sie sich schlagen konnte. Ihr Problem schien es zu sein, daß sie tief in ihrem Inneren ein böser, schlechter und häßlicher Mensch war.

Die Falle der Selbstanschuldigung

Es ist eine normale Reaktion, es uns selbst zuzuschreiben, wenn wir einen Verlust erleiden. Es ist aber eine unglückliche Reaktion, weil die Selbstbestrafung alles nur noch schlimmer macht und unsere Kräfte dadurch länger brauchen, um sich zu erholen. In Janets Fall – und ich habe schon viele solcher Fälle erlebt – wurde das Leiden sogar noch intensiviert, weil sie ihre Selbstanschuldigungen zum spirituellen Prinzip erhoben hatte. Würden wir unsere eigene Wirklichkeit schaffen, argumentierte sie mir gegenüber, hätte sie ihre Misere absichtlich selbst kreiert! Ihre Reaktion ist ein Beispiel für das, was ich meine, wenn ich sage, daß die Idee, daß wir unsere eigene Wirklichkeit schaffen, einen Menschen in den Teufelskreis seines Egos geraten lassen kann.

Wie können Sie diese Falle umgehen oder sich aus ihr befreien, wenn Sie sich in ihr verfangen haben? Sie ist kaum zu vermeiden. Wenn es keine Wirklichkeit gibt außer derjenigen, die wir selbst schaffen, wie sollen wir es uns da nicht vorwerfen, wenn die Dinge schlechtgehen? Wenn die Welt ein Spiegel unseres Selbst ist, was bleibt uns dann noch? Es scheint keinen anderen Standort zu geben, keinen Platz, wo wir Fuß fassen und einen Weg aus diesem Spiegellabyrinth finden können.

Manchmal kommen uns unsere Probleme nur deshalb unlösbar vor, weil wir unsere Möglichkeiten durch unsere Annahmen eingeschränkt haben. Betrachten wir folgendes Beispiel:

Nachstehend sehen Sie neun Punkte auf einem Quadrat. Verbinden Sie alle neun Punkte mit vier geraden Linien, ohne einmal abzusetzen. Haben Sie die Lösung gefunden? Diese Aufgabe kann nicht gelöst werden, wenn Sie Ihre Möglich-

keiten einschränken durch die Annahme, daß diese Linien innerhalb des Quadrats bleiben müssen, das von den Punkten angedeutet wird. Die Aufgabe verlangt von Ihnen nicht, daß Sie sich auf diese Weise einschränken, wohingegen die Interpretation der Punkteanordnung Ihrer Vorstellung auf subtile Art vorschlägt, es gäbe eine solche Einschränkung. Wenn Sie aus diesem Raster ausbrechen können, können Sie das Rätsel lösen.

Die Lösung besteht darin, eine horizontale Linie durch den zweiten und dritten Punkt der ersten Reihe zu ziehen, dann aber so weiterzufahren, als gäbe es einen vierten Punkt. Von dort machen Sie mit einer Diagonalen weiter, die den dritten Punkt in der zweiten Reihe und den zweiten in der dritten Reihe schneidet, bis dorthin, wo der erste Punkt in einer vierten Reihe sich befinden würde. Von dort fahren Sie weiter, indem Sie eine Gerade durch den ersten Punkt aller vier Reihen ziehen. Der vierte und letzte Schritt dürfte klar sein.

In der Behauptung: »Du bist der Schöpfer deiner eigenen Wirklichkeit« liegt eindeutig eine Falle. Wissen Sie, worum es bei dieser Falle geht? Sie wird vom Wort »du« angedeutet. Wie haben Sie dieses Wort interpretiert? Haben Sie angenommen, es handle sich um Ihr bewußtes Selbst? Vielleicht könnte es auch Ihr Unterbewußtsein einschließen, und diese

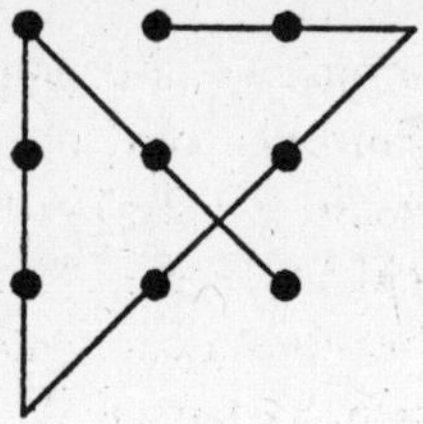

metaphysische Behauptung richtet sich in Wirklichkeit an Ihr höheres Selbst, an Ihre Seele. Was wäre, wenn »du« Gott bedeuten würde?

In einem früheren Kapitel dieses Buchs haben wir Cayce' Sicht unserer spirituellen Identität untersucht. Dabei handelt es sich eindeutig um eine viel größere Wirklichkeit als das, was wir als unsere bewußte Persönlichkeit ansehen. Ihre eigene Wirklichkeit zu schaffen ist ein ziemlich umfassendes Unterfangen von spirituellem Ausmaß. Wir müssen jedes Wort in dieser Aussage von einer spirituellen Warte aus interpretieren. Wenn wir das Wort »du« in seinem alltäglichen Sinn begreifen, um mit dieser Aussage umzugehen, geraten wir unweigerlich in Schwierigkeiten und stolpern in die Falle der Selbstverurteilung.

Lassen Sie uns das Problem so angehen wie Edgar Cayce und sehen, ob die Dinge dann besser funktionieren.

Janets Situation war nicht so hoffnungslos, wie es aussah. Ich teilte ihr meinen Eindruck mit, ihr unglücklicher Zustand zeigte, wie gut sie wisse, wie ihr Leben aussehen müßte. »Sie wären nicht unglücklich«, sagte ich zu ihr, »es sei denn, Sie wüßten, daß ein besseres Leben möglich ist. Was für ein Leben ist das, von dem Sie wissen, daß Sie es führen sollten?«

Zuerst war Janet etwas verwirrt, daß ich in ihrem Unglück ein so gutes Zeichen sah. Sie hatte sich auf ihr Leid konzentriert, während ich mich auf die tieferen Gefühle konzentrierte, die ausgedrückt wurden. Sie war deprimiert, weil sie das Gefühl hatte, sie hätte ihr Leben ruiniert. Ich war glücklich für sie, weil ich wußte, daß sie einen Traum gehabt hatte. Ich versuchte nicht einfach nur, sie aufzumuntern oder sie dazu zu veranlassen, die Dinge von ihrer guten Seite zu sehen. Ich wollte, daß sie sich auf das konzentriert, was wirklich und von Dauer war. Schließlich war ihr Unglück eine Reaktion. Es war sehr wichtig, sie zu ihrem Traum von einem idealen Leben zurückzuführen.

Sehen Sie es einmal so: Wenn alle Erfahrung subjektiv ist und unsere Wahrnehmung von der Welt das spiegelt, was und wer wir sind und wie wir unsere eigene Wirklichkeit erschaffen, was bleibt uns dann? Sie können sagen: »Alles, was ich habe, bin ich!« und sich danach richten. Sie können aber auch sagen: »Alles, was ich habe, sind Möglichkeiten«, und sich diesen Möglichkeiten zuwenden. Wenn das Leben nur ein Traum ist, welchen Traum hätten Sie dann gerne? Die Wahl liegt bei Ihnen. Auf welchen Grundlagen werden Sie Ihre Wahl treffen?

Fangen Sie an, Ihre Ideale kennenzulernen

Die meisten von uns lernen durch die Probleme, für die wir kämpfen wollen. Erst wenn wir unglücklich sind, beginnen wir uns zu fragen, was wir uns vom Leben wünschen. Die meisten Menschen, die Cayce' Rat suchten, nahmen Kontakt mit ihm auf, weil sie ein Problem hatten, das sie zu einer umfassenderen Sicht ihres Lebens zwang.

Wenn Cayce seine Kommentare dazu liefert, wie der Geist die Wirklichkeit erschafft, will er uns damit nicht sagen, unsere Probleme seien illusorisch. Wenn er sagt, daß der Mensch im Leben seinem eigenen Selbst begegnet, will er damit nicht sagen, man müsse ihm sein Problem vorwerfen, sondern er will uns vielmehr daran erinnern, daß die Umstände des Lebens nicht einfach nur so passieren, sondern aus einem Grund geschaffen werden. Er meint nicht, wir sollen uns schlecht fühlen, sondern uns vielmehr an unsere Ziele erinnern. Wir schaffen unsere Umstände aus einer tiefen Schicht unseres Selbst, damit wir von ihnen lernen können. Wir alle versuchen zu lernen, was für uns funktioniert und was nicht. Wir lernen, welche Möglichkeiten uns guttun, überprüfen unsere Ideale und lernen, sie durchzusetzen.

Cayce bat seine Besucher, sich zu fragen, welches Ideal sie gerade ausprobierten.

Probleme führen uns auf den Pfad der bewußten spirituellen Entwicklung. Zu verstehen, daß unsere Lebenserfahrungen reflektieren, wer wir sind, läßt uns erkennen, daß es einen Weg gibt. Der erste Schritt auf diesem Pfad besteht darin, sich des Ideals bewußt zu werden, das unsere Reise anleitet. Das Ideal ist unser Leitstern, den wir zum Steuern brauchen.

Wir fangen mit einem Ideal an. Das ist der erste und wichtigste Schritt in unserem bewußten Einsatz unseres Geistes.

Ich fragte Janet, was sie glücklich machen würde. Sie wollte eine neue Arbeit und das beste für ihre Tochter. Sie wollte auch einen Mann, den sie lieben konnte und der auch sie lieben würde. Ich bat sie, sich an glückliche Zeiten zu erinnern, um zu sehen, ob es noch andere Dinge gab, die ihr gefielen. Sie dachte, sie hätte ein gewisses Talent im Umgang mit Menschen, und sie genoß es, wenn sie anderen Menschen helfen konnte. Sie wollte dieses Talent entwickeln, um gut darin zu werden und Freude daran zu empfinden.

Sie hatte Dinge erwähnt, die mit Familie und Karriere zusammenhingen. Was an diesen Ideen würde sie glücklich machen? Warum würde es sie glücklich machen, wenn ihre Tochter das Beste im Leben bekam? Warum würde es sie glücklich machen, ihre Talente gekonnt einzusetzen? Ich bat sie, darüber nachzudenken. Was ließ sie an diesen Dingen glauben, daß sie ihr Glück bringen würden? Sie sagte, es sei, weil sie gut seien, auch wenn sie nicht wußte, warum.

Ich bat sie, die Augen zu schließen und sich darauf zu konzentrieren, wie sich das anfühlte. Ich schlug vor, sie sollte sich dieses Gefühl vorstellen und es auskosten. Kamen ihr irgendwelche Bilder in den Sinn? Vielleicht erinnerte es sie an irgendwelche Ereignisse in ihrem Leben, wenn sie das Gefühl gehabt hatte, »etwas Gutes« getan zu haben?

»Es ist ein rosiges Gefühl überall um mich«, erwiderte sie. »Es durchfließt mich ganz, und ich fühle mich sehr warm.«

»Was sonst noch?« fragte ich. »Was fällt Ihnen noch auf?«

Sie lächelte vor sich hin und bemerkte dann: »Es klingt blöd, aber da ist ein gutes Gefühl in meinem Herzen, das aus mir herausfließt. Es ist warm, rosa und sehr klar. Es lebt und... es weiß es!«

»Das klingt gar nicht blöd«, entgegnete ich. »Woran erinnert Sie dieses gute Gefühl, das aus Ihrem Herzen fließt?«

Janet war eine Weile ruhig und erzählte dann. »Ich weiß nicht, was es bedeutet, aber ich erinnere mich an eine Zeit, als ich als Verkäuferin in einem Warenhaus arbeitete. Da gab es eine Kundin, die die Bettwäsche nicht finden konnte, nach der sie suchte. Sie beschrieb mir die Farben und Muster ihrer Schlafzimmereinrichtung so genau, daß ich sie mir vorstellen konnte. Sie erinnerte mich an Bettwäsche, die ich irgendwo in unserem Lager gesehen hatte. Ich suchte einige Zeit, aber dann fand ich sie. Als ich sie ihr zeigte, fingen ihre Augen an zu strahlen. Sie war wirklich glücklich. Ich fühlte mich sehr gut und glühte förmlich. Es war mir gelungen, mich an die Bettwäsche zu erinnern und sie zu finden. Die Kundin bedankte sich bei mir und sagte, sie schätze es sehr, daß ich mir so viel Zeit für sie genommen hätte, und vor allem schätze sie, daß ich mir die Bettwäsche genau vorstellen konnte, die ihr gefallen würde. Das kommt mir wie eine blöde Erinnerung vor, aber das ist mir eingefallen.«

Ich wies sie darauf hin, daß sie zuvor den Wunsch zum Ausdruck gebracht hatte, ihr Talent zu entwickeln, anderen Menschen helfen zu können. Die Begebenheit, an die sie sich erinnert hatte, schien ein gutes Beispiel dafür zu sein. Wir erörterten das glühende Gefühl, das sie dabei empfunden hatte. Was sagte es darüber aus, warum sie gerade in diesem Augenblick so glücklich war?

Wir sprachen darüber, wie gut es ist, sich geliebt und geschätzt zu fühlen. Sie beschrieb Augenblicke, als sie sich als etwas Besonderes gefühlt hatte, weil es niemand anderen gab wie sie. Sie war dankbar gewesen für die Episode mit der Kundin. Ihre Liebe für Stoffe, ihr Gefühl für Farben und Muster, jemandem auf eine besondere Art helfen zu können, geschätzt zu werden – alle diese Dinge kamen in diesem

Augenblick für sie zusammen. Sie sagte: »So muß es für mich sein!«

Janet verstand, daß ihre Erfahrung zwei Eigenschaften aufwies, die für ihr Glück wichtig waren. Erstens die Liebe. Sie sagte: »Natürlich ist es ein gutes Gefühl, Liebe zu geben oder zu empfangen, doch darüber hinaus bringt es das Beste in einem Menschen zum Vorschein«, ihre Augen begannen zu leuchten, und »es gibt in mir mehr als Liebe – ich bin auch klug!« Sie beschrieb diese zweite Eigenschaft als so etwas wie Verstehen oder Intelligenz und sprach von ihr als von »einem Wissen«.

»Gäbe es einen Gott«, erklärte sie, »wäre er nicht nur Liebe, wie manche Menschen behaupten, sondern eine wissende und intelligente Liebe! Es ist wie mit meiner Tochter. Ich möchte das Beste für meine Tochter, sie zu lieben reicht nicht aus – ich muß sie wirklich so gut zu lieben wissen, wie ich es kann. Beides zusammen macht den Zauber aus. Für sich genommen, ist die Liebe nichts weiter als ein warmes Gefühl, während Wissen allein kritisch sein kann wie ein Auge, das dich anstarrt und durch dich hindurchsieht. Das, wovon ich spreche, ist wie ein kombiniertes Herz und Auge ... mit dem Herzen sehen, mit der Liebe wissen. Das ist es, was ich in unseren Sitzungen gespürt habe. Als ich zuerst hierherkam, kannte ich mich selbst nur auf eine kritische Art, und das funktionierte einfach nicht. Intelligenz und Liebe zusammen bewirken, daß es im Leben rund läuft.«

Janet war dabei, ihr Ideal zu formulieren, das sie als »intelligente Liebe« ausdrückte. Ihr Bild war das eines Herzens mit einem Auge in der Mitte. Das war Janets Aussage über ihr größtes Anliegen, ihre Vision des Höchsten. Andere Menschen würden ein anderes Ideal finden. Der eine wählt ein Ideal, das auf eine religiöse Tradition zurückgeht, um durch das Wort Christus oder Buddha die Kulminierung an Eigenschaften auszudrücken, die in dieser religiösen Figur zum Ausdruck kamen, während ein anderer einen abstrakten Begriff wie Wahrheit, Schönheit, Qualität, Harmonie, Einheit, Wonne, Friede, Freude, Gleichheit oder Freiheit schätzt.

Auf jeden Fall kommt das gewählte Wort dem Ideal, das es ausdrücken möchte, nur nahe. Als Alternative können auch ein Symbol oder ein Bild gute Dienste leisten.

Ein Ideal ist etwas für den Menschen, der es formuliert, etwas, woran dieser Mensch glaubt, und nicht etwas, von dem er meint, alle Menschen sollten daran glauben. Andererseits besteht eine Möglichkeit zu sehen, ob das Ideal, das Sie gewählt haben, wirklich das ist, was Sie möchten, indem Sie sich fragen, in was für einer Welt wir leben würden, wenn jeder dieses Ideal befolgen würde. Wäre es eine Welt, in der auch Sie leben möchten?

Oft ist es schwierig, unsere Gefühle oder Intuitionen in einem Ideal auszudrücken. Wir können ein Ideal erkennen, wenn wir es erleben, zum Beispiel in einer Erfahrung, die wir gemacht haben, wissen aber gerade in dem Augenblick oft nicht, wie wir es einschätzen sollen.

Was ist ein Ideal

Die Definition eines Ideals kann die höchsten Werte eines Menschen beinhalten. Janet fand eine interessante Definition, als sie den Satz: »Gäbe es einen Gott, wäre er...« benutzte und eine bestimmte Eigenschaft beschrieb. Es war ihre Art, zu sagen, daß ein Ideal ein absoluter Wert ist wie die Vision des Höchsten.

Um die Bedeutung eines Ideals zu erklären, spricht Cayce oft vom »perfekten Standard«. Ein Ideal ist ein Standard, mit dem wir den Wert von etwas messen. Da es ein perfekter

Standard ist, treffen wir im wirklichen Leben immer nur Approximationen davon an. Es ist wie ein Leitstern, etwas, nach dem wir suchen und auf das wir uns konzentrieren können, das aber nie erreicht wird.

Die Mathematik ist der einfachste Platz, um die Perfektion von Idealen zu verstehen, weil sie in der Mathematik genau definiert werden können. Die Mathematik arbeitet mit Idealen, die in der Theorie mühelos existieren, doch in der Wirklichkeit nicht gefunden werden können. Ein Kreis wird als eine Anzahl von Punkten definiert, die sich in gleicher Distanz zu einer Mitte befinden. Diese Definition drückt das Ideal eines Kreises auf perfekte Weise aus. Der Wert eines Kreises besteht darin, daß er perfekt rund ist. Im wirklichen Leben gibt es jedoch keine perfekten Kreise, nur Annäherungen.

Eine Gerade, ein Quadrat und ein Rechteck sind nur einige Ideale, für die die Mathematik eine genaue Definition hat. Es gibt diese Formen jedoch nur als Ideale. Auch wenn wir diese Begriffe als Maßstab einsetzen, arbeiten wir in Wirklichkeit immer nur mit Annäherungen. Wir wissen alle, was eine Gerade ist, aber niemand hat je eine gesehen. Dennoch benutzen wir das Ideal einer Geraden als Standard.

Ein Ideal ist ein Perfektionsmuster, das als Vorbild für Güte, Qualität oder Spiritualität dient. Ideale, die mit spirituellen Werten zu tun haben, entziehen sich einer genaueren Definition. Das Ideal ist im Geist des Gesetzes verankert und nicht in seinen Buchstaben. Der »Geist von '76« war Ausdruck eines Ideals betreffend die Gründung Amerikas. Die Unabhängigkeitserklärung und die Verfassung stellen Versuche dar, diesen Geist in Worte zu fassen, unvollkommene Versuche, die Ideale einer Nation zu definieren. Amerika ist selbst ein unvollkommener Ausdruck seines eigenen Ideals, dennoch ist der Geist dieses Ideals präsent. Er existiert und dient uns als Leitbild.

Wir haben schon früh gelernt, daß Ideen in einer vierten Dimension entstehen, die wir in diesem Buch »Ideenland« genannt haben. Ideale verhalten sich ähnlich, indem sie in einer eigenen ewigen Dimension leben. Ideen und Ideale existieren beide als Energiemuster im Bewußtsein. Sie wirken durch den Geist, um materiellen Dingen und Begebenheiten in der Welt ihre Form zu verleihen. Dennoch sind Ideale und Ideen nicht dasselbe. Es gibt eine Idee, die man »Mausefalle« nennt. Die Idee selbst besteht in einer anderen Dimension. Sie können alle Mausefallen auf der Welt zerstören, dennoch würde die Idee der Mausefalle bleiben. Wie bei einem Ideal hängt die Erfahrung einer Idee nicht davon ab, ob es in der wirklichen Welt Beispiele davon gibt.

Im Gegensatz zu einem Ideal gibt es für die Idee der Mausefalle keine wirklich befriedigenden Beispiele auf der Welt. Eine Vorrichtung, die eine Maus fängt, entspricht der Idee einer Mausefalle, die aber nicht den perfekten Standard der Perfektion impliziert, der nur annähernd erreicht werden kann. Während ein Ideal sich nicht an einer konkreten Umsetzung erfüllen kann, ist dies einer Idee möglich.

Eine Mausefalle kann besser als eine andere sein, weil es möglich ist, eine verbesserte Mausefalle zu bauen. Wenn eine Mausefalle besser als eine andere ist, kommt es nicht daher, daß sie eine bessere Annäherung an die Idee einer Mausefalle darstellt. Beide Mausefallen erfüllen die Definition, aber eine davon weist ein zusätzliches Merkmal auf. Eine Mausefalle, die nicht auf die Finger kleiner Kinder zuschnappt, ist zum Beispiel besser, weil sie sicherer ist.

Eine Mausefalle nach ihrer Sicherheit zu bewerten, heißt in der wirklichen Welt, sie entsprechend einem Ideal zu bewerten und nicht entsprechend der Idee einer Mausefalle. Wir können uns eine ideale Mausefalle vorstellen, aber das bedeutet, daß wir über die bloße Idee einer Mausefalle hinausgehen müssen, um uns im Namen von Idealen wie Sicherheit, Menschlichkeit oder Effektivität einen absoluten Perfektionsstandard vorzustellen, der angewendet würde, um eine bessere Mausefalle von einer gewöhnlichen zu unterscheiden. Dennoch kann eine Mausefalle immer noch eine Mausefalle sein, ohne auch nur in die Nähe des Ideals zu kommen.

Weil ein Ideal nie erfüllt werden kann, wirkt es wie ein ständiger Anreiz. Eine Idee kann uns motivieren, aber da sie umgesetzt werden kann, motiviert sie uns nicht sehr lange. Das Ideal eines Teenagers kann die Freiheit sein oder endlich von dem Besitz eines eigenen Autos zu träumen. Das Auto ist eine Idee und kann erfüllt werden. Eines Tages wird der Teenager ein Auto haben und vorübergehend zufrieden sein. Bald jedoch wird er entdecken, daß, auch wenn es ihm wegen des Gefühls von Bewegungsfreiheit eine gewisse Unabhängigkeit verleiht, ein Auto zu besitzen, auch bestimmte Erfordernisse und Verantwortungen mit sich bringt. Autos fahren nicht zum Nulltarif, noch ermöglichen sie uns die totale Bewegungsfreiheit.

Das Ideal der totalen Bewegungsfreiheit, dessen Ursprung in der Intuition des Menschen liegt, hat viele Ideen hervorgebracht: den Schuh, das Pferd, das Auto, das Flugzeug und die Rakete. Das Auto entstand aus der Idee der pferdelosen Kutsche, die Idee des Flugzeugs aus der Beobachtung von Vögeln. Jede von diesen Ideen ist seither verbessert worden, motiviert von Idealen. Dennoch motiviert uns das Ideal der Bewegungsfreiheit nach wie vor, nach neuen Ideen für Transportmittel zu suchen. Heute stellen wir uns vielleicht vor, das schnellste sei die Gedankenübertragung wie bei der

Astralreise, der erweiterten Hellsichtigkeit und der außerkörperlichen Erfahrungen. In künftigen Jahren wird die Erfüllung von einigen dieser Ideen wahrscheinlich enthüllen, daß das Ideal sich irgendwie immer noch jenseits unseres Horizonts befindet. Im Gegensatz zur Motivation durch eine Idee, bedeutete die Motivation durch ein Ideal, daß wir auf immer nach etwas trachten, das wir nicht ganz fassen können.

Ideen und Ideale erschaffen das Leben

Auch wenn Ideale nie eine perfekte Erfüllung finden, sind sie wie Ideen, weil beide durch die Fähigkeit des Gehirns wirken, Muster zu schaffen, die die Formen der materiellen Welt regieren. Bewußtsein und Natur sind eins wegen der Muster, die ihnen gemeinsam sind. Wir haben gesehen, wie Bildmuster im Bewußtsein die Formen hervorrufen, denen wir im Leben begegnen. Dieser Prozeß gilt sowohl für die Verbindung zwischen Bildern im individuellen Geist, als auch für die Lebenserfahrungen dieses Menschen. Die Vorstellungen, Erwartungen und Glaubenseinstellungen eines Menschen bedingen seine Erfahrung – und das gilt auch für Wissenschaftler! Die Muster im Bewußtsein eines Menschen schaffen seine Wirklichkeit. Es macht einen Unterschied, ob diesen Mustern Ideale zugrunde liegen oder nur Ideen. Ein Leben, das auf Ideale ausgerichtet wird, kann sich fruchtbar entwickeln, eines, das sich nur nach Ideen richtet, langweilig werden, weil Ideen eher umzusetzen sind.

Als Janet ihre Lebensgeschichte aufarbeitete, entdeckten wir viele Ideen, die ihre Aufmerksamkeit eingeschränkt hatten: in der Schule gute Noten zu kriegen, eine gute Arbeit zu bekommen, einen passenden Mann zu finden und ein eigenes Heim zu gründen. Die meisten dieser Ideen waren erreichbare Ziele. Sie hatte diese Ideen verfolgt und durchgesetzt, auch wenn sie manches davon später wieder verloren hatte.

Wir begegneten auch zwei Idealen: im Leben sein Bestes tun und eine gute Mutter sein. Da Ideale nicht wirklich erreicht werden können, kommt es auf unsere aufrichtigen Anstrengungen an. Sie hatte versucht, diesen Idealen gerecht zu werden. Was diesen Punkt anging, hatte sie ein reines Gewissen.

Es gelang Janet und mir, einen großen Teil ihrer Lebensgeschichte als eine Spiegelung von Ideen und Idealen zu sehen, denen sie ihre Aufmerksamkeit widmete. Ich wies sie darauf hin, daß es diese geistigen Muster waren, die ihr Leben geschaffen hatten, nicht die »böse, schlechte und häßliche Janet«, die sie dafür verurteilt hatte. Wenn es ihr nicht gefiel, wie ihr Leben sich entwickelte, sollten wir uns ihre Ideen und Ideale näher ansehen, und vor allem die Beziehung zwischen den beiden. Wir fingen mit dem an, was in ihrer Ehe passiert war, weil sie das Gefühl hatte, sie hätte in dieser Zeit ihr früheres Selbstbewußtsein verloren. Besonders gut verstand sie, daß sie bereute, der Bitte ihres Mannes nachgekommen zu sein, daß sie ihre Arbeit aufgebe. Als sie das tat, machte sie sich völlig von ihm abhängig. Warum hatte sie sich seinem Wunsch gefügt? Wir entdeckten mehrere Gründe.

Janets Ideal, ihr Bestes zu tun, bezog sich darauf, ihrem Mann zu gefallen. Ihre Vorstellung von einer guten Frau bedeutete, daß sie seinen Wünschen entsprach. Wir können uns denken, daß ihr Mann wahrscheinlich mit dieser Definition einverstanden war.

Auf einer mehr allgemeinen Ebene erfahren wir, daß Janet unter anderem einschätzte, ob sie ihr Bestes gab, indem sie auf die Reaktionen anderer achtete. Wenn die Leute zufrieden mit ihr waren, war auch sie zufrieden und glücklich. Waren sie nicht mit ihr zufrieden, strengte sie sich noch mehr an.

Sie gab nur ein Lippenbekenntnis für die Idee ab, daß man es nicht immer allen recht machen kann. Insgeheim hoffte sie, immer allen gefällig sein zu können. Janet glaubte, daß man den Menschen entgegenkommen muß, damit sie einen mögen. Wie die meisten von uns wollte sie, daß die Menschen sie liebten. Ihre Idee von Liebe war, daß die Menschen sie bestätigten, sich um sie kümmerten und einfühlsam auf ihre Bedürfnisse eingingen. Vor allem würde ein Mensch, der sie liebte, sie nicht allein sitzenlassen. Da ihr Mann sie verlassen hatte, mußte das heißen, daß sie nicht genügend intensiv versucht hatte, ihm zu gefallen.

Die meisten von uns können sich mit Janets Gedankengängen identifizieren. Es ist so etwas wie eine wirtschaftliche Beziehungsphilosophie: Ich wasche deinen Rücken, du wäschst meinen. Die Beziehung gründet auf einem Austauschsystem. Ich versuche, dir zu gefallen, und du versuchst, mich zu lieben. Wenn es dir schwerfällt, mich zu lieben, werde ich größere Anstrengungen unternehmen, um dir zu gefallen.

So gehen viele Menschen mit ihren Beziehungen um, was aus Janet bei weitem keinen Einzelfall macht. Daß es nicht funktioniert, liegt nicht daran, daß Janet eine Versagerin ist, sondern daß der Gedanke nicht stimmt. Ideen haben Konsequenzen. Janet erfuhr die Konsequenzen der Gedanken, die sie über die Liebe hatte. Die Enttäuschung, die sie erlebte, war nicht das Ergebnis ihres Versagens als Mensch, sondern das der Beschränkungen, die den Ideen anhafteten, an die sie glaubte.

Wenn man ihnen genügend Zeit läßt, enthüllen die meisten Ideen ihre Beschränkungen. Cayce erinnert uns, uns zu vergewissern, ob unsere Ideale echt sind und wir unser Leben nicht nur von Ideen bestimmen lassen. Ideen sind Werkzeuge, die wir benutzen, doch sie müssen unter dem Einfluß und der Anleitung von Idealen stehen. Es gab viele Ideen, die Janets Leben bestimmten, aber wenige standen unter der Federführung eines Ideals.

Versuchte Janet denn nicht, ihr Leben nach dem Ideal auszurichten, ihr Bestes zu tun? Das war eine Frage, die ich Janet sich selbst stellen ließ. Ich bat sie, das Ideal mit dem zu vergleichen, was sie kürzlich zum Ausdruck gebracht hatte, als es darum ging, mit dem Herzen zu sehen: »intelligente Liebe«. Nach einiger Überlegung lautete ihre erste Antwort, daß das Ideal, ihr Bestes zu geben, einige wichtige Dinge außer acht ließ, wie zum Beispiel, was ihr Bestes wirklich bedeutete.

Hieß ihr Bestes, zufrieden zu sein mit dem, was anderen paßte, oder bedeutete es das, was sowohl für sie als auch für andere das Beste war? Sie verstand, daß sie es nicht so benutzt hatte, denn oft war sie sogar über ihr eigenes Gefühl von dem, was das Beste sei, hinweggegangen, um anderen gefällig zu sein. Vom Standpunkt ihres neuen Ideals aus gesehen war sie wütend auf sich, weil es ihr nicht gelungen war, sich selbst genug zu lieben, um Vertrauen in ihre eigenen Wertmaßstäbe zu entwickeln.

Ich meinte, ihr Zorn sei möglicherweise fehl am Platz. Wir alle brauchen Liebe. Wenn wir an die Idee glauben, daß wir anderen gefällig sein müssen, damit sie uns lieben, wäre es da nicht natürlich, es zu versuchen? Ich erklärte, daß ich sie als jemanden sah, die ihre Verpflichtungen gegenüber dieser Idee sehr sorgfältig erfüllt hatte.

Als wir mit der Diskussion ihres älteren Ideals fortfuhren, ihr Bestes zu tun, wandte Janet ein, sie habe jetzt das Gefühl, daß es überhaupt kein Ideal sei. Sie verstand, daß das Gefühl dahinter – der Geist – kein Ausdruck für die Vision des Höchsten sei. Statt dessen basierte es auf dem Gefühl, an und für sich nicht liebenswert zu sein. Es war eine Formel oder eine Strategie, um die Liebe zu bekommen, die sie sonst vielleicht nicht bekäme.

Janets Lebenserfahrungen bestätigten die Idee, die sie von sich selbst hatte. Gleichgültig, wie sehr sie es versuchte, sie konnte es ihrem Mann nicht recht machen, und er verließ sie. So falsch sie auch sein mögen, Ideen haben die Tendenz, sich selbst zu erfüllen. In Janets Fall gab es leider kein wahres Ideal, nach dem sie leben und das sie bei ihrer Bewertung der Ideen, die sie anwandte, um ihren Weg durchs Leben zu finden, führen konnte.

Früher, ehe sie verheiratet war, schien ihre Idee davon, wie sie ihr Bestes tun konnte, zuzutreffen. Im allgemeinen hatte sie es mit Leuten zu tun, die sich ihr gegenüber grundsätzlich liebevoll verhielten und nicht mehr als einen Tag Arbeit für einen Tag Lohn erwarteten. Die grundsätzliche Schwäche beim Versuch, anderen zu gefallen, um ihre Liebe zu gewinnen, hatte sich noch nicht offenbart.

Als Janet heiratete, wurde ihre Lebenseinstellung jedoch einer strengen Prüfung unterzogen. Jetzt hatte sie es mit jemandem zu tun, der äußerst ichbezogen und unsicher war. Ihr Mann nutzte Janets Beziehungsformel aus, ging bis an ihre Grenzen und nutzte sie aus. Janets Mangel eines Ideals machte sie verletzlich für die unerfüllbaren Wünsche ihres Mannes, sie sollte seinen Erwartungen gerecht werden und all seinen Bedürfnissen entsprechen. Ihre eigenen Ideen waren ihr keine Hilfe. Statt dessen verhielten sie sich so, als seien sie mit ihrem Mann eine Verschwörung eingegangen. Wie man es von ihren Schlußfolgerungen erwarten konnte, wurde Janet von ihren Ideen überfordert. Daraufhin verließ ihr Mann sie.

Janet war nicht glücklich darüber, ihre Ideen bestätigt zu finden. Sogar wenn es sich dabei um gute Ideen handelt, sind die meisten von uns nicht glücklich, wenn sie sich verwirklichen. Wie oft ist es schon vorgekommen, daß Sie etwas wollten, ein bestimmtes Auto oder eine gewisse Arbeit, nur um festzustellen, nachdem Sie dies eine Weile hatten, daß es Sie nicht mehr befriedigte?

Vielleicht haben Sie auch schon vermutet, daß die Dinge uns immer am schönsten vorkommen, während wir sie uns wünschen. Wenn wir sie schließlich kriegen, sehen wir ihre Fehler oder verlieren das Interesse an ihnen. Cayce meint, Ideen seien »tot«, weil sie ihre Macht verlieren, sobald sie sich materialisieren. An und für sich genommen, liefern sie schlechte Leitbilder, weil sie unzuverlässige Motivatoren sind. Ideale versuchen hingegen das Unmögliche, um den unerreichbaren Standard der absoluten Perfektion zu erreichen. Wie Ideale so prägen auch Ideen unser Leben durch Muster, außer daß die Ideale ihre Macht, ihren Zauber oder ihre Faszination nicht verlieren, sondern uns zu immer weiteren Erfolgen führen.

Ideale richten unser Leben auf Ergebnisse aus, auf die Verwirklichung von Ideen, auf das Ziel der Reise. Ideen richten unsere Aufmerksamkeit auf den Prozeß, auf die Reise selbst. Auf ein Ziel hinzuarbeiten ist oft angenehmer, als es zu erreichen. Unsere Arbeit gut zu machen, unser Ziel zu erreichen und unserem Leben Qualität zu verleihen, ist das, was uns Befriedigung bringt.

Anläßlich einer Studie über kreatives Schreiben verfaßten zwei Gruppen von Studenten unter verschiedenen Bedingungen Gedichte. Eine Gruppe wurde gebeten, sich vorzustellen, ihre Arbeit würde anderen Menschen gefallen. Sie sollten sich Applaus und Glückwünsche vorstellen. Die andere Gruppe wurde gebeten, sich vorzustellen, wieviel Spaß es mache, mit Worten zu spielen. Dann wurden beide Gruppen gebeten, Gedichte zu verfassen. Die Studenten, die sich auf die Freude des Schreibens konzentrierten, schrieben Gedichte, die die Jury viel mehr beeindruckten als die von den Studenten, die sich auf eine Belohnung für ihre Bemühungen konzentriert hatten. Freude am Vorgang brachte bessere Resultate hervor als die Erwartung von Erfolg.

Ideen und Ideale schaffen beide die Wirklichkeit eines Lebens, doch nur Ideale werden ein zufriedenstellendes Leben schaffen. Der wahre Maßstab eines Menschen ist das Ideal, von dem dieser Mensch geprägt ist. Statt: »Du schaffst deine eigene Wirklichkeit«, müßte man sagen: »Du wirst zu den Ideen und Idealen, die deine Wirklichkeit schaffen.«

Ein ideales Leben entwickeln

Ein Ideal zu bestimmen, ist der erste Schritt auf dem Weg zu einem höheren Bewußtsein. So fangen Sie an zu lernen, mit den Geheimnissen des Bewußtseins zu arbeiten, um ein kreatives und befriedigendes Leben zu schaffen. Ein ideales Leben zu entwickeln, beginnt mit der Definition eines Ideals.

Ein Ideal zu definieren, ist kein einmaliges Unterfangen. Wenn Sie sich heute für ein Ideal entschließen, können Sie später immer noch zu einem anderen Ideal überwechseln. Es kann sehr gut sein, daß sich Ihre Ideale mit der Zeit verändern. Lassen Sie sich von dem Gedanken, daß Sie mit dem Ideal sitzenbleiben werden, das Sie heute wählen, nicht davon abhalten, eines zu formulieren. Es ist ein natürlicher und normaler Teil Ihrer Reise zu einem idealen Leben, Ihr Ideal immer wieder neu zu bewerten und umzuformulieren. Wichtig ist, daß Sie das Bewußtsein eines Ideals anfangen zu entwickeln.

Um diese Reise zu unternehmen, empfiehlt Cayce, daß Sie einfach raten, wie Ihr Ideal aussehen könnte, und anfangen, ein Tagebuch zu führen, in das Sie über Ihre täglichen Erfahrungen in verschiedenen Lebensbereichen Notizen machen.

Manche dieser allgemeinen Bereiche können Sie selbst, Ihre Familie, Ihre Arbeit und Ihre Gemeinschaft betreffen. Andere Bereiche werden Sie die nächsten paar Monate untersuchen, um zu sehen, ob sie Ihr Ideal reflektieren und ob Sie sich eine Verbesserung wünschen. Dieses Tagebuch ist dazu da, damit Sie unter Berücksichtigung eines Ideals eine ehrliche Auswertung Ihres Lebens vornehmen können.

Machen Sie jeden Abend einige Notizen über Ihre Erfahrung in jedem dieser Bereiche, und schließen Sie Ihre Gedanken, Handlungen, Erlebnisse, emotionale Reaktionen und innere Erfahrungen mit ein.

Sie sind zum Beispiel sicherlich schon damit beschäftigt gewesen, eine Lösung für ein Problem bei der Arbeit zu finden. Vielleicht hatten Sie einige positive Gedanken über einen besonderen Erfolg und negative Gedanken wegen des Papierkriegs, der auf Sie zukommen würde. So haben Sie vielleicht beobachtet, daß Sie hart an gewissen Aufgaben arbeiteten, während Sie andere vor sich herschoben. Sie werden sowohl Frustrationen als auch befriedigende Augenblicke erfahren haben.

Cayce schlägt vor, man solle wenigstens einen Monat warten, bis man diese täglichen Notizen durchliest.

Nach etwa einem Monat nehmen Sie sich Zeit, um die Notizen in Ihrem Tagebuch durchzulesen. Schauen Sie sich die Qualität der betreffenden Lebensbereiche gut an.

Was waren die besten Augenblicke? Was waren die schlimmsten? Sie werden in der Lage sein, Aspekte Ihres Lebens herauszukristallisieren, die dem am nächsten kommen, was Sie als Ideal empfinden. Sie werden auch auf Aspekte stoßen, die sehr weit von diesem Ideal entfernt sind.

Jetzt können Sie die positiven Aspekte analysieren und erfahren, was es ist, das Sie besonders mögen. Ihre besten Momente sind Feste und der Ausdruck positiver Werte?

Schauen Sie sich diese Werte an. Dort werden Sie Hinweise finden für etwas, das Sie tatsächlich für ein Ideal gehalten haben, wenigstens in diesem Augenblick. Wie steht es im Vergleich mit dem Ideal, das Sie formuliert haben?

Es ist auch wichtig, die negativen Aspekte zu verstehen, um zu erfahren, was es ist, das Sie besonders hassen. Wieder werden Sie Hinweise für den Perfektionsstandard finden, den Sie in diesem Augenblick anlegten.

Wenn Sie zum Beispiel frustriert waren, welche Werte wurden da nicht beachtet? Erinnern Sie sich daran, daß Janet sich, als sie zuerst in die Beratung kam, bewußt war, daß sie verzweifelt und wütend auf sich war. Es erforderte eine gewisse Einsicht, damit sie verstehen konnte, daß ihr Frust eine Reaktion auf den Verlust von etwas war, das ihr am Herzen lag. Wenn wir wütend oder frustriert, traurig oder ängstlich sind, geschieht dies meistens als Antwort auf ein Gefühl von Verlust oder drohendem Verlust von etwas, das wir schätzen. Schauen Sie unter die Oberfläche dieser negativen Momente, um die Werte zu entdecken, die Sie dort hüten. Vergleichen Sie diese Werte mit Ihren Äußerungen über Ihr Ideal. Wie drückt Ihr Ideal diese Werte aus? Muß Ihr Ideal korrigiert werden, um diese Werte einzuschließen, oder müssen Ihre Werte mehr in Einklang mit Ihrem Ideal gebracht werden?

Cayce' Ansatz zur Arbeit mit Idealen besteht darin, sie auf konkrete Alltagssituationen anzuwenden. Er folgt dem Ablauf der Schöpfung, den wir in einem früheren Kapitel erörtert haben: Der Geist ist das Leben, das Bewußtsein der Erbauer, die Materie das Ergebnis. Cayce riet uns, es unserem spirituellen Ideal in jeder Situation zu erlauben, eine entsprechende geistige Einstellung vorzuschlagen und sie zu einer entsprechenden geistigen Haltung führen zu lassen.

Die folgenden Kapitel in diesem Teil des Buches erklären die Einzelheiten dieses Prozesses. Sie werden Ihnen zeigen, wie Ihre Ideale den Verlauf Ihres Lebens bestimmen können, damit Sie ans Ziel kommen. Dann werden Sie auf der spirituellen, geistigen und sozialen Ebene ein solides Fundament gebaut haben, von dem aus Sie lernen können, wie Sie diese Mächte auf einen noch tieferen Bereich Ihres Bewußtseins anwenden und Ihr Lebensideal in die Wirklichkeit umsetzen.

Kapitel 7

Eine Frage der Einstellung

Es ist viel mehr zu erhalten von der richtigen Einstellung gegenüber materiellen, geistigen oder spirituellen Umständen als vom Gebrauch von Besitz, Gegenständen oder Bedingungen außerhalb seiner selbst...

Edgar Cayce 5211-1

Nicht jeder hat eine akzeptable Einstellung. Wie Mundgeruch kann Ihre Einstellung ein Problem sein, von dem Sie nichts wissen, bis Ihnen jemand sagt: »Was hast du bloß für eine Einstellung!«

Ihre Einstellung ist etwas, dessen sich andere Menschen oft bewußter sind als Sie selbst. Wenn andere sie erwähnen, wissen Sie oft nicht, wovon sie sprechen. Wenn jemand sagt: »Ich mag deine Einstellung nicht«, können Sie nur vermuten, daß Sie sich nicht so verhalten, wie dieser Mensch Sie gerne hätte. Sagt er: »Deine Einstellung gefällt mir«, nehmen Sie an, Sie hätten diesem Menschen irgendwie entsprochen.

Ihre Einstellung kann zu einem gesellschaftlichen Problem werden. Im allgemeinen werden die Leute Sie mögen, wenn Sie eine positive Einstellung haben. Ist Ihre Einstellung negativ, werden Sie damit anecken und es im Leben schwer haben.

Wir haben in der Schule nicht sehr viel über den Wert der Einstellungen erfahren. Lehrer haben in der Frage der Einstellung seit jeher mehr eine Erziehungsmaßnahme als einen

Schritt zur Selbstverwirklichung gesehen. Ich kann mich nicht daran erinnern, einen Lehrer je erklären gehört zu haben, daß wir unsere Einstellung aus einer breiten Palette von Möglichkeiten wählen können, um damit unsere Wertvorstellungen auszudrücken und sie als Werkzeug zu benutzen, mit dem wir unser Leben gestalten. Niemand sprach je darüber, wie man eine Einstellung wählt und als persönliches Werkzeug einsetzt.

Edgar Cayce aber spricht sehr nachdrücklich und spezifisch über die Bedeutung der Einstellung. Neben der Arbeit mit Idealen sieht er in der Wahl einer Einstellung und ihrer Weiterentwicklung eine Strategie, die unsere Kreativität lenkt. Wenn jemand nicht persönlich erlebt hat, was die Macht einer geistigen Einstellung konkret bewirken kann, kann er auch keine anderen geistigen Kräfte verwirklichen.

Einstellungen sind kreativ

Die Ideen in unserem Bewußtsein gestalten die Lebensenergie, die unsere Erfahrungen schafft. Ideen vollenden sich in der materiellen Wirklichkeit, wo unsere Erwartungen sich selbst erfüllen. Um sich ein ideales Leben schaffen zu können, müssen wir erst bestimmen, wie unser ideales Muster aussehen soll. So lauten die grundsätzlichen Lehren Cayce', denen wir bis jetzt begegnet sind.

Der nächste Schritt besteht darin, sich auf die Gedankenmuster zu konzentrieren, die mit unserem Ideal übereinstimmen. Es ist eine Frage der Einstellung. Einstellungen sind kreativ. Sie verleihen unseren Gedanken ihre Muster und bestimmen die Ideen, die wir wählen, um eine Erfahrung zu schaffen.

Ist Ihr Glas halb leer oder halb voll? Eine positive Einstellung zieht unsere Aufmerksamkeit auf das, was im Glas drin ist, wohingegen eine negative Einstellung sich auf das konzentriert, was fehlt. In Wirklichkeit ist das Glas sowohl halb leer als auch halb voll. Beide Definitionen sind richtig.

Welche davon Ihr Bewußtsein bestimmen wird, ist eine Frage der Einstellung. Jede Einstellung führt den Geist und seine Wahrnehmungen in eine andere Richtung. Die beiden Ideen, die daraus hervorgehen, wirken sich unterschiedlich auf Ihre Reaktion auf das Glas und auf Ihre zukünftige Realität aus.

Wir haben eine Wahl, was unsere praktischen Erfahrungen anbelangt. Wie möchten Sie das Glas Wasser sehen? Diese Wahl nennt Cayce, sich für eine Einstellung entschließen.

Eine Einstellung ist eine Art, die Dinge zu betrachten, ein Gesichtspunkt, eine Perspektive, eine Anschauung oder ein Bewußtseinsrahmen. Eine Einstellung ist wie ein Fenster in einem Haus. Es kann klein oder groß sein, weiter oben oder unten liegen und eine schöne oder häßliche Aussicht anbieten. Wie wir etwas sehen, ist eine Frage der Einstellung.

Eine Einstellung ist eine Orientierungshilfe. Unsere Körperhaltung drückt unsere Einstellung gegenüber der Welt aus. Im Umgang mit dem, was sich vor uns befindet, wird sie von unserer Körpersprache vermittelt. Eine Einstellung ist eine Art zu kommunizieren.

Wenn Sie mit Ihrem Fahrrad um eine Ecke fahren, legen Sie sich in die Kurve. Wenn Sie sich gerade halten würden, würden Sie umfallen.

Wenn Sie mit einer dominierenden Einstellung auf einen wütenden Menschen zugehen, erfahren Sie die volle Wucht seiner negativen Gefühle. Wenn Sie eine bescheidenere Haltung zeigen, wird er Ihnen ruhiger begegnen.

Einstellungen sind kreativ, weil sie durch ihren Einfluß auf die Muster unserer Gedanken die Wirklichkeit strukturieren.

Wie die Begriffe, die wir verwenden, um die Dinge einzuordnen, beeinflußt unsere Einstellung, welche Ideen bestimmen werden, was wir bemerken, und wie wir es verstehen. Wie die wissenschaftliche Theorie in der Forschung, bestimmt unsere Einstellung, wie wir mit Situationen umgehen. Wie wir auf eine Situation reagieren, so reagiert diese Situation auf uns. Das Leben spiegelt unsere Einstellung wider, die zu einer aktiven Komponente unserer Wirklichkeitsgestaltung wird.

Die Einstellung des Selbstvertrauens

Von allen Einstellungen, die Cayce erörtert, ist ihm diejenige die wichtigste, die Ralph Waldo Emerson Selbstachtung genannt hat. Dieses Bewußtsein geht davon aus, daß es etwas ausmacht, daß es mich gibt. Es ist eine aktive Art, mit Ereignissen umzugehen.

Wenn jemand eine mediale Lesung von Cayce erhielt, bestand dessen erster Vorschlag darin, dieser Mensch solle sich, gleichgültig, was das Problem sei, von seiner Hilflosigkeit trennen. Der Erfolg der Hilfen und Mittel, die er verschrieb, hing davon ab, daß der Betreffende seine Einstellung losließ, ein Opfer seiner Umstände zu sein. Cayce betont, daß wir uns auf uns selbst verlassen müssen, oder, wie er sagt, erkennen müssen, daß alles aus unserem Innern kommt.

Gleichgültig, welche Karten uns das Leben zuteilt, eine selbstbewußte Einstellung besteht darauf, daß unser eigenes Spiel bestimmt, was daraus wird.

Ein Mensch, der Selbstvertrauen hat, weigert sich, das passive Werkzeug äußerer Kräfte zu sein. Wie Emerson sagt: »Keiner kann mir etwas anhaben, es sei denn, ich will es.« Das heißt auch: »Gleichgültig, wie bedrückend eine Situation ist, nichts kann daran rütteln, daß ich wählen kann, wie ich darauf eingehe.«

Unsere Haltung bedingt und drückt aus, wohin wir unsere Aufmerksamkeit richten. Die Opferhaltung konzentriert sich auf den Druck der Umstände: »Meine Rechnungen sind so hoch, daß ich hoffnungslos verschuldet bin.« Der Bezugspunkt wirkt sich hypnotisch aus, die Umstände werden zwingend, wohingegen jemand, der sich auf sich selbst verläßt, sich auf die vorhandenen Möglichkeiten konzentriert: »Wie komme ich mit dem Geld aus, das ich habe?« Hierbei sucht unsere Aufmerksamkeit die Möglichkeiten ab und empfindet ein Gefühl von Freiheit, weil wir wählen können. Das wirkt sich motivierend und kreativ aus.

Gleichgültig, was Ihnen geschieht, Sie haben immer die Wahl, mit welcher Einstellung Sie reagieren. Wenn Sie diese Tatsache verstehen, verfügen Sie über die kreative Macht der Freiheit, aus Ihren Umständen etwas zu machen. Ignorieren Sie diese Tatsache, warnt Cayce, werden Sie den wahren Sinn Ihres Lebens nie erfahren. Sogar wenn Ihre einzige Wahl darin besteht, aus einer hoffnungslosen Situation eine Gelegenheit zu machen, etwas zu lernen, kann diese Einstellung den Unterschied zwischen Vernichtung und Überleben bedeuten.

Die Überlebenden einsamer Prüfungen

Menschen, die ein großes Unglück überlebt haben, bei dem ihnen nur geringe Möglichkeiten blieben, haben hinterher gesagt, sie hätten es nur überstanden, weil ihnen wenigstens eine gewisse Wahl geblieben war. Wenn jemand die Freiheit verliert, sei es nun aufgrund einer Naturkatastrophe oder körperlich, kann das zu Depressionen und zum Verlust des Lebenswillens führen.

Menschen, die diese Art Zustände überlebt haben, fanden, daß sie ein Gefühl von Freiheit aufrechterhalten konnten, wenn sie ihre Aufmerksamkeit auf ein paar wenige Dinge oder Bereiche in ihrem Bewußtsein konzentrierten. Entscheiden zu können, wie man seine Schuhe binden möchte, kann bereits ein Anfang sein. Nichts ist wichtiger, als einen Ort zu finden, um das Spiel der Aufmerksamkeit zu spielen, wählen zu können und seiner Lage Herr zu bleiben – und sei es nur in der eigenen Vorstellung. Solange es eine Wahl gibt, gibt es Leben.

Richard Logan, ein Psychologe der Universität von Wisconsin, studierte Menschen, die Prüfungen wie eine Einzelhaft oder eine Alleinüberquerung hinter sich gebracht oder sich in der Natur verlaufen hatten, um herauszufinden, wie sie es gemacht hatten, ihre Situation so einzurichten, daß sie überleben konnten. Er stellte fest, daß sie erfuhren, daß nichts anderes als ihre eigene Einstellung bestimmte, wie ihre Lage sie beeinflußte. Manche erfuhren, während sie allein waren, auch wenn sie unter großen Entbehrungen litten, Momente mystischer Verklärung wie zum Beispiel das Erlebnis der Einheit mit ihrer Umwelt. In solchen Augenblicken tritt das Ego in den Hintergrund und wird vergessen: Der Mensch und die Welt sind eins. Auch wenn die Umgebung uns normalerweise geschmacklos vorkommen würde, wäre diese Abneigung im Augenblick der Verschmelzung vergessen. Diese Art einsamer Erlebnisse sind ein extremes Beispiel für das Sprichwort: »Wenn du sie nicht besiegen kannst, schließ dich ihnen an!« Da sie ihre Umgebung nicht besiegen konnten, fanden diese Überlebenden einen Weg, um mit ihr zu verschmelzen, was ihnen erlaubte, guten Mutes zu bleiben.

Eine verurteilende Einstellung beschränkt einen Menschen auf das Bewußtsein, wie die Dinge NICHT sind, sowie darauf, wie hilflos er sich fühlt. Durch eine einstweilige Aufhebung seines Urteils ist er in der Lage, sich auf den Augenblick zu konzentrieren und wird dafür mit Erlebnissen von Friede und Harmonie belohnt. Cayce befürwortete, daß wir eine Haltung der Akzeptanz gegenüber allem einnehmen, was uns widerfährt. Eine verurteilende Einstellung schneidet uns vom Lebensfluß ab, während eine positive Haltung uns zum nächsten sich entfaltenden Augenblick und zu neuen Möglichkeiten trägt.

Einfluß nehmen können

Der Stanford-Psychologe Albert Bandura benutzt den Begriff der »Selbsteffizienz«, um das lebenswichtige Gefühl der individuellen Kontrolle zu definieren, die Menschen über ihre Erfahrungen erlangen können. Dieser Begriff beinhaltet eine andere Art zu sagen: »Ich kann einen Unterschied machen.« Es geht darum, seine Einstellung zu beherrschen, und nicht unbedingt das, was einem widerfährt. Dennoch kann unsere Einstellung die wichtigste aktive Komponente sein, wenn es darum geht, wie die Dinge sich entwickeln werden.

Untersuchungen haben gezeigt, daß Menschen, die glauben, daß sie Einfluß auf eine Situation nehmen können, wenn sie sich mehr anstrengen, länger durchhalten und nicht aufgeben, wenn sich ihnen ein Hindernis in den Weg stellt. Auch lassen Sie sich von negativen Ereignissen weniger stressen.

Es ist nachgewiesen, daß selbsteffiziente Menschen weniger Angst haben, weniger häufig krank werden und sich von Krankheiten schneller erholen. Menschen, die das Gefühl haben, sie hätten ein gewisses Maß an Einfluß auf die Ereignisse, finden die Dinge weniger belastend. Das Gefühl, Einfluß nehmen zu können, macht einen großen Unterschied in dem, wie wir uns fühlen.

Wenn ein Mensch kein Gefühl von persönlicher Kontrolle

hat, ist er das Opfer der Umstände. Bandura hat allerdings aufgezeigt, daß das Selbstvertrauen eines Menschen zunimmt, wenn man ihm zeigen kann, wie er auch nur den kleinsten Aspekt einer Situation unter seinen Einfluß bringt, und ihn schrittweise dazu führt, weitere Teilbereiche in den Griff zu kriegen.

Cayce weist häufig darauf hin, den Wert solch kleiner Schritte nicht zu unterschätzen. Oft riet er einem Menschen, der unter einem unlösbaren Problem begraben zu sein schien, einfach einmal irgendwo anzufangen – gleichgültig wo. Ein Fadenknäuel ist selten derart verstrickt, daß es keine Stelle gibt, wo wir anfangen können, ihn zu entwirren. Wir können uns an unseren eigenen Schnürsenkeln aus dem Dreck ziehen, aber dazu müssen wir erst einmal einen Anfang machen und uns bücken.

An mir selbst und an anderen, die sich von mir beraten ließen, habe ich schon oft beobachtet, daß Angst und Depression uns immer unfähiger machen, uns unseren Umständen zu stellen. Ein freier Fall in die Zerstörung und Verzweiflung kann sehr beängstigend sein und bestehende Gefühle von Hilflosigkeit bis hin zur Panik verstärken. In solchen Augenblicken wirkt der Vorschlag, sich zu entspannen, einfach lächerlich.

»Wie kann ich mich in einem Augenblick wie diesem entspannen? Dadurch werden meine Rechnungen nicht bezahlt (meine Krankheit nicht geheilt, mein Rechtsstreit nicht gewonnen), noch sind die anderen Probleme verschwunden, die mich fast umbringen!«

Auf diese Art Logik gibt es nicht viel zu erwidern. Sie reflektiert eine hoffnungslose Einstellung in der jede geringere Antwort als ein Wunder sinnlos ist. Sie ist auch selbstzerstörerisch, da sie jede Möglichkeit, sich von seinem Unglück zu befreien, von vornherein ausschließt.

Wenn dieser Mensch sich entspannen und sich seine Erschöpfung zunutze machen würde, würde er sich schließlich beruhigen. Er würde seinen Körper völlig entspannen und sich friedlichen Bildern hingeben. An diesem ruhigen Ort beginnt der Wiederherstellungsprozeß. Der Verstand klärt sich, die Energie kehrt zurück, das Selbstvertrauen nimmt zu. In den meisten Fällen taucht der Betreffende aus einer Entspannung von wenigen Minuten mit einer Strategie auf, um mit den vorliegenden Problemen umzugehen.

Wenn man einmal entdeckt hat, daß man sich trotz seiner Probleme entspannen kann, weiß man, daß es etwas gibt, das man bestimmen kann. Dem freien Fall in das Nichts kann Einhalt geboten werden. Neben ihren beruhigenden Eigenschaften hat die Entspannung noch einen weiteren Vorteil. Sie liefert die Grundlage für eine Art Selbstbestimmung, auf die man sich verlassen kann.

Es gilt als wissenschaftlich erwiesen, daß einem Menschen geholfen werden kann, mit einer Krise umzugehen, wenn er lernen kann, sich zu entspannen. Patienten, die lernen, sich vor einer Operation zu entspannen, erfahren weniger postoperative Schmerzen und erholen sich schneller. Dabei ist die Entspannung nicht unbedingt der auslösende Faktor. Das Gefühl größerer Selbstbestimmung macht den Unterschied.

Aus Stolpersteinen Meilensteine machen

Ein Mensch mit einer selbstbewußten Einstellung sagt sich: »Ich bin das Maß meiner Erfahrung.« Eine Situation kann so aussehen, als sei sie außer Kontrolle geraten, und es kann sein, daß keinerlei Möglichkeiten mehr offenstehen, doch jemand, der sich auf sich selbst verläßt, wird eine Möglichkeit zur Veränderung finden oder auch erfinden, die er wahrnehmen kann. Wenn die einzige Wahl, die uns offensteht, darin liegt, ruhig zu bleiben, kann das ein erster Schritt sein. Sobald wir unsere geistige Einstellung selbst bestimmen, beruhigt sich der Wirbelwind des Chaos. Wir haben etwas gefunden, an das wir uns halten können im Prozeß der Übernahme der Verantwortung dafür, wie die Dinge sich von jetzt an entwickeln werden.

Einer von Cayce' Lieblingsausdrücken lautet, daß wir lernen sollen, »aus Stolpersteinen Meilensteine zu machen«. Vielleicht kennen Sie den Spruch: »Wenn das Leben dir eine Zitrone gibt, mach daraus Limonade!« Wenn etwas Schlimmes passiert, wenden Sie es zu Ihrem Vorteil. Es geht nicht darum, die Dinge zu verharmlosen oder die Probleme zu übersehen, sondern in allem etwas Nützliches zu finden.

Cayce' Ausdruck ist etwas komplizierter. Er bedeutet, daß ein negatives Ereignis zum Anlaß genommen wird, persönliche Fortschritte auf ein bestimmtes Ziel hin zu machen. Sie können von Ihrer mißlichen Lage etwas lernen, was Ihnen später zugute kommen kann.

Thomas Edison versuchte auf Hunderte von Arten, eine Glühbirne herzustellen, bis es endlich klappte. Als man ihn fragte, wie er sich wegen aller dieser Fehlschläge fühle, leugnete er entschieden, daß es Fehlschläge gewesen seien. Er meinte, er habe vielmehr auf Hunderten von Wegen erfahren, wie man eine Glühbirne nicht macht, und bei jedem Versuch etwas dazugelernt.

Entscheiden, aus einer Situation zu lernen, ist Cayce' Lieblingsstrategie, um mit Problemen umzugehen. Keine Situation kann so schlecht sein, um sie nicht mit dem Ziel zu untersuchen, etwas aus ihr zu lernen.

Cayce meint es nicht im Sinne einer Strafe, wenn er sagt, daß Sie sich fragen sollen: »Was soll ich von dieser Situation lernen?« Manchmal haben unsere Eltern zu uns gesagt: »Das wird dir eine Lehre sein«, wenn sie uns bestraften. Es geht aber darum, sich zu fragen, wie Sie lernen können, und zu sehen, daß diese Frage Ihre Neugier fördert, die Ihnen dabei hilft, das Problem zu klären.

Indem Sie sich fragen, was Sie von einem Problem lernen können, haben Sie Ihre Einstellung bereits verändert. Statt sich darauf zu konzentrieren, ein Opfer zu sein, übernehmen Sie die Verantwortung und entscheiden, was Ihrem Bedürfnis nach mehr Selbstvertrauen entgegenkommen und Ihnen helfen wird, kreativ mit den vorhandenen Möglichkeiten umzugehen, Ihre Entwicklung zu fördern und sich stärker auf ihr Ideal zu konzentrieren. Der Stolperstein wird zum Meilenstein bei der Entwicklung ihres Bewußtseins.

Cayce erinnert uns daran, daß der Zweck des Lebens nicht einfach nur darin besteht, zu überleben. Auch wenn wir essen müssen, um überleben zu können, leben wir nicht, um zu essen. Wir sind hier, um an Bewußtsein zu gewinnen und die kreative Begabung zu verstehen, die in unserem Innern ist. Wenn wir jede Situation als Gelegenheit zum Wachsen nehmen, laden wir unseren Lebenssinn ein, sich vor uns zu entfalten.

Einstellungen kultivieren, die mit Ihren Idealen übereinstimmen

Bei Problemen eine positive Einstellung zu behalten, das ist der Schlüssel zum Überleben. Wie es so schön heißt: »Was mich nicht umbringt, macht mich stärker!« Manchen Menschen bringt die Entdeckung dieses Geheimnisses mitten in ihrem Unglück die Einweihung auf den spirituellen Pfad. Ihre Probleme zwingen sie, die magische, aktive Rolle ihrer Einstellungen zu überprüfen und die Existenz anderer Bewußtseinsebenen zu entdecken. Die meisten Menschen, die gefragt werden, wie sie mit dem Gedankengut Edgar Cayce' bekannt wurden, sagen, daß es dazu kam, weil es ihnen nicht gutging.

Doch weshalb auf Probleme warten, um sich auf die spirituelle Reise zu machen! Wir können unsere Suche jetzt beginnen und anfangen, unsere Einstellung von der Warte unseres Ideals aus zu betrachten.

Der Weg zu höherem Bewußtsein wird von einem spirituellen Ideal angeleitet. Die Wahl eines Ideals, Ihrer Vision vom Höchsten, ist Ihre Sache. Es ist der Geist in Ihnen, der möchte, daß Sie leben. Damit Sie wirklich leben können, wird die Einstellung, die Sie Ihrer Situation entgegenbringen, sich mit der Zeit Ihrem Ideal anpassen müssen.

Cayce beschreibt die Verwendung einer bestimmten Strategie, um die gewünschte Übereinstimmung zwischen Ihrem Ideal und Ihrem Geistesleben herbeizuführen. Sie können Ihr Ideal dazu benutzen, Sie bei der Wahl Ihrer Einstellungen selbst zu führen.

Im vorausgegangenen Kapitel haben wir die Anfangsstadien der Arbeit mit dem Ideal beschrieben, wie von Cayce vorgeschlagen. Es fing mit dem Führen eines Tagebuches an, damit Sie Ihre Erfahrungen, bezogen auf Ihre Ideale, betrachten können. Sie werden bald entdecken, welche Lebensbereiche Ihre Ideale in Frage stellen. Es sind Situationen, die Ihr Gefühl von Frieden und Sicherheit bedrohen, Reaktionen provozieren, die Ihnen nicht gefallen, oder Gefühle auslösen, die nicht dem Geist Ihres Ideals entsprechen, Umstände, die Ihre Freiheit einschränken, Sie deprimieren, Sie behindern oder Ihre Energie von dort abziehen, wo Sie sie haben möchten.

Nehmen Sie irgendeine dieser Situationen, um mit ihr zu arbeiten. Erinnern Sie sich daran, daß, während Sie nicht immer wählen können, was Ihnen begegnet, Ihnen immer die

Wahl bleibt, wie Sie damit umgehen. Manchmal ist das die einzige Wahl, die Sie haben. Zu beschließen, eine Entscheidung zu treffen, erlaubt es Ihnen, Ihren eigenen kreativen Beitrag zur Situation zu leisten. Sie können die spirituelle Energie dieses Ideals auch einladen, Ihnen zu helfen.

Cayce meint, Sie sollten sich als nächstes einen Augenblick Zeit nehmen, um über Ihr Ideal nachzudenken und sich daran zu erinnern, wie Sie es gewählt haben. Wenn Sie von einer vergangenen Situation ausgegangen sind, als Sie sich sehr gut fühlten, erinnern Sie sich an dieses Erlebnis. Versetzen Sie sich in die Stimmung, die dem Geist Ihres Ideals entspricht.

Nehmen wir an, Ihr Ideal sei Freude. Vielleicht haben Sie diese Wahl aufgrund der Erinnerung an einen sonnigen Tag gewählt, als alles, was Sie erlebten, sie beglückte. Für Sie bedeutete Freude das Strahlen der Sonne mit ihrem lachenden Gesicht. Ihr spirituelles Ideal hat mehr Komponenten. An sie alle sollen Sie denken, um sich in eine gute Laune zu versetzen. Erinnern Sie sich an den herrlichen sonnigen Tag und fangen Sie an, sich so zu fühlen, wie Sie sich an jenem Tag gefühlt haben. Stellen Sie sich vor, die Sonne würde auf die Erde herabscheinen, und Sie seien ein Vogel, der es genießt, im Sonnenschein mit den Flügeln zu flattern. Spüren Sie, wie die Sonne mit ihren Strahlen die Erde erwärmt. Denken Sie über die Wahrheit Ihrer Intuition nach, daß die gesamte Schöpfung in Wirklichkeit voller Freude ist. Erfreuen Sie sich an dieser Erkenntnis.

Wenn Sie vom Geist Ihres Ideals durchdrungen sind und die richtige Stimmung sich in Ihnen ausgebreitet hat, schauen Sie sich Ihre schlimme Situation an. Wie schätzen Sie sie ein von der Warte Ihres Ideals aus? Wie kommt sie Ihnen vor? Stellen Sie sich vor, wie Sie in Ihrer jetzigen Stimmung, die Ihrem Ideal entspricht, darauf reagieren würden, und vergleichen Sie sie mit Ihrer üblichen Einstellung. Ist Ihre jetzige

Einstellung anders? Können Sie es spüren? Geben Sie diesem Gefühl einen Namen.

So können Sie feststellen, was Ihre ideale Einstellung gegenüber einer vorhandenen Situation ist: Die Einstellung bestimmt das geistige Muster, das sich am meisten nach Ihrem spirituellen Ideal richtet und die spirituelle Energie Ihres Ideals in Ihrem Umgang mit der Situation leitet. Wenn Sie diese Einstellung kultivieren, wird Ihr Ideal Ihnen dabei helfen, Ihre Situation durch konstruktives Verhalten zu verändern.

Eine Einstellung in Aktion

Nehmen wir einmal an, Sie hätten Probleme bei der Arbeit, weil Ihr Vorgesetzter Sie gebeten hat, eine schwierige Aufgabe zu übernehmen. Sie sollen eine Produktionsstatistik erstellen und führen und verfügen einfach nicht über die nötige Zeit, um die neue Aufgabe zu erledigen und auch noch Ihre andere Arbeit erledigen zu können. Was sollen Sie tun?

Solche Situationen treten häufig auf. Wenn Sie das Unmögliche versuchen, werden Sie überlastet sein, und das wird Folgen haben. Wenn Sie Ihrem Chef sagen, Sie könnten die Arbeit nicht erledigen, wird das ebenfalls Folgen haben. Kann Ihr spirituelles Ideal Ihnen helfen?

Nehmen wir an, Ihr Ideal sei Liebe. Meditieren Sie über das Gefühl dieses Ideals und fragen Sie sich dann: »Wenn ich dieser Situation im Geist der Liebe begegnen würde, welche Einstellung würde ich ihr gegenüber einnehmen?«

Der erste Gedanke wäre zum Beispiel, sich selbst, Ihren Chef und Ihre Arbeit zu lieben. Selbstliebe würde in diesem Fall bedeuten, daß Sie Ihre eigenen Grenzen respektieren, Ihrer Gesundheit Rechnung tragen und Vertrauen in Ihre

Fähigkeiten haben, einschließlich der Fähigkeit, angesichts neuer Herausforderungen zu neuen Ebenen der Kompetenz aufzusteigen. Um Ihren Chef zu lieben, müssen Sie seine Ansicht dessen respektieren, was getan werden muß, sich um seine Bedürfnise und Ziele zu kümmern und an seine guten Absichten glauben. Um Ihre Arbeit zu lieben, müssen Sie deren Bedingungen respektieren und sich Gedanken über die Qualität ihrer Ausführung machen. Sie müssen daran glauben, daß es möglich ist, eine optimale Lösung für das Arbeitsproblem zu finden. Drei Begriffe bestimmen Ihre Einstellung: Respekt, Sorgfalt und Glauben oder Optimismus.

Diese Einstellungen stehen eindeutig im Widerspruch zu den typischen Reaktionen auf diese Art von Problem. Sie könnten Ihrem Vorgesetzten Ihre neue Aufgabe auch verübeln, eine defensive Haltung einnehmen und nach Gründen suchen, um die Arbeit nicht ausführen zu müssen. Diese Einstellung würde Sie in Ihrem Gefühl bestätigen, Ihr Vorgesetzter machte sich keine Gedanken wegen Ihnen und Ihrer Arbeit, mit der Sie schon genug zu tun haben. Das würde Sie noch mehr verzweifeln lassen, Sie würden es ihm noch mehr übel nehmen und sich noch gestreßter fühlen. Vielleicht würden Sie auch über Möglichkeiten nachsinnen, um es ihm heimzuzahlen, was dazu führen würde, daß Sie sich zunehmend vor der Rache Ihres Chefs fürchten müßten. Aus Ihrer defensiven und ängstlichen Haltung könnte leicht ein Teufelskreis aus Angst und Wut entstehen.

Und sei es nur, um Ihre eigene geistige Gesundheit zu schützen und um hoffen zu können, daß es für Ihr Problem eine Lösung gibt: Es wäre besser, Sie würden sich für eine positive statt für eine negative Haltung entscheiden. Wenn Sie diese schwierige Situation respektvoll, umsichtig und optimistisch angehen, wird das Ihrem Geisteszustand zuträglicher sein, als wenn Sie ihr mit Verachtung, Groll und Pessimismus begegnen. Es kann auch zu besseren Arbeitsergebnissen führen.

Einstellungen implizieren Handlungsweisen. Sie gestalten nicht nur die Art unserer inneren Antwort, sondern auch unseren Umgang mit den Umständen. Sie können sich zum Beispiel optimistisch an die Aufgabe machen und hoffen, daß Sie eine Lösung finden werden, die den Bedürfnissen Ihres Chefs gerecht wird, während Sie gleichzeitig eine Liste der möglichen Folgen Ihres Versuchs aufstellen, die gewünschte Arbeit unter Zeitdruck auszuführen. Da Ihnen die Ziele Ihres Chefs am Herzen liegen und Sie Vertrauen haben, weil er möchte, daß Sie Ihr Bestes geben, beschreiben Sie ihm einige von den negativen Auswirkungen, die auftreten könnten, wenn Sie Ihr Arbeitspensum so ausdehnen, wie er es sich vorstellt. Optimistisch hinsichtlich Ihrer eigenen kreativen Fähigkeiten, könnten Sie versuchen, einen Lösungsvorschlag auszuarbeiten, der die negativen Folgen der Arbeitsüberlastung und den Zeitmangel kompensiert.

Erst jetzt würden Sie auf Ihren Chef zugehen, ihm sagen, daß Sie Ihre neue Aufgabe in Angriff genommen haben und ihn über die möglichen Nachteile in Kenntnis setzen. Sie könnten einen Vorschlag dazu vorlegen, wie Ihre Arbeit umzudisponieren wäre, um die negativen Folgen auf ein Minimum einzuschränken. Die letzte Entscheidung würden Sie Ihrem Chef überlassen.

In dieser konstruierten, aber doch sehr häufig auftretenden Situation begegnen Sie Ihrem Chef in einem verständnisvollen statt konfrontativen Geist. Sie widersetzen sich ihm nicht, sondern haben viel mehr seine Interessen vor Augen, während Sie auch Ihre eigenen Bedürfnisse respektieren, und Sie sind willens, eine zusätzliche Anstrengung zu unternehmen. Wenn Sie von realistischen Beschränkungen ausgehen, schützen Sie sowohl sich selbst als auch Ihren Chef vor Enttäuschungen und anderen möglichen negativen Folgen.

Auch wenn dieser Ansatz Ihr Ideal zum Ausdruck bringt, kann er nicht perfekt sein. Sie haben wenig Einfluß auf die Reaktionen Ihres Vorgesetzten und können allein Ihr eigenes Verhalten bestimmen. Erwarten Sie nicht, Ihren Chef dahingehend manipulieren zu können, daß er das tun wird, was Sie für richtig halten, aber halten Sie an Ihrer optimistischen Einstellung ihm gegenüber fest.

Vielleicht kommt Ihnen dieses Beispiel, wie man ein Ideal benutzt, um auf eine schwierige Situation einzugehen, zu »idealistisch« und nicht genug »realistisch« vor. Die Arbeit mit Idealen führt zugegebenermaßen zu idealisierten Maßnahmen, denn das ist ihr Sinn. Andererseits muß ein solcher Ansatz nicht unrealistisch sein. Ein idealistischer Ansatz verlangt mehr als Geduld und Mühe, kann aber langfristig gesehen auch realistischer sein.

Das Unglück der US-Raumfähre *Challenger* lenkte die Aufmerksamkeit der Öffentlichkeit auf die tragischen Folgen, wenn man dem Druck seiner Vorgesetzten nachgibt, ohne ihnen die möglichen Folgen vor Augen zu halten, die eine inkompetente Entscheidung nach sich ziehen könnte. Weil ich viele Jahre damit zugebracht habe, Arbeitern und Angestellten Kommunikation als streßreduzierendes und innovatives Werkzeug zu vermitteln, weiß ich genau, daß die meisten Menschen auf eine schwierige Aufgabe mit weichen Knien reagieren. Das kann für alle Beteiligten sehr gefährlich werden. Die idealistische Methode ist die Zeit wert, die nötig ist, um sie erfolgreich anzuwenden.

Unsere Reaktionen bei der Arbeit sind eher Ideen als Idealen zu verdanken. Ideen wie »ihm sind meine Bedürfnisse egal« und »wenn ich nicht gut dastehe, schmeißt er mich raus«, sind häufig Übeltäter und werden durch Streß intensiviert. Eine der beiden stereotypen Antworten auf eine schwierige Aufgabe ist offensichtlich: Voller Groll versucht der Arbeitnehmer die Arbeit auszuführen, während er Entschuldigungen erfindet und Magengeschwüre entwickelt in Erwartung der negativen Folgen seines Versuchs, das scheinbar Unmögliche zu bewerkstelligen. Oder aber er geht konfrontativ auf seinen Vorgesetzten zu und signalisiert nonverbal einen Mangel an Interesse, mit ihm zusammenzuarbeiten und die Arbeit zu bewältigen. Darauf reagiert der Chef mit ebenso stereotypen Antworten. So muß es nicht sein.

Da der Druck des modernen Lebens immer größer wird und die Anforderungen, die an uns gestellt werden, immer mehr, verlangt das Bedürfnis nach Innovation beim Umgang mit Situationen aller Art von uns allen eine bessere Kommunikations- und erhöhte Problemlösungsfähigkeit. Wenn Sie so mit Idealen arbeiten, wie Cayce es vorschlägt, brechen Sie zu einem Abenteuer auf, das Alternativen für die Zukunft schafft.

Negative Einstellungen heilen

Wenn Sie ein Tagebuch zu führen beginnen, werden Sie wahrscheinlich auf gewisse negative Einstellungen stoßen, die Ihnen zur Gewohnheit geworden sind. Wenn Sie einmal mit Ihrem gegenwärtigen Ideal anfangen zu arbeiten, um positive Alternativen zu entwickeln, werden Sie zweifelsohne zu Ihrem Schrecken feststellen, daß manche von diesen negativen Einstellungen Ihnen eindeutig ans Herz gewachsen sind. Es dürfte Ihnen sogar schwerfallen, sie aufzugeben.

Tausende haben Cayce um Rat bei ihren Problemen gebeten. Gleichgültig, ob es Probleme körperlicher, finanzieller oder ehelicher Art waren, Cayce wies oft auf die Bedeutung einer negativen Einstellung hin.

Einstellungsprobleme wurden so häufig angesprochen, daß allein drei Bände mit Cayce-Lesungen zu diesem Thema veröffentlicht worden sind, die hundertsechzig verschiedene Einstellungen behandeln, die von der Abwehr bis hin zum Zwiespalt reichen. Unter den häufigsten negativen Einstellungen finden sich Selbstzweifel, Ängstlichkeit, Selbstvorwürfe, Kritiksucht und Mutlosigkeit.

Cayce führte die geistige Quelle negativer Einstellungen auf eine gemeinsame Wurzel zurück – ein falsches Selbstbild oder ein falsches Verständnis der Natur des Selbst. Oft benutzt er das Wort »Ichbezogenheit«, um auf dieses negative Selbstverständnis hinzuweisen. Er meinte damit nicht Dinge wie Geiz oder Egozentrik, sondern eine enge oder rigide Selbsteinschätzung. Mit Ichbezogenheit meint er, daß wir uns vom kleinen Ego, dem Ego des Intellekts, hypnotisieren lassen.

Es ist, als würden wir uns in einem Traum nackt oder nur leicht bekleidet an einem öffentlichen Ort wiederfinden – eine peinliche Situation. Die Augen aller sind auf uns gerichtet, und wir fühlen uns wie von unserem eigenen Dasein hypnotisiert. Die meisten negativen Einstellungen sind dieser Sorte Sorgen zu verdanken.

Nehmen wir das Problem von Selbstzweifeln. Cayce nennt sie »die Schatten der Ichbezogenheit«. Sie sind das Ergebnis einer deplazierten Konzentration auf das eigene Ego. Dabei taucht ganz natürlich die Frage auf: »Kann ich das wirklich? Werden andere Menschen mich wirklich für gut halten?«

Jemand fragte Cayce einmal, warum er immer annehmen würde, er könne seinem Publikum nicht »rüberbringen«, was ihm wirklich am Herzen lag. Er antwortete, daran seien seine Selbstzweifel schuld. Lampenfieber oder Verlegenheit sind lehrreiche Beispiele für Selbstzweifel, weil hier die Beschäftigung mit dem Ich leicht zu erkennen ist. Selbstzweifel können leicht überwunden werden, wenn man seine Einstellung ändert.

Ich kann aus persönlicher Erfahrung bezeugen, daß Cayce' Analyse korrekt ist. Wenn ich verlegen bin, unter Lampenfieber leide oder Mühe habe, mit meinem Publikum zu kommunizieren, sei es bei einer öffentlichen Ansprache oder beim Schreiben, liegt es unweigerlich daran, daß ich mich auf mich selbst und auf meine Leistung konzentriere. Bei Selbstzweifeln ist immer ein Teil Versagensangst involviert. Wenn ich meine Aufmerksamkeit von mir selbst abwende und mich mehr auf mein Publikum und auf die Ideen konzentriere, die ich zum Ausdruck bringen möchte, verschwinden meine Zweifel. Ich wende mich dem Publikum und den Gedanken zu, die ich vermitteln möchte, und werde zu ihrem Diener. Niemand achtet auf den Diener. Das Publikum reagiert auf meine Ideen und nicht auf mich.

Hier habe ich die Einstellung des Selbstzweifels gegen die Liebe und Sorge für das Publikum eingetauscht und bin zu einem Vehikel für meine Ideen geworden. Nicht nur habe ich die unangenehme Last des Selbstzweifels abgelegt, sondern ich habe ebenfalls die Freude erfahren, auf der Energiewelle meiner Ideen reiten zu können. Die Ideen sind der Kern, während ich einfach als Vermittler für etwas zur Verfügung stehe, an dem mir gelegen ist. Indem ich meinen eigenen Weg ging, wurde ich zu einem Kanal für die Idee der Kommunikation. Es war ein guter Tausch.

Um negative Einstellungen heilen zu können, braucht es meistens einen solchen Austausch. Man gibt seine negativen Einstellungen auf, indem man seinen Griff um das Ego lokkert und es etwas Größerem erlaubt, seinen Platz einzunehmen. Das ist Cayce' einfaches Geheimnis, ein Geheimnis, das beim Heilen weitreichende Konsequenzen hat.

Cayce' allgemeiner Ansatz, um mit Negativität umzugehen, besteht nicht darin, sie zu bekämpfen, sondern sie durch eine positive Alternative zu ersetzen. »Widersetze dich nicht dem Bösen«, heißt es im Evangelium des Matthäus. Das scheint mir eine gesunde Psychologie.

Stellen Sie sich vor, Sie würden ein durchgegangenes Pferd aufhalten wollen, das auf Sie zugerannt kommt. Würden Sie versuchen, sich ihm mit ausgebreiteten Armen in den Weg zu stellen, damit es stehenbleibt? Nein, denn Sie wüßten, daß es Sie überrennen würde. Es wäre besser, sich umzudrehen und in dieselbe Richtung wie das Pferd zu rennen, um schnell genug zu sein und aufspringen zu können, wenn es an Ihnen vorbeirennt. Dann können Sie es eine Weile reiten und es allmählich beruhigen und langsamer werden lassen.

Es nutzt nicht viel, eine negative Einstellung unterdrücken zu wollen, indem man dagegen ankämpft oder sie unterdrückt. Würden Sie ein Baby vom Weinen abhalten, indem Sie ihm den Mund zuhalten? Negative Einstellungen entspringen einem falschen Selbstwertgefühl. Sie können sich durch Erziehung und eine sanfte Führung in Richtung einer positiven Alternative selbst heilen.

Charles Thomas Cayce, Edgars Enkel, liefert ein gutes Bild für diesen Prozeß. Stellen Sie sich ein Glas Wasser vor, das durch Öl verunreinigt ist. Wie kriegen Sie das Öl heraus? Wenn Sie vorsichtig mehr Wasser in das Glas schütten, ist das Öl gezwungen, über die Ränder des Glases zu fließen. Das Wasser verdrängt das Öl. Auf dieselbe Weise können positive Einstellungen negative Einstellungen verdrängen.

Was die Furchtlosigkeit anbelangt, meint Cayce, Liebe würde die Angst vertreiben, Angst wird geschaffen durch die

Illusion der Trennung. Diese Trennung basiert auf einer Illusion, doch die Liebe basiert auf der Wahrheit. Die Wahrheit wird die Illusion verdrängen.

Finden Sie einen Weg, um sich liebevoll in einer Situation zu verhalten, die Sie fürchten, und die Angst wird langsam nachlassen. So lautet das Prinzip hinter Cayce' Strategie, um mit Lampenfieber umzugehen. So gingen die Überlebenden von Katastrophen die psychische Aufarbeitung an. Sie waren in einer schrecklichen Lage. Der natürliche Drang ginge dahin, zu versuchen, sich so weit wie möglich aus der Situation zurückzuziehen. Statt dessen fanden sie einen Aspekt, mit dem sie sich identifizieren konnten und erlebten das Gefühl des Loslassens.

Ich zum Beispiel hatte Mühe, zu lernen, Schlittschuh zu fahren, weil ich Angst hatte, auf das Eis zu fallen. Ich bewegte mich sehr steif und versuchte, mich gerade zu halten, um nicht hinzufallen. Ich getraute mich nicht, mein Gewicht auf ein Bein zu verlagern, sondern kämpfte mit jeder stolpernden Bewegung dagegen an. Was war meine Angst? Ich machte mir Sorgen um die Sicherheit meines Körpers, weil ich annahm, auf das Eis zu fallen, wäre mein Ende. Ich klammerte mich an einen eingeschränkten Selbstbegriff und fühlte mich wie ein rohes Ei! Meine Angst überzeugte mich, daß ich nicht mehr aufstehen könnte, wenn ich hinfallen würde.

Meine Schlittschuhlehrerin forderte mich immer wieder auf, »meine Kanten zu lieben«. Sie führte vor, wie sie das Eis mit den Kanten ihrer Schlittschuhe streichelte, während sie elegant davonfuhr. Sie ließ alles so einfach aussehen, daß ich es einfach versuchen mußte. Ich verlagerte mein Gewicht auf die Kante meines rechten Schlittschuhs und legte los. Ich konnte spüren, wie er über das Eis glitt, wobei es sich beinahe so anfühlte, als würde ich auf Eiskrem fahren. Mir gefiel dieses Gefühl sehr.

Mit großen Schritten holte ich zwei- oder dreimal hintereinander aus, ehe ich mich wieder gerade aufrichtete, als müßte ich mich versichern, daß ich beim Fahren gerade stehen konnte. Dann fuhr ich wieder los, um das wunderbare Gefühl zu spüren, über das Eis zu gleiten. Plötzlich fiel ich um und landete auf dem Eis. Es war ein momentaner Schock, aber es ging mir gut! Ich lachte, stand auf und fuhr mit Freudentränen in den Augen davon! Ich hatte meinen Sturz überlebt. Meine Liebe zum Fahren hatte mich von meiner Angst befreit.

Die Liebe führt uns über die Grenzen unseres getrennten Selbst hinaus und richtet unsere Aufmerksamkeit, unsere Sorge und unsere Energie auf den Fluß unserer Liebe. Sie hilft uns, eine Brücke zwischen uns selbst und dem Rest der Welt zu schlagen, befreit uns von der Illusion der Trennung und führt uns der Wahrheit zu. Die Wahrheit ist, daß wir eins sind mit dem Leben und daß es nichts zu fürchten gibt.

Die heilende Macht der Verzeihung

Ich habe viele Menschen gekannt, die die Formel »Lieben heißt die Angst verlieren« auf eine Weise anwenden, die grausam auf sie zurückschlägt. Weil sie Angst haben, kasteien sie sich und verurteilen sich zur Liebe, als wäre es ein Vollstreckungsbefehl. Sie ringen um Liebe und schieben ihre Ängste weit von sich, nur um zu erfahren, daß sie stärker zurückkehren. Sie fühlen sich geschlagen und schuldig.

So mit Cayce' Formel umzugehen, ist nicht Liebe, sondern ein Akt der Selbstverurteilung. Cayce warnt uns vor den Übeln einer verurteilenden Haltung. Die Lösung ist eine verzeihende Einstellung. Das heißt, daß wir uns nicht für unsere Beschränkungen verurteilen, sondern vielmehr annehmen, wir hätten unser Bestes gegeben.

Als zum Beispiel Janet zu mir kam und sagte, sie mache sich Vorwürfe, weil sie schließlich ihre Wirklichkeit selbst schaffe, mußten wir unter der Oberfläche dieser Philosophien suchen, um aufzudecken, daß Janet die Wirklichkeit, die sie für ihr Versagen hielt, nicht unmittelbar verursacht hatte. Die Muster, die sie in ihrem Bewußtsein festhielt, ihre Ideen, waren es gewesen.

Sie realisierte, daß ihr Leben auf dem Gefühl basiert hatte, sie sei eigentlich nicht liebenswert. Ihr Vater hatte die Familie verlassen, als sie noch klein war. Sie hatte sich immer gefragt, ob es ihr Fehler gewesen war. Vielleicht hatte sie ihm nicht gefallen? Sie bemerkte, daß ihre Mutter immer sehr lieb zu ihr war, wenn sie auf ihre Wünsche einging. Von solchen Erfahrungen hatte sie die Idee abgeleitet, daß es wichtig ist, anderen zu gefallen, wenn man Liebe bekommen will.

Realistischerweise konnte Janet nur ein Teil der Verantwortung dafür zugeschrieben werden, daß sie gewählt hatte, diese Liebesideale anzunehmen. Sie mußte es sich verzeihen, denn es ist natürlich für ein Kind, das völlig von seinen Eltern abhängig ist, solche Gedanken zu haben.

Die Erfahrung der Verzeihung löst Zorn und Angst aus. Sie wird unsere Negativität heilen und einen neuen Anfang ermöglichen.

Geführt von Idealen

Wenn Sie eine Einstellung wählen, die Ihrem Ideal entspricht, laden Sie die spirituelle Energie dieses Ideals ein, Ihr Leben zu beeinflussen. Das Ideal wird Ihre Handlungen leiten, Ihren Charakter entwickeln und Ihr Gewahrsein spiritueller Bewußtseinszustände erweitern.

Nehmen wir zum Beispiel den »guten Sportler«, ein Ideal

mit einer langen und ehrwürdigen Tradition. Die Einstellung, die es zum Ausdruck bringt, lautet: »Es ist egal, ob du gewinnst oder verlierst. Wichtig ist nur, wie du gespielt hast.« In neueren Jahren ist der Berufssport und zum Teil auch der Amateursport zu einem Hohn dieses Ideals verkommen. Das Schlagwort lautet jetzt: »Gewinnen ist alles!«

Die Einstellung des »guten Sportlers« enthält einen scheinbaren Widerspruch, der dem Druck des modernen Lebens nicht standhalten kann. Es ist nicht leicht, sich dem wahren Geist des Sports zu verschreiben, wenn so viel vom Gewinn abhängt. Nicht jeder kann dem Druck standhalten.

Sich diesem Widerspruch auszusetzen und so gut zu spielen, wie man kann, ohne sich um das Spielergebnis zu kümmern, verleiht dem Sport seinen transzendentalen Wert und erlaubt uns, im wahren Sport eine weitere geniale Dimension der Kreativität zu entdecken. Sich auf den Prozeß des Spiels zu konzentrieren und nicht auf das Ergebnis, macht uns frei, uns auf den gegenwärtigen Augenblick zu konzentrieren, statt uns den Kopf mit den möglichen Folgen eines Gewinns oder Verlusts vollzustopfen. Wenn wir nicht schummeln und keine Aufputschmittel nehmen, riskieren wir es, gegen einen Gegner zu verlieren, aber wir gewinnen auf andere Art.

Wenn wir ein Ideal wählen und daraus eine optimale Einstellung für Lebenssituationen ableiten, auf die dieses Ideal sich anwenden läßt, werden wir uns bald einer Fülle von zusätzlichen Möglichkeiten bewußt. Unser Leben wird intensiver. Ihr Ideal wird anfangen, Sie zu führen und Ihr Leben zu gestalten.

Kapitel 8

Wo es um den Körper geht

Es stimmt, daß Einstellungen oft den physischen Zustand des Körpers beeinflussen. Niemand kann seinen Nachbarn hassen, ohne Magen- und Leberbeschwerden zu entwickeln. Niemand kann eifersüchtig sein und sich deswegen ärgern, ohne seine Verdauung oder sein Herz zu belasten.

Edgar Cayce 4022-1

Margaret war ein sehr angenehmer Mensch. Sie hatte ein gewinnendes Lächeln und ergriff mit den Augen ihren Besucher, um ihn zu begrüßen. Sie zeigte Interesse und Anteilnahme an ihrem Gesprächspartner und wollte, daß dieser sich wohl fühlte, auch wenn es ein Arzt war, der sie untersuchen mußte. Margaret hatte ein Anzeichen von Epilepsie gezeigt, und der Arzt wollte ihre Gehirnströme aufzeichnen. Es war typisch für Margaret, daß sie ihm versicherte, er solle sich keine Sorgen machen, daß die Elektroden, die er an ihrem Schädel anbrachte, sie stören würden, obwohl sie die Bedürftige war und während des Testablaufs Zuwendung gebraucht hätte.

Das EEG von Margarets Gehirnwellen wies Anzeichen von Unregelmäßigkeiten auf, die sich in auffälligen kleinen Amplituden zeigten, die auf eine epileptische Krankheit schließen ließen. Diese Untersuchung lieferte dem Arzt die Bestätigung, daß Margaret tatsächlich unter einer Form von Epilepsie litt. Die Beweise waren eindeutig.

Jack war ein völlig anderer Fall. Er war irritiert und wütend, als der Arzt in das Untersuchungszimmer kam, und beklagte sich darüber, daß er seine Gehirnwellen messen lassen müsse, und hatte auch an den Elektroden etwas auszusetzen. Er stellte die Kompetenz dieses Arztes in Frage und machte sarkastische Bemerkungen über den Wert der Untersuchung. Jack sprach ununterbrochen und riß schräge Witze, bis der Arzt sich unwohl und in die Defensive gedrängt fühlte. Es sah Jack ähnlich, seine Nervosität in Form von aggressiven Scherzen und abfälligen Bemerkungen auszudrücken. Das EEG von Jacks Gehirnwellen zeigte keinerlei Abweichungen. Alles war völlig normal. Die Resultate waren so, wie sie sein mußten, denn Jack hatte keine Epilepsie. Die Untersuchung des Arztes bestätigte, daß dieser Mann ein völlig normales Gehirn besaß.

Margaret war sympathisch, aber sie litt unter periodischen Anfällen. Jack war frech und streitsüchtig, zeigte jedoch keinerlei Anzeichen eines Leidens. Was unverständlich erschien, war, daß Jack und Margaret denselben Körper bewohnten. Sie waren zwei verschiedene Persönlichkeiten ein und desselben Menschen, ein Fall von Persönlichkeitsspaltung.

Dieser Fall beschreibt ein faszinierendes geistiges Phänomen, das mit den Symptomen der Persönlichkeitsspaltung einhergeht. Das Problem der multiplen Persönlichkeit zog erst durch die Geschichte *Die drei Gesichter Evas* die Aufmerksamkeit der Öffentlichkeit auf sich. In jüngeren Jahren sind Therapeuten auf viele ähnliche Fälle gestoßen, die sie gründlich untersuchten.

Die multiple Persönlichkeit wirft eine Reihe faszinierender Fragen hinsichtlich unseres Verständnisses der Person auf. Eine der interessantesten betrifft die körperlichen Aspekte, die mit den verschiedenen Persönlichkeiten innerhalb desselben Menschen zusammenhängen.

Jede Persönlichkeit bewohnt den Körper auf eine andere Weise, wobei sie auffällige Unterschiede schafft und über eine eigene Stimme, eine individuelle Auswahl gesellschaftlicher Ausdrücke, Bewegungen und Körperhaltungen verfügt und sich anders bewegt. Jede weist eindeutig eine andere Persönlichkeit auf. Das kann man sehen! Das Ausmaß, in dem der Körper sich als Antwort auf die jeweils aktive Persönlichkeit verändert, ist verblüffend.

Viele Einzelheiten der Funktionsweise des Körpers werden mit einbezogen. In Margaret und Jacks Fall hatten die beiden völlig andere Gehirnwellenmuster. Sie litt an epileptischen Anfällen, er nicht. In anderen Fällen ist festgestellt worden, daß verschiedene Persönlichkeiten unterschiedliche Reaktionen auf Medikamente zeigen. Eine Persönlichkeit reagiert allergisch auf Sulfonamide, eine andere nicht, eine leidet an Asthma, während eine andere völlig normal atmet, eine ist Kettenraucher, eine andere raucht überhaupt nicht, eine ist Rechtshänder, während eine andere mit der linken Hand schreibt, eine ist so kurzsichtig, daß sie eine starke Brille braucht, während eine andere gut sieht und ohne Brille auskommt. Sogar Funktionen, die uns eindeutig körperlich vorkommen, verändern sich unter dem Einfluß des Persönlichkeitswechsels.

Fälle von multipler Persönlichkeit zeigen eindeutig, daß der Körper und seine neurochemischen Funktionen vom Bewußtsein beherrscht werden. Wenn eine dramatische Veränderung auftritt, findet im Bewußtsein ein entsprechendes Umschalten bezüglich Aussehen und Funktionsweise des Körpers statt. Das Ergebnis ist verblüffend, die Folgen sind enorm.

Wir haben gelernt, wie wir ein ideales Leben entwerfen können, und daß unsere Einstellung gegenüber unseren Erfahrungen eine Bedeutung hat. Es ist jetzt Zeit, uns auf den

Körper zu konzentrieren, um zu sehen, wie unsere Einstellungen ihn beeinflussen und wie wir die Körper/Geist-Verbindung zu unserem Vorteil nutzen können.

Streß und Krankheit

Hans Selye, der Vater der Streßforschung, prägte den Begriff »Flucht-oder-Kampf-Reflex«, der auf einen tierischen Instinkt zurückzuführen ist. Wenn etwas oder jemand uns bedroht, besteht unsere Wahl darin, uns zu stellen und zu kämpfen oder davonzulaufen. Der Körper ist einsatzbereit.

Wenn wir uns einem wütenden Bären gegenübersehen, wird uns ganz heiß vor Angst. Unsere Adrenalindrüsen bedingen in unmittelbarer Folge eine Reihe von verschiedenen Reaktionen. Unser Herz schlägt schneller, um unsere Lungen und Muskeln auf das kommende Geschehen vorzubereiten. Die Blutgefäße in unseren Fingerspitzen und Zehen ziehen sich zusammen, um im Fall einer Verwundung Blutverlust zu vermeiden. Wir sind aufgeregt und bereit, dem angsteinflößenden Gegner gegenüberzutreten oder um unser Leben zu rennen.

Ob wir davonlaufen oder stehenbleiben und kämpfen, unser Körper bereitet sich energetisch auf eine Reaktion vor. Wenn wir davonrennen oder kämpfen, setzen wir das Adrenalin ein, das unser Körper produziert hat. Wir sind voll Energie gepumpt worden, die sich verteilt. Der Kreislauf schließt sich. Die Dinge kehren zu ihrem Normalzustand zurück.

In der Wildnis leistet uns der Flucht-oder-Kampf-Reflex gute Dienste. Im modernen Leben begegnen uns jedoch nur wenige richtige Bären. Wir haben andere Sorgen.

Stellen Sie sich vor, Sie befänden sich allein und hilflos in einer feindseligen Welt. Wie würden Sie sich fühlen? Die berühmte Psychoanalytikerin Karen Horney weist in ihrer Definition des Angstbegriffs genau auf diese Einstellung hin, die ihre eigene gemäßigte Form von Flucht-oder-Kampf-Reflex hervorbringt. Angst hat körperliche Folgen.

Der Streß des modernen Lebens hält uns in einem ständigen Zustand der Furcht. Dieser Angst verdanken wir einen ständig erhöhten Adrenalinspiegel. Dennoch werfen wir nicht wirklich mit Speeren, noch jagen wir unseren Sorgen nach oder rennen vor ihnen davon. Wir bleiben auf unserer Angst sitzen, werden emotional immer angespannter und unterdrücken alle heftigen Regungen. Die Angstflüssigkeit sammelt sich in unserem Körper an und macht ihn krank. Chronischer Streß ist schlecht für die Gesundheit.

Es war einer solchen Überreizung zu verdanken, daß Hans Selye 1936 mit seiner Untersuchung über den Einfluß von Streß auf den menschlichen Körper begann. In den achtziger Jahren wurde eine Reihe von Untersuchungen des menschlichen Immunsystems unternommen, die viel von dem bestätigten, was Cayce über die Folgen von Einstellungen auf die Gesundheit beschrieben hatte. Es scheint heute klar, daß die geistige Einstellung einer der wichtigsten Faktoren körperlicher Gesundheit ist.

Das Bewußtsein heilt

In Charlie Chaplins denkwürdigem Film *Modern Times* wurden der Druck und der Streß des technologischen Lebens als Fleischwölfe des menschlichen Bewußtseins dargestellt. In diesem Film sehen wir, wie der Druck des modernen Lebens den Körper daran hindert, gesund zu bleiben. Selyes Untersuchungen bestätigten Chaplins Eindruck und trugen dazu bei, daß Krankheiten wie Magengeschwüre als das körperliche Ergebnis von psychischem Streß akzeptiert wurden.

In späteren Jahren begannen Gerüchte zu kursieren, daß eine andere Form von Streß bei Krankheit eine Rolle spiele. Hinter der Entwicklung von Krebs stand zum Beispiel ein subtiler Übeltäter namens Trauer. Es zeigte sich, daß versteckte, unausgelebte, chronische Depressionen wegen einer unwiderruflichen Vergangenheit sich krebsfördernd auswirken. Mit der Zeit nahmen die Beweise dafür zu, daß Traurigkeit ein Auslöser dieser gefürchteten Krankheit ist.

Als es klarer wurde, daß beim Krebs emotionale Faktoren mitspielen, zeigte sich ebenfalls, daß Bewußtsein und Gefühle einen Einfluß auf den Heilungsprozeß haben. Die ersten »Geistheilungen« fanden unbeachtet unserer Gesellschaft statt. Um die Jahrhundertwende spielte die Hypnose eine wichtige Rolle bei diesen Entwicklungen.

Mary Baker Eddy wurde durch hypnotische Behandlungen von einem Nervenleiden geheilt. Später nahm sie Abstand von der Hypnose und begründete die Christliche Wissenschaft. Eddys Entwicklung betraf nur eine von vielen Gruppen mit »neuen Ideen«, die sich um die Jahrhundertwende spontan bildeten. Viele von diesen Vereinigungen vermischten Religion, positives Denken und manchmal auch Hypnose zu einer – körperlichen, geistigen und spirituellen – Heilslehre, doch erst im Zuge der Bewußtseinsbewegung der sechziger Jahre wurden ihre Ideen von der offiziellen Wissenschaft aufgegriffen.

Ein Meilenstein in der Geschichte der äußerst zögerlichen Akzeptanz der Rolle des Bewußtseins bei Krankheit und Heilung seitens der medizinischen Gemeinschaft war die Veröffentlichung von *Liebe, Medizin und Wunder* von Dr. Bernie Siegel im Jahre 1986. Geschrieben von einem Chirurgen der Universität Yale, ist dieses Buch eine persönliche und berufliche Bestätigung, daß Bewußtsein Erkrankung fördert und heilt. Das wichtigste an der Arbeit dieses Arztes ist, daß er sie aktiv an seinen Patienten anwendet. Unter Einbezug der Psychotherapie und anderer Methoden hilft er ihnen, sich von ihren Depressionen zu befreien und eine positive Einstellung aufzubauen. Er nimmt die Beweise ernst, die dafür sprechen, daß Einstellungen wie Hoffnung, Optimismus, Humor und Liebe einen heilenden Einfluß auf das menschliche Immunsystem haben. Erst arbeitet er daran, die Einstellung seiner Patienten zu verbessern, und ermutigt sie dann, den Einsatz von Visualisierungstechniken zu lernen, die ihrem Körper dabei helfen, sich zu erholen. Sein Buch ist ein ausgezeichnetes Beispiel dafür, wie man das Bewußtsein und die Methoden der Cayce-Lesungen zum Thema Heilung in die Tat umsetzen kann. Nach jahrzehntelangen Untersuchungen zur Rolle, die das Bewußtsein bei der Entstehung von Krankheiten spielt, hat sich das Gegenteil jetzt auch durchgesetzt. Das Bewußtsein kann auch heilen.

Die Psychologie des Bewußtseins

Cayce erklärt die Beziehung zwischen unseren Einstellungen und der Gesundheit unseres Körpers mit Hinweisen auf das Nervensystem und die endokrinen Drüsen. Er war der erste Psychoneuroimmunologe, der aus ganzheitlicher Sicht erklärte, wie das Bewußtsein, das Nervensystem und die Drüsenfunktionen zusammenarbeiten, um Gesundheit und Krankheit hervorzubringen. Zur Zeit seiner medialen Lesungen schienen seine Aussagen über die Drüsenfunktionen unwahrscheinlich, doch die Zeit hat Cayce Recht gegeben. Heute sind Erkenntnisse über das Immunsystem an der Tagesordnung.

Laut Cayce' Modell verfügen wir über drei Nervensysteme, die jedes mit einer anderen Ebene des Bewußtseins zusammenhängen. Cayce meint, daß wir durch ein richtiges Verständnis ihrer Funktionsweise einen gewissen Einfluß auf ihre Tätigkeiten nehmen können.

Wir haben das cerebral-spinale oder willentliche Nervensystem, das für die Muskeln des Körpers zuständig ist und unter der Kontrolle des Verstandes steht. Nachts entspannt sich dieses Nervensystem, um zu schlafen. Wir können es einsetzen, um einen indirekten Einfluß auf die anderen beiden Systeme auszuüben.

Zweitens haben wir das autonome Nervensystem, das die Funktion unserer Körperorgane überwacht, wie zum Beispiel das Herz oder den Verdauungsapparat. Früher wurde es unwillkürliches Nervensystem genannt, weil es außerhalb unserer bewußten Kontrolle zu stehen schien. Cayce nahm moderne Forschungsergebnisse vorweg, als er erklärte, daß das autonome Nervensystem, das vom Unterbewußtsein regiert wird, indirekt durch unsere Einstellungen und durch Visualisieren beeinflußt werden kann.

Das autonome Nervensystem hat zwei Untersysteme. Eines wird das sympathische, das andere das parasympathische Nervensystem genannt. Beide reagieren auf emotionale Reize. Sie sind die Gas- und Bremspedale des Körpers. Das sympathische Nervensystem regt an. Seine Aufgabe ist es, den Körper zu beleben. Im Gegensatz dazu besteht die Aufgabe des parasympathischen Nervensystems darin, den Körper zu beruhigen. Der Kampf-oder-Flucht-Reflex untersteht dem sympathischen Nervensystem. Damit wir einschlafen können, muß das parasympathische System sich einschalten. Die Funktionsweise dieser beiden Körpersysteme steht in einem engen Zusammenhang mit dem des endokrinen Drüsenhaushalts.

Cayce bezeichnete den endokrinen Haushalt als eigenes Nervensystem, das aus den verschiedenen Körperdrüsen besteht: Gehirnanhangdrüse, Zirbeldrüse, Schilddrüse, Bauchspeicheldrüse, Nebennieren, Lendendrüsen und Vorsteherdrüse. Cayce weist darauf hin, daß dieses System einer Anzahl psychischer Zentren entspricht, die im Osten als Chakren bekannt sind. So zum Beispiel wird das Chakra rund um die Zirbeldrüse das »dritte Auge« genannt.

Durch diese psychischen Zentren und durch den Drüsenhaushalt nimmt das Überbewußtsein Kontakt mit dem Körper auf. Das Bewußtsein der Seele beeinflußt den materiellen Körper durch dieses System, wie bei Erinnerungen an frühere Leben oder durch Ideale.

Die endokrinen Drüsen kommunizieren miteinander und mit dem Gehirn durch chemische Botenstoffe, die sie in das Netzwerk des Blutstroms ergießen und die ebenfalls über ein Netzwerk aus Nervenfasern kommunizieren. Alles in allem stellt der Drüsenhaushalt beinahe ein eigenes Gehirn dar, wie Cayce sagt. Die moderne Wissenschaft ist dabei, zu entdekken, wie intelligent unsere Drüsen sind.

Untersuchungen der Immunreaktion des Körpers haben unser Verständnis von der Funktionsweise des Drüsenhaushalts und seines Austauschs mit dem autonomen Nervensystem vergrößert. Die Bauchspeicheldrüse kontrolliert die Produktion der »Killerzellen«, die Krankheiten abwehren. Die Arbeit der Bauchspeicheldrüse wird von den Aktivitäten der Schilddrüse und der Nebennieren beeinflußt, deren Tätigkeit ebenfalls vom Nervensystem geprägt wird, wohingegen die Arbeit der Bauchspeicheldrüse auf viele verschiedene Wege beeinflußt werden kann.

Während Neurophysiologen diese komplexen Einflußmöglichkeiten aufspüren, haben andere Wissenschaftler die Wahrheit von Cayce' wichtigster Behauptung über die Macht des Bewußtseins über den Körper bestätigt. Der grundsätzliche Weg, um Gesundheit und Harmonie innerhalb des Drüsenhaushalts zu beeinflussen, ist der mittels der geistigen Einstellung.

Die emotionalen und körperlichen Auswirkungen von Einstellungen

Wenn Sie die Welt durch eine rosarote Brille betrachten, werden Sie nicht nur ein rosiges Gemüt, sondern auch eine rosige Hautfarbe annehmen. So einfach ist das, und es ist wahr.

Die Einstellung, die wir einnehmen, bestimmt die Gefühle, die wir empfinden. Gefühle haben körperliche Folgen und bestimmen, wie unser Körper funktioniert. Demnach reicht die schöpferische Macht der Einstellung über unseren Gemütszustand hinaus. Einstellungen materialisieren sich.

Eine Einstellung ist ein Bewußtseinsrahmen. Als Perspektive reagiert er sowohl über das, was wir sehen, als auch darüber, wie wir das, was wir sehen, zusammenfügen. Ist Ihr Glas halb leer oder halb voll? Jemand mit einer pessimistischen Einstellung sieht die fehlende Flüssigkeit, währen der Optimist die verbliebene sieht.

Beide emotionale Reaktionen entsprechen der wahrgenommenen Wirklichkeit. Die Einstellung bestimmt die Art der erlebten Realität, die wiederum die Qualität der emotionalen Reaktion festlegt.

Die Traurigkeit des Pessimisten wird körperlich umgesetzt. Das Nervensystem signalisiert eine leichte Depression. Der Betreffende »verliert den Mut«, worauf die Bauchspeicheldrüse entsprechend reagiert. Das Immunsystem wird geschwächt. Untersuchungen haben bestätigt, daß Einsamkeit,

Traurigkeit und Depression die Immunreaktionen schwächen. Auch wenn das Glas tatsächlich halb leer ist, gefährdet eine pessimistische Einstellung Ihre Gesundheit.

Die Dankbarkeit des Optimisten drückt sich als positiver Körperimpuls aus. Auch wenn der Optimismus von einer objektiven Warte her gesehen unrealistisch ist, hat er positive Auswirkungen auf den Körper, die uns dabei helfen, mit Problemen umzugehen. Optimismus ist nicht nur gesund, sondern auch eine gute Überlebensstrategie.

Leiden und Schmerz

Schmerz ist ein Teil des Lebens. Niemand kommt darum herum, ihm hin und wieder ausgesetzt zu sein. Wir wissen alle, was Schmerz ist. Niemand mag ihn.

Unfälle und Krankheiten sind Ursache für akute Schmerzen. Körperschäden regen die Nervenenden dazu an, dem Gehirn Warnsignale zu senden, woraufhin wir Schmerz empfinden, eine reale körperliche Erfahrung.

So körperlich und real er ist, enthält der Schmerz auch eine psychologische Komponente. Die Einstellung spielt eine Rolle bei der Entstehung von Schmerzen. Untersuchungen haben aufgezeigt, daß Optimismus und Pessimismus unterschiedliche Auswirkungen auf die Erfahrung von Schmerz haben.

Nehmen wir einmal an, Sie würden Ihre Hände in einen Eimer mit Eiswasser halten. Das täte weh. Wie sehr es schmerzen würde, hängt von Ihrer Einstellung ab.

Wenn Ihnen jemand ein Schmerzmittel verabreicht, ehe Sie Ihre Hände in das Eiswasser stecken, werden Sie weniger Schmerz empfinden. Dies wäre auch so, wenn die Pille ein Plazebo wäre und keinerlei Wirkstoffe enthielte. Erwartungen und Überzeugungen beeinflussen den Schmerz. Werden richtige Schmerztabletten verwendet, benötigen Optimisten kleinere Dosen, um ihre Schmerzen zu beheben, als Pessimisten.

Wenn man Sie lehrt, sich zu entspannen, ehe Sie Ihre Hand ins Eiswasser halten, werden Sie ebenfalls weniger Schmerz empfinden. Entspannung kann den Schmerz reduzieren. Wie Untersuchungen bewiesen haben, bestimmt die Einstellung und nicht die eigentliche Ursache die subjektive Erfahrung.

Gibt man ihnen eine falsche Rückmeldung, kann man die Leute glauben machen, sie hätten sich entspannt, obwohl es nicht stimmt. Ähnlich empfinden Menschen, die glauben, sie hätten einen gewissen Einfluß auf eine Situation, weniger Schmerz als die Menschen, die tatsächlich entspannt sind, aber meinen, sie könnten nicht darauf einwirken. Beachten Sie die Konsequenzen dieser Studie: Zu glauben, man hätte ein gewisses Maß an Einfluß, hat größere Folgen für die Erfahrung von Schmerz als seine eigentliche Beherrschung.

Depression und Gefühle von Hilflosigkeit vermehren die Erfahrung von Schmerz. Das ist ein Faktor bei vielen Fällen von chronischem Schmerz. Wenn man der Depression beikommen kann, läßt auch der körperliche Schmerz nach. Gleichermaßen nimmt der Schmerz ab, wenn Patienten mit chronischen Schmerzen sich entspannen oder eine andere Form von Selbstbeherrschung lernen. Das Nachlassen der Schmerzen ist nicht unbedingt der Tatsache zu verdanken, daß man sie beherrschen kann, sondern vielmehr dem Loslassen von Gefühlen der Hilflosigkeit.

Die Reaktion des Körpers auf eine Bedrohung als etwas, das Schmerz verursacht, hängt davon ab, wie der Betreffende die Lage einschätzt. Sie erinnern sich an Cayce' Rat, aus Stolpersteinen Meilensteine zu machen? Diese Anregung geht von psychologischen Tatsachen aus. Wird unser Körper bedroht, und fühlen wir uns hilflos, finden in ihm andere chemische Ausschüttungen statt, als wenn wir darin eine Herausforderung sehen.

Woher auch immer der Angriff kommt, wenn wir in ihm eine Herausforderung sehen können, wird uns unser Körper aus der Klemme helfen. Die Abwehrfähigkeit unserer Körper und die Gabe, für unsere Probleme kreative Lösungen zu finden, hängen davon ab, ob wir eine konstruktive Einstellung einnehmen. Der Körper reagiert empfindlich auf Gefühle von Hilflosigkeit und Gedanken wie: »Ich gebe auf.« Wenn wir auch nur ein bißchen glauben können, daß wir an unserer Lage etwas ändern können, wird diese Einstellung positive Folgen für unseren Körper haben.

Positiv auf die Dinge zuzugehen, hat positive Auswirkungen auf unseren Körper. Filme eignen sich gut dazu, eine bestimmte Einstellung anzuregen. Sie können uns dabei helfen, uns an die guten Seiten des Lebens zu erinnern, und uns dazu anhalten, positiv zu denken. Andererseits können Filme uns auch aufregen, verängstigen und in traurige Gedanken verfallen lassen. Filme beeinflussen unseren Körper ebensosehr wie unseren Geist.

In einem Experiment, das vom Harvard-Psychologen David McClelland durchgeführt wurde, sahen die Versuchspersonen entweder einen deprimierenden Film über Nazi-Konzentrationslager oder einen inspirierenden und hoffnungsvollen Bericht über das Werk von Mutter Teresa. Es wird Sie nicht überraschen, daß die Leute, die den ersten Streifen sahen, sich danach ziemlich niedergeschlagen fühlten, während es denjenigen, die den zweiten Film gesehen hatten, recht gut ging. Was Sie vielleicht überraschen wird, ist, daß die Blutwerte der beiden Zuschauergruppen sehr unterschiedlich ausfielen. Blutuntersuchungen ergaben, daß die Versuchspersonen, die den Nazi-Film gesehen hatten, ein geschwächtes Immunsystem aufwiesen, während diejenigen, die den Film über Mutter Teresa gesehen hatten, mit gestärktem Immunsystem herauskamen.

Etwas Positives zu finden, woran man denken kann, inspirierende Bücher zu lesen, einen optimistischen Film zu sehen oder sich sogar auch nur in einem angenehmen Tagtraum zu verlieren, können das Zünglein der Waage in Richtung einer zuversichtlichen Geisteshaltung sein.

Es gibt Beweise dafür, daß eine optimistische Einstellung die Reaktion des Gehirns auf Schmerz beeinflußt und eine erhöhte Ausschüttung von natürlichen Schmerzmitteln in den Blutstrom anregt. Diese Schmerzmittel werden »Endorphine« genannt und scheinen eine Art körpereigene Opiate zu sein. Der Bewußtseinszustand eines Menschen hat viel mit deren Vorhandensein im Körper zu tun.

Pessimisten sind nicht nur einfach Jammerlappen. Sie haben einen Grund, sich zu beklagen, denn ihr Gehirn produziert nicht genügend Endorphine. Allerdings können sie lernen, Optimismus und andere, präzisere Werkzeuge einzusetzen, um ihr Leben positiver zu gestalten.

Anhand des folgenden Fallbeispiels aus der modernen Schmerzforschung können wir die Grundsätze einschätzen, von denen Cayce für die körperlichen Folgen unserer Einstellungen ausgeht: Es besteht eine sehr enge Beziehung zwischen Körper und Geist. Die geistige Einstellung zu verändern, hat körperliche Folgen. Bei denjenigen von uns, denen es nicht leichtfällt, eine andere Einstellung zu finden, werden wir sehen, wie eine kleine, konsequent durchgeführte Verhaltensänderung zur gewünschten Umstellung führen kann.

Humor als Medizin

Wir haben alle schon davon gehört, daß Lachen die beste Medizin sein soll. Cayce war auch für den Humor, den er als gesund und als patentes Mittel gegen den täglichen Verschleiß empfand, wie er in ihm auch eine Einstellung sah, die uns den Weg zur spirituellen Wirklichkeit zeigt. Über uns selbst lachen zu können, zeugt sowohl von Selbstakzeptanz als auch von Bescheidenheit. Humor verleiht dem kleinen Ich, dem Ego, den richtigen Stellenwert.

Die Rolle von Humor im Heilungsprozeß machte Schlagzeilen, als Norman Cousins, ehemaliger Redakteur der *Saturday Review*, sein Buch *Anatomy of an Illness* veröffentlichte, in dem er erzählt, wie er sich durch eine tägliche Dosis Lachen von dem heilte, was seine Ärzte als unheilbare, lebensbedrohende Krankheit diagnostiziert hatten. Er sah sich stundenlang unzählige Videobänder von alten Filmen wie die der Marx Brothers und der Three Stooges an und beschrieb, wie er nach intensivem Lachen weniger Schmerz empfand. Als er wieder gesund war, forderte er die Mediziner heraus, den Mechanismus des Wunders zu verstehen, das er vollbracht hatte. Sie zeigten sich bereit, auf seine Herausforderung einzugehen.

Es ist schon seit langem vermutet worden, daß Humor für den Körper eine große Rolle spielt. Die alten Griechen sahen die Funktionsweise des Körpers als Ausdruck der Tätigkeit von »Launen«. Diese Launen äußerten sich in vier grundsätzlichen Körperflüssigkeiten, die zu den entsprechenden Temperamenten des Sanguinikers, Phlegmatikers, Cholerikers und Melancholikers führten. Auch wenn die Einzelheiten dieser Theorie durch bessere anatomische Kenntnisse ersetzt worden sind, ist dieses Verständnis Teil unserer Sprache geblieben. Wir sagen immer noch, jemand sei guter oder schlechter Laune und meinen damit das Befinden dieses Menschen. Die moderne Medizin lehrt uns, daß Einstellungen sich in chemische Körperreaktionen umsetzen.

Was die gute Laune angeht, hat die Wissenschaft viele positive Folgen des Lachens entdeckt. Forscher, die ihren Versuchspersonen Trickfilme oder Komödien zeigten, erfuhren viel über die körperlichen Nebenwirkungen des Lachens. Sie haben bestätigt, was Norman Cousins aufgefallen war, daß zum Beispiel Lachen den Schmerz tötet. Wenn sie Komödien gesehen hatten, reagierten die Versuchspersonen viel weniger empfindlich auf ihre eigenen Leiden. Blutuntersuchungen lassen darauf schließen, daß das Immunsystem nach einer Zeit des Lachens bessere Werte aufweist.

Lautes und herzliches Lachen ist beinahe wie Gymnastik. Es vertieft die Atmung und bewegt die Unterleibsmuskulatur, was zu einer Lösung von körperlicher Spannung führt, die in ein Gefühl friedlicher Entspannung übergeht.

Lachen kann sehr reinigend sein. Wenn Sie schon einmal gelacht haben, bis Sie Seitenstechen und Tränen in den Augen hatten, haben Sie es bereits erlebt, wie es sich anfühlt, wenn die Anspannung aus Ihrem Körper gespült wird. Lachen ist eindeutig ein gutes Mittel gegen Streß, das den Körper befreit. Deshalb ist Lachen die beste Medizin.

Physische Techniken zur Verbesserung unserer Einstellung

Zu einer Zeit lachen zu können, wenn die Dinge nicht lustig sind, ist eine Gabe, die die meisten von uns gerne hätten. Es wäre ein grausamer Witz, wenn Cayce einfach nur vorschlagen würde, der Mensch solle in Krisenzeiten seinen Humor bewahren. Cayce hat genügend Mitgefühl und Verständnis, um zu wissen, daß ein solcher Vorschlag mehr Schaden als Nutzen bewirken würde, doch zum Glück weiß er einen Ausweg aus diesem Dilemma.

Körper, Bewußtsein und Geist arbeiten wie eine Einheit. Erinnern Sie sich an Cayce' Schöpfungsprinzip: Der Geist ist das Leben, das Bewußtsein der Erbauer, die Materie das Ergebnis. In dieser Gleichung steht der materielle Ausdruck unten auf der Skala, als Resultat und nicht als auslösender Faktor. Wir haben untersucht, wie unsere Ideale zu unseren Einstellung führen, die wiederum unsere konkreten Erfahrungen und Lebensumstände schaffen und sich auf die Funktionsweise unseres Körpers auswirken, doch die Gleichung kann auch umgekehrt werden.

Wir können unseren Körper Handlungen ausführen lassen, die gewissen Einstellungen entsprechen, wodurch diese sich leichter verwirklichen können. Wir können durch die Handlungen unseres Körpers eine Einstellung aufbauen, diese übernehmen und den Körper anweisen, die chemischen Veränderungen vorzunehmen, die dieser Einstellung entsprechen.

Ein gutes Beispiel dafür ist die Reaktion des Körpers auf Panik. Wenn jemand von Angst befallen wird, ist die Reaktion seines Körpers, schneller zu atmen. Manchmal atmet der Mensch sogar so schnell, daß er hyperventiliert. Die Überladung des Körpersystems mit Sauerstoff, ohne die entsprechende körperliche Entladung, verstärkt die Panikreaktion, und man kann sich nicht mehr bewegen.

Eine Methode, um diesen Sturz in die Verzweiflung zu vermeiden, besteht darin, unseren Atem zu kontrollieren. Halten Sie einen Augenblick den Atem an und zwingen Sie sich dann, langsamer und tiefer zu atmen. Bewußtes, langsames und tiefes Atmen hilft über Panik hinweg. Es beruhigt uns und gibt uns die Herrschaft über die Situation zurück, die außer Kontrolle geraten war. Nicht nur hat sich der Körper beruhigt, sondern auch das Panikgefühl ist weg. Wir haben unser Gefühl mit unserem Körper beeinflußt.

Wenn wir Angst haben, aber so tun, als hätten wir Mut, und mit kleinen Schritten auf die Gefahr zugehen, führt dieses Verhalten zu geringfügigen Stimmungsänderungen. Wenn wir so tun, als seien wir mutig, kann das dazu führen, daß wir uns tatsächlich mutiger fühlen. Die Veränderung der Einstellung macht sich als chemische Veränderung im Körper bemerkbar und belohnt uns mit der Energie eines aufgerichteten und mutigen Körpers, einem gesteigerten Durchhaltevermögen und einer höheren Schmerzgrenze. Wir können uns wirklich am eigenen Schopf aus dem Dreck ziehen.

Schauspieler benutzen diese Methode, um sich auf eine Rolle vorzubereiten. Sie fangen damit an, daß sie vorgeben, etwas zu spüren, und tun so, als würden sie es wirklich fühlen. Sie ziehen Gesichter, die der Stimmung und dem Gefühl entsprechen, das sie zum Ausdruck bringen sollen. Forscher, die die physiologischen Auswirkungen von schauspielerischen Methoden untersucht haben, haben festgestellt, daß das vorgetäuschte Verhalten genau die gleichen physiologischen und chemischen Veränderungen hervorbringt, wie sie auftreten würden, wenn die Gefühle echt wären. Diese Ergebnisse zeigen, daß Schauspieler das Geheimnis des »Aufpfropfens« kennen und ihren Körper einsetzen, um Stimmungen zu schaffen.

Haben Ihre Eltern Ihnen je gesagt, Sie sollen den Kopf hochhalten? Wir wissen, daß Stimmungen sich in Körperhaltungen niederschlagen. Doch das Gegenteil ist auch wahr. Haltungen beeinflussen Stimmungen. Wenn Sie eine aufrechte, stolze Haltung haben, wird es Ihre Stimmung heben und Ihnen ein mutiges Gefühl geben. Wenn Sie hingegen mit den Augen zu Boden gerichtet und mit hängenden Schultern durch die Gegend schlurfen, werden Sie sich entsprechend niedergeschlagen fühlen.

In einer Studie lehrten die Forscher die Versuchspersonen auf eine von zwei Arten zu gehen. Beim »glücklichen« Gang hielten sie den Kopf hoch, schlenkerten mit den Armen und schauten auf den Horizont, während sie energisch ausschritten. Beim »traurigen« Gang beugten sie den Kopf, sahen auf den Boden und schlurften mit kleinen, langsamen Schritten vor sich hin. Am Ende des Marsches fühlten sich diejenigen, die den glücklichen Gang geübt hatten, fröhlich und voller Energie, doch diejenigen, die das Schlurfen geübt hatten, waren traurig und niedergeschlagen.

Interessanterweise wird dieses Wissen von unserer Umgangssprache reflektiert. Wir sagen, das Leben würde uns »runterholen« und wissen, wie es ist, wegen äußerer Umstände so müde und entmutigt zu sein, daß wir buchstäblich unter ihnen zusammenbrechen. Unsere Körperhaltung drückt das nicht nur aus, sondern sie trägt auch zu den chemischen Folgen unserer Entmutigung bei. Wir können uns eine Energiespritze geben, indem wir anfangen, unsere Körperchemie zu verändern, und uns darauf vorbereiten, der Lage Herr zu werden, indem wir uns aufrichten. Gehen Sie so durch die Gegend, als seien Sie ganz oben, und bald werden Sie sich auch so fühlen.

Das ist nicht nur ein Trick, um Sie davon abzuhalten, sich schlecht zu fühlen. Es steht fest, daß Laufen und Bewegung im allgemeinen die Laune heben und ein gutes Mittel gegen Depressionen darstellen. Sie verändern die Körperchemie und stärken das Immunsystem. Es ist auch ein gutes Gefühl, draußen an der frischen Luft zu sein und einen schönen Spaziergang zu machen.

Cayce empfiehlt, daß wir lächeln sollen, um unsere Stimmung zu heben. Er sagt, wenn wir diese Methode anwenden, werden wir uns besser fühlen, wenn wir unglücklich sind. Laboruntersuchungen haben die Wirksamkeit seiner Empfehlung nachgewiesen.

In einer anderen, ziemlich ungewöhnlichen Studie veränderten die Forscher den Gesichtsausdruck ihrer Versuchspersonen per Hand und drückten ihnen auf die Augenbrauen und Lippen, um ein zusammengekniffenes oder ein lächelndes Gesicht zu erzeugen. Sie stellten fest, daß diese erzwungene Mimik emotionale Folgen hatten. Es macht Menschen traurig, wenn sie die Augenbrauen zusammenziehen, während es sie glücklich macht, zu lächeln.

Was ist, wenn Sie einfach keine Lust haben, zu lächeln, und niemanden haben, der Ihre Muskeln für Sie bewegt? Die Ergebnisse dieser Studie lassen darauf schließen, daß dieselbe Wirkung auftreten würde, wenn Sie sich einen Bleistift zwischen die Zähne stecken würden. In einem zweiten Versuch schauten sich die Leute witzige Zeichnungen an, die sie nach dem Grad an Humor einstufen sollten, wobei jemand ihnen einen Bleistift zwischen die Zähne hielt oder in den Mund steckte. Wenn man den Bleistift im Mund hielt, konnte man nicht lächeln, während er zwischen den Lippen zu einem Lächeln zwang. Die Menschen mit den zusammengekniffenen Lippen fanden die Zeichnungen nicht sehr witzig, während die mit dem Lächeln durchaus belustigt waren. Unabsichtlich öffneten die Lachmuskeln in ihrem Gesicht ihr Herz dem Humor.

Wenn Sie sich deprimiert fühlen würden, wären Sie willens, einen Bleistift zwischen die Zähne zu klemmen, um ein Lächeln zu forcieren? Die Forschung hat die Effektivität von Cayce' Ideen über den Einsatz von Körpertechniken, um die Stimmung zu heben, bestätigt. Sind Sie willens, Ihre Laune liften zu lassen? Das ist eine wichtige Frage, die zu Ihnen und Ihren Möglichkeiten zurückführt. Wie entscheiden Sie sich,

sich fühlen zu wollen? Wenn Sie sich besser fühlen wollen, müssen Sie eine konstruktive Einstellung bekommen. Wenn Sie das Gefühl haben möchten, einen Einfluß auf Ihre Lebensumstände zu haben, gibt es Dinge, die Sie tun können, um sich darauf vorzubereiten.

Cayce beschreibt ein Bild, das einen Kreis schließt, auf dem es für jeden einen Platz gibt, der am kreativen Prozeß des Lebens teilhaben möchte, ob er nun krank ist oder nicht. Man fängt damit an, daß man sich ein spirituelles Ziel setzt und aus dieser Einstellung angemessene Taten ableitet. So wird der Geist im Körperlichen manifestiert. Wenn die Dinge so schlimm sind, daß Sie es nicht schaffen, ein motivierendes Bild Ihres Ideals heraufzubeschwören, und Sie sich nicht dazu bringen können, eine positive Haltung einzunehmen, können Sie mit etwas sehr Einfachem beginnen. Sie können so tun, als fühlten Sie sich besser, und sich so verhalten, als hätten Sie bereits eine positive Einstellung gefunden. Sie können einen Spaziergang machen und jemanden anlächeln, auch wenn Sie sich traurig fühlen. Dieses Unternehmen wird eine Auswirkung auf Ihren Körper haben, die es Ihnen leichter macht, zu erwägen, ob Sie nicht doch eine zuversichtlichere Einstellung wählen sollen. Dadurch werden Sie sich Ihr Ideal leichter vorstellen können, Ihre Lage in den Griff bekommen und Ihren Glauben wiederfinden, daß Sie etwas bewirken können, um dann einen weiteren Schritt vorwärts zu machen. Schritt für Schritt, Zentimeter für Zentimeter gelingt es Ihnen, Ihre Situation zum Besseren zu verändern.

Es bedarf einiger Anstrengung, aber Sie sind nicht allein. Das Ideal, an das Sie glauben, hat seine eigene Macht, Ihnen zu helfen. Es ist nicht eine Frage der eigenen Willenskraft, sondern sie lautet vielmehr, ob Sie willens sind, alles zu tun, wozu Sie in der Lage sind, damit Ihr Ideal sich in Ihrem Leben verwirklichen kann – mehr wird nicht verlangt.

Kapitel 9

Was ist Ihr Wille?

Der Wille ist die Fähigkeit, zu wählen und sich Einflüssen zu öffnen.

Edgar Cayce, 1608-1

Als Janets Mann plötzlich wieder vor der Tür stand, wurde ihre Verpflichtung gegenüber ihrem neu formulierten Ideal auf die Probe gestellt. Was war ihr Wille?

Vielleicht war es, weil sein Leben sich nicht zum Besseren gewendet hatte, als er sich von dem befreit hatte, was er für eine schlechte Ehe hielt. Vielleicht fehlte ihm jemand, dem er für seine Unzulänglichkeiten die Schuld geben konnte. Was immer der Grund war, Janets Gatte kehrte zurück und schlug eine Versöhnung vor.

Er war voller Entschuldigungen und sagte, er wäre an allem schuld und sei jetzt ein anderer Mensch. Er meinte, er brauche jemanden, der an ihn glaube. Er brauche seine Familie, um ihn zu einem guten Leben anzuhalten.

Janet war versucht, ihm gefällig zu sein und ihre Ehe wieder aufzunehmen. Alte Gewohnheiten sind schwer aufzugeben. Er brauchte sie eindeutig, und sie würde ihr Selbstwertgefühl wiedererlangen, wenn er sie akzeptierte und lobte. Es war ein bekanntes Muster, das auf der Hand lag und leicht zugänglich war. Er wollte sie wieder haben, und sie mochte es, wenn man sie schätzte.

Auch wenn sie sich zu einer sofortigen Entscheidung gedrängt fühlte, zögerte Janet und erbat sich etwas Zeit, um darüber nachzudenken. Sie wollte aus der Sicht ihres Ideals von intelligenter Liebe über ihre Möglichkeiten nachdenken. Sie wußte, daß sie Zeit benötigte, um sich mit ihren neuen Lebensgrundlagen zurechtzufinden. Sie akzeptierte ihre Wünsche und respektierte ihre Bedürfnisse.

Sie gestand ihrem Mann ein, daß sie nicht das zu haben schien, was er brauche, um seine Bedürfnisse zu befriedigen, und schlug vor, daß er sich einem Alkoholentzug unterziehen solle, während sie daran arbeite, wieder Boden unter den Füßen zu bekommen. Wenn er nüchtern sei und Arbeit habe, und wenn sie etwas mehr Selbstvertrauen als unabhängige Frau und arbeitende Mutter gefunden habe, wäre sie bereit, die Aussicht eines gemeinsamen Lebens in Betracht zu ziehen. Sie sagte ihm, sie hoffe, alles werde gut, und die Zeit werde es zeigen.

Zu mir sagte Janet, wie erstaunt sie über das sei, was geschehen war. Sie hätte nicht gedacht, daß das Angebot ihres Mannes so verlockend für sie wäre. Sie liebte ihn immer noch und war mehr als nur bereit, die Möglichkeit einer Versöhnung ins Auge zu fassen. Was sie auch überraschte, war, daß sie den Willen aufgebracht hatte, sich den Plänen ihres Mannes zu widersetzen. Sie sagte, als sie zu dem Gefühl von intelligenter Liebe meditiert habe, habe sie entdeckt, daß sie ihr Bedürfnis nach Selbstvertrauen mehr respektierte als alles andere. Sie war bereit, alles zu tun, um es wiederzufinden.

Für Janet fühlte es sich nicht richtig an, in diesem Augenblick zu ihrem Mann zurückzukehren, aber ihre Antwort auf seine Aufforderung machte sie sehr nervös. Würde sich eine gute Mutter nicht Eltern für ihr Kind wünschen, die unter einem Dach lebten? Was war, wenn ihr Mann kein zweites Mal zurückkam? War es nicht eogistisch von ihr, ihre Bedürfnisse über die seinen zu stellen? Sie stand wegen ihres idealistischen Einflusses vielerlei Ängste aus, aber sie freute sich auf die Aussicht eines neuen Lebens. Sie hatte keinerlei Garantie, daß es klappen würde. Alles, woran sie sich festhalten konnte, war, daß ihre Entscheidungen sich richtig anfühlten, wenn sie sie im Lichte Ihres Ideals betrachtete. Sie war bereit, diesem Gefühl zu folgen.

Eine Alternative zur Willensanstrengung

Sie können Ihr Ideal wählen und Ihren Willen haben. Doch wie Janet werden Sie sich vielleicht die Frage stellen müssen, ob Sie die Dinge wirklich so haben wollen, wie Sie es entschieden haben. Cayce malt ein ziemlich optimistisches Bild der Möglichkeiten, die Ihnen offenstehen, wenn Sie mit der Kraft Ihres Bewußtseins auf ein Ideal setzen. Das klingt gut, kann aber unrealistisch sein, weil es davon abhängt, was Sie wirklich wollen.

Es ist leicht, zu sagen, wählen Sie ein Ideal, richten Sie es so ein, daß Ihre Einstellung dazu positiv bleibt, und machen Sie einen Spaziergang, wenn Sie sich mies fühlen. Das gleicht einer heroischen Willensanstrengung und enorm viel Arbeit. Wenn wir deprimiert sind, uns schlecht fühlen oder auch nur müde oder krank sind, Angst haben oder uns überwältigt fühlen, kann man doch nicht auch noch von uns verlangen, daß wir uns anstrengen? Was ist, wenn Sie sich nicht dazu bringen können, zu lächeln, wenn Sie niedergeschlagen sind? Jedem, der behauptet, man könne immer so, wie man wolle, ist es noch nie wirklich schlecht gegangen.

Zu glauben, man könne immer seinen Willen durchsetzen, klingt auch leicht größenwahnsinnig. Es kommt uns irgendwie nicht richtig vor, zu erwarten, man werde immer alles kriegen, was man will. Nicht nur erscheint es uns egoistisch und manipulativ, sondern auch leicht wirr. Es ist eine Sache, anzunehmen, der Glaube könne Berge versetzen, aber wir vermuten, daß Gier einen Berg zerstören kann.

Die Cayce-Lesungen bieten eine Sicht an, die uns dabei hilft, sowohl die Falle der Willensanstrengung als auch das Übel egoistischer Wünsche zu umgehen.

Als wir uns mit dem Problem des Heilens von negativen Einstellungen befaßten, haben wir gesehen, daß es wenig Sinn hat, das Negative zu bekämpfen. Statt dessen sollen wir es durch eine positive Alternative ersetzen. Ebenso wirkt es sich oft kontraproduktiv aus, sich auf eine reine Willensanstrengung zu verlassen. Die bessere Strategie wäre, eine höhere Art Willen anzuzapfen. Sich auf einen höheren Willen zu beziehen, der sich als ein Ideal ausdrückt, hilft uns dabei, unser Verhalten nach spirituellen Werten auszurichten und führt uns zum Einsatz der höheren Kräfte des Bewußtseins.

Die neun Qualitäten des Willens

Versteckt hinter unseren heroischen Willensanstrengungen stellt der wahre Wille die dynamische Antriebskraft der Seele dar. Für Cayce besteht die Seele aus den drei Dimensionen: Wille, Geist und Bewußtsein. In seinem Buch *Paradox of Power: Balancing Personal and Higher Will* bietet Marc Thurston eine eingehende Diskussion von Cayce' Verständnis des Willens an. Als er Cayce' zahllose Bezüge auf den Willen untersuchte, stellte er fest, daß Cayce dem Willen neun grundlegende Qualitäten zuschreibt.

1. Der Wille wählt. Seelen verfügen über denselben freien Willen wie ihr Schöpfer, die Freiheit, sich zu entscheiden und zu wählen. Unter den verschiedenen Mustern, die vom Be-

wußtsein geschaffen werden, wählt der Wille das, auf das er seine Aufmerksamkeit richten möchte. Der Weg, den diese Aufmerksamkeit nimmt, ist ein guter Ort, um dem Willen auf die Spur zu kommen, weil unsere Aufmerksamkeit unserem Willen folgt. Wenn der Wille ausgeschaltet ist, wird unsere Aufmerksamkeit und unser Verhalten den Weg alter Gewohnheiten beschreiten. Ist der Wille aktiv, sind wir uns unserer Wahl bewußter, und wir sind mehr in Berührung mit unserer Wirklichkeit als schöpferische Seelen.

2. Der Wille ist das aktive Prinzip der Seele. Ihre geistige Dimension besteht aus reiner Energie, ohne Muster und Richtung. Das Bewußtsein formt die Energie zu Mustern, während der Wille diese Muster lenkt. Er liefert der Seele ihren Antrieb zu Wachstum und Entwicklung. Ohne den Willen wird der Ausdruck von Geist völlig von unseren Bewußtseinsmustern bestimmt. Wenn dieses aktive Prinzip stagniert oder verborgen ist, scheinen unsere Handlungen die passiven Folgen unserer Gewohnheiten oder Stimmungen zu sein.

3. Der Wille motiviert und hilft uns dabei, eine Initiative zu ergreifen. Sie bewegt uns in eine bestimmte Richtung und leitet unsere Energie in aktive Bahnen. Wenn der Wille schläft, fällt es uns schwer, mit unseren Handlungen auf unsere Bedürfnisse einzugehen. Wir stecken auf der Lebensstufe der Tagträume und Wünsche fest und sind voller guter Absichten, aber wir scheinen nichts damit anfangen zu können.

4. Der Wille verändert. Er unterbricht uns in einer Gedankenkette und sagt: »Halt! So brauche ich nicht zu denken!« Geistige Muster haben ein Eigenleben und folgen den Regeln des Bewußtseins. Der Wille kann dem Bewußtsein eine Richtung verleihen, ihn auf ein neues Ziel richten, und uns aus der Umklammerung eines geistigen Musters befreien. Wenn der

Wille sich einschaltet, kann er unsere Gewohnheiten verändern. Cayce weist darauf hin, daß unser Wille uns von unserer Vergangenheit befreit.

5. Der Wille entwickelt. Während unsere Bewußtseinsmuster von der Vergangenheit bestimmt werden, richtet sich der Wille auf die Zukunft. Das Bewußtsein kennt Muster, der Wille Ziele. Während das Bewußtsein von einem Muster zum anderen überwechseln kann, hält der Wille an einem bestimmten Muster fest und bleibt bis zum Erreichen seines Ziels dabei. Während wiederholte Reize das Bewußtsein schnell langweilen, hat der Wille die Geduld, um konzentriert zu bleiben, bis er sein Ziel erreicht hat.

6. Der Wille individualisiert. Er unterscheidet unsere Einmaligkeit oder unser wahres Selbst von unserer Persönlichkeit. Im Verlauf eines Lebens werden wir mit Abertausenden von Möglichkeiten konfrontiert, die alle zu einem anderen Ziel führen. Unser individueller Lebensweg wird von der Gesamtsumme unserer Entscheidungen gebildet.

7. Der Wille leitet uns an. Wie können wir ohne Entscheidungsgrundlage unter den Mustern des Bewußtseins wählen? Der Wille herrscht über unsere Entscheidungen und kann auch die kreative Funktion unseres Bewußtseins anleiten. Einmal erweckt, ist der Wille ein führendes Element, an das wir uns um Hilfe und Anleitung wenden können. Gleichzeitig ist er auch ein Agent des Gehorsams, jener Teil von uns, der bereit ist, sich dessen Einfluß auszusetzen.

8. Der Wille macht es möglich, daß wir uns von Einflüssen führen lassen können, die über das individuelle Selbst hinausgehen. Er öffnet uns dem Einfluß der spirituellen Kräfte, die in einem Ideal enthalten sind.

9. Schließlich ist der Wille der Gegenspieler des Bewußtseins. Viele von den Eigenschaften des Willens, die wir erörtert haben, enthalten irgendeine Opposition gegen das Be-

wußtsein. Der Wille kann sich den Gewohnheiten des Bewußtseins widersetzen, seiner Macht widerstehen und seine Trägheit beschleunigen. Die meiste Zeit, wenn wir über den Willen sprechen, meinen wir damit einen Kampf des Verstandes, der sich seiner Kontrolle entziehen möchte oder ihn zu beherrschen sucht. Die Willenskraft gehört in den Bereich des Verstands. Es ist ein falscher Wille. Willensanstrengungen sind eine Schöpfung des Intellekts, die ihn für seinen Kontaktverlust mit dem wahren Willen kompensieren sollen. Um zu lernen, unseren wahren Willen zu erwecken, müssen wir tiefer als der Verstand gehen.

Der Wille ist körperlich

Der Wille ist ein aktives Prinzip. Er ist körperlich. Wenn wir unseren Körper dazu bringen, sich so zu bewegen, wie wir es möchten, setzen wir unseren Willen in die Tat um. Unsere Augen und unser Kopf wenden sich in die Richtung unserer Aufmerksamkeit, und unsere Arme strecken sich den Dingen entgegen, denen unser Interesse gilt. Erst kriechen, dann gehen wir. Wenn wir unseren Körper besser koordinieren lernen, können wir mehr von unserem Willen in die materielle Tat umsetzen.

Sind wir einmal erwachsen, drückt unser Körper unseren Willen aus, ohne daß wir darüber nachdenken müssen. Unsere Körperbewegungen laufen so automatisch ab, daß wir sie für selbstverständlich halten. Nur wenn wir versuchen, etwas Neues zu lernen, oder wenn wir mit einem Unfall oder einer Behinderung konfrontiert sind, merken wir, daß unser Wille und unsere Körperbewegungen nicht automatisch dasselbe sind. Wenn wir lernen wollen, Ballett zu tanzen, Golf oder Tennis zu spielen oder Gitarre zu zupfen, müssen wir uns bewußt werden, wie der Körper sich bewegt, um unseren Willen in die Tat umsetzen zu können. Unter normalen Umständen wird unser Körper jedoch von einem unbewußten Willen regiert, mehr als durch eine bewußte Willensanstrengung.

Der Wille, der außerhalb unserer bewußten Wahrnehmung wirkt, regelt unsere Lebenskraft. Cayce weist darauf hin, daß die spirituelle Ebene des Willens durch das Kehl-Chakra stattfindet, das der Schilddrüse entspricht. Eine der wichtigsten Aufgaben der Schilddrüse besteht darin, den Körperhaushalt und den Energiebedarf des Körpers zu regeln. Wie wir im letzten Kapitel erfahren haben, stehen die Drüsen des endokrinen Systems sowohl miteinander als auch mit dem Nervensystem in Verbindung. Die Tätigkeit der Schilddrüsen beeinflußt die anderen Körperbereiche, wie sie auch von ihnen beeinflußt wird.

Das autonome Nervensystem regelt die Mechanismen des Körpers unter der Herrschaft des Unterbewußtseins. Hier haben wir einen weiteren Aspekt der Funktion des Willens. Es ist der Wille des Körpers, daß sein Herz schlägt und seine Lungen atmen, zu verdauen und seine Energie zum Wohl des Körpers umzusetzen. Für unsere Gesundheit und unsere Genesung von Krankheit spielt unser Lebenswille eine wichtige Rolle. Der Lebenswille drückt sich in Instinkten, Reflexen und Bedürfnissen aus. Das Überleben unseres Körpers hängt vom Funktionieren unseres Willens auf dieser grundsätzlichen Ebene ab. Unsere Hand vor einer heißen Herdplatte zurückzuziehen oder zum Schutz mit den Augen zu blinzeln, sind beides unentbehrliche Reflexe für unser Überleben. Wenn es dem Körper an Wasser oder Nahrung mangelt, entwickeln wir Hunger- und Durstgefühle. Die Regelung von Essen und Trinken ist ein Prozeß, der vom gesunden Funktionieren des Willens abhängt.

An unseren Bedürfnissen können wir leicht ablesen, wo Verzerrungen im Körperhaushalt auftreten können. Ein extremes Beispiel: Mäuse, denen man die Wahl zwischen Essen, Wasser und Kokain gibt, wählen bald nur noch das Kokain. Während sie auf Wasser und Nahrung verzichten, nehmen sie das Kokain bis zu ihrem vorzeitigen Tod zu sich. Menschen, die eine Drogenabhängigkeit entwickelt haben, weisen ähnlich selbstzerstörerische Verhaltensweisen auf. Süchte sind ein offensichtliches Beispiel dafür, wie ein chemischer Vorgang innerhalb des Körpers den Willen eines Menschen lahmlegen und aus ihm die Geisel seiner Gelüste machen kann.

Wie bei jeder Geiselnahme erhält auch die Sucht Macht, indem sie Druck auf den Überlebenswillen des Körpers ausübt. Süchtiges Verlangen bringt auf eine pervertierte Art sogar die innere Weisheit des Körpers zum Ausdruck. Wenn wir Drogen konsumieren oder uns überessen, versucht der Körper, zu kompensieren und ein inneres Gleichgewicht herzustellen. Bei fortgeführter Einnahme gewöhnt sich der Körper an die chemischen Zusätze und rechnet mit ihnen. Deshalb vermißt er sie, wenn ihre Zufuhr nicht erfolgt. Er würde langsam zu seinem normalen Gleichgewicht zurückfinden, doch das Verlangen, das in der Zwischenzeit erlebt wird, regt dazu an, das Verhalten zu wiederholen. So bildet sich die körperliche Sucht.

Edgar Cayce berücksichtigt diesen kompensatorischen Körperprozeß, wenn er Anregungen dazu gibt, wie wir unsere Süchte überwinden können. Er sieht in diesem Verlangen einen chemischen Ablauf, der dem mittlerweile pervertierten Willen des Körpers entspricht, und meint, wir sollen nicht gegen diesen Willen ankämpfen, sondern ihn vielmehr umerziehen. Er verschreibt verschiedene alternative Substanzen, die eingenommen werden können, um dem Körper dabei zu helfen, sich auf den Entzug von Suchtmitteln einzustellen.

Menschen, die zuviel essen, schlägt er vor, sie sollen, um weniger Appetit zu haben, vor den Mahlzeiten ein Glas verdünnten Traubensaft trinken. Alkoholikern empfiehlt er eine individuelle Menge Goldchlorid, das in Sodawasser verrührt wird. Gewissen Rauchern rät er, ein bestimmtes Kräutersalz zu benutzen. Weitere Vorschläge finden Sie in *Das große Edgar-Cayce-Gesundheitsbuch* (siehe Literaturhinweise).

Wir drücken uns durch unseren Körper aus und sind auf seine Gesundheit angewiesen, damit sich unser Wille in Übereinstimmung mit unseren Zielen vermitteln kann. Genügend Bewegung, eine ausgewogene Ernährung und eine minimale Einnahme von gewohnheitsbildenden Substanzen (Zucker, Kaffee, Salz, Alkohol, Tabak usw.) helfen uns, sicherzustellen, daß unser Körper nicht von seiner Aufgabe abgelenkt wird. Ein Mißbrauch des Körpers lenkt den Willen ab, weil dieser sich um die Aufgabe kümmern muß, unseren selbstzerstörerischen Gewohnheiten entgegenzuwirken. Dasselbe Prinzip kann man bei anderen Willensstörungen erkennen, wo Cayce' Heilansatz – das Negative durch das Positive unterwandern – die Formel bleibt, um das eigene innere Gleichgewicht wiederherzustellen. Gesunde Gewohnheiten und Bedürfnisse können genauso kultiviert werden wie positive Einstellungen.

Der Wille im Konflikt

Joe war immer spät dran. Er kam zu spät zur Arbeit, zu seinen Terminen und zu seinen Verabredungen und meinte scherzhaft, er sei sogar zu seiner eigenen Geburt zu spät gekommen. Joe schien ziemlich betrübt wegen seiner gewohnheitsmäßigen Verspätung, weil er einen Haufen Ärger damit hatte.

Seine Mitarbeiter regten sich über ihn auf, seine Freunde

hielten ihn für unzuverlässig. Er hatte viele verschiedene Strategien ausprobiert, um zu lernen, pünktlich zu sein, und hatte sogar eine Armbanduhr gekauft. Er führte eine Agenda und hielt seine Termine schriftlich fest. Gleichgültig, was er versuchte, es klappte einfach nicht. Seinem Vorgesetzten machte dieses Problem verständlicherweise Sorgen. Nachdem er mehrmals versucht hatte, gemeinsam mit Joe eine Lösung zu finden, schlug er vor, daß Joe sich psychologisch beraten lassen sollte.

Joe stellte sich mir als ein absoluter Versager vor. Er hatte sich eine unterwürfige Art angewöhnt, und entschuldigte sich ständig. Die Vorwürfe, die er sich gefallen lassen mußte, taten ihm offensichtlich weh. Er wollte, daß die anderen mit ihm zufrieden waren, war viele Verpflichtungen eingegangen und hatte eine Menge Versprechen abgegeben, doch nur wenig davon eingelöst. Er schämte sich, weil er andere so oft enttäuschte und stellte sich als jemand dar, der die Kontrolle völlig verloren hat. Joe hoffte, daß es mir gelingen würde, seine Willenskraft zu stärken, damit er sein Leben in Ordnung bringen könnte.

Joe war ein typisches Arbeitstier, das mehr Arbeit annahm, als er bewältigen konnte, an mehreren Aufgaben gleichzeitig arbeitete und immer in Eile war. Nicht nur war er immer spät dran, sondern er war mit allem im Rückstand. Neben seiner regelmäßigen Tätigkeit hatte er eine Teilzeitarbeit angenommen, und er führte nebenbei ein eigenes Geschäft. Er hatte kaum Zeit für sich selbst und schien wenig Befriedigung aus seinem Leben zu ziehen.

Je mehr ich jedoch über Joe erfuhr, desto eher vermutete ich, daß sein Leben sich mehr unter seiner Kontrolle befand, als er es zugeben wollte. Joes absehbare Verspätung schien eine Kompensation für seinen scheinbaren Mangel an Kontrolle zu sein. Er konnte nicht nein sagen und keinen Auftrag ablehnen, aber er wußte, wie man zu spät kommt. Verspätung zu haben war seine Art, nein zu sagen, ein Weg, um sich gegen die Hast seines Lebens aufzulehnen. Sein inneres Wesen rebellierte. Was würde Joe ohne seine Verspätung davon abhalten, sein geschäftiges Leben weiterhin zu führen? Mit seiner Arbeit in Verzug zu sein war Joes Art, seinen Zeitplan zu bewältigen.

Joe fehlte es an Willen, Kontrolle über sein Leben zu erlangen, weil das bedeutet hätte, daß er die Verantwortung für seine Entscheidungen hätte übernehmen müssen. Er konnte es nicht allen recht machen, und irgend jemand würde ihm böse sein, weil er sich nicht für ihn entschieden hatte. Mehr als er selbst, war Joes überfüllter Zeitplan daran schuld. Sein Zuspätkommen war etwas, bei dem die Leute ihm zu helfen versuchten, und lernten, es zu berücksichtigen. Er hatte Angst, daß er nicht auf die Art Verständnis und Unterstützung stoßen würde, wenn er aufstehen und erklären würde: »Ich will dies oder jenes nicht tun und werde es auch nicht tun.« Statt dessen rang er sich zu dem Lippenbekenntnis durch, daß er sich anstrengen und ein guter Kollege sein wollte. Er versuchte, pünktlich zu sein, und er versuchte, seine Arbeit rechtzeitig zu erledigen.

Joe war sich seines geheimen Grolls nicht bewußt. Er wußte nicht, daß er aus einer Art Protest absichtlich zu spät kam, und glaubte aufrichtig, daß er versuchte, die Willenskraft aufzubringen, rechtzeitig an einem bestimmten Ort zu sein und seine Arbeit innerhalb kurzer Fristen abzuliefern. Während unserer Sitzungen wurde er sich dieser ablehnenden und rebellischen Gefühle bewußt. Sie waren ein geheimer Teil von ihm, von dem er nichts wissen wollte. Ihm war wohler, wenn er ihnen widerstand, sie bekämpfte und verurteilte. Sein bewußter Wille war auf der Seite seines öffentlichen Selbst – dem fleißigen, überforderten Arbeitstier, doch sein innerer

Wille war auf der Seite seines müden, vernachlässigten, abgewiesenen Selbst.

Ich ließ Joe üben, seinen Willen zurückzuerobern. Ich bat ihn, zu seinem »schlechten« Benehmen zu stehen und sich selbst, aber nicht unbedingt anderen, einzugestehen, daß er sich absichtlich verspätete. Dann sollte er sich fragen, warum er das mache. Auf diese Weise lernte er dem rebellischen Teil seiner selbst zu danken, denn es war der einzige Teil von ihm, der tatsächlich zu seinen Gefühlen stand, weil Joe das nicht übernehmen wollte. Er fand heraus, daß dieser geheime Teil intuitiv auf die Ereignisse reagierte, wohingegen Joes bewußte Reaktion darin bestand, über alles endlos lange nachzudenken. Was er sein faules Selbst nannte, war tatsächlich in bestimmter Hinsicht viel begabter als Joe und hatte ihm viel anzubieten. Sein innerer Rebell lehrte ihn, wie er sich wirklich fühlte. Dort war der Sitz seines wahren Willens, dessen Kräfte größer waren als Joes bewußter Wille.

In unseren gemeinsamen Sitzungen lernte er, sein geheimes Selbst zu respektieren und auf dessen Rat zu hören. Er mußte lernen, sein Bedürfnis nach Freizeit und weniger Arbeit zu berücksichtigen und hatte zunächst Mühe, offen zu seinem Wunsch nach mehr Muße zu stehen, aber mit der Zeit gelang ihm dies. Schließlich brachte er es fertig, seine Teilzeitstelle zu kündigen und sein Geschäft aufzugeben. Er hatte jetzt weniger Geld, aber mehr Zeit für sich. Er erinnerte sich an seine Begeisterung für Kunst und Kunsthandwerk und ging wieder ins Kino. Überhaupt war er viel gelöster. Bei seiner Arbeit war er jetzt pünktlich und holte seinen Arbeitsrückstand auf. Bald wurde er befördert und erhielt eine Lohnerhöhung, die das verlorene Einkommen aus der Teilzeitbeschäftigung mehr als wettmachte.

Joe fühlte sich jetzt Herr über sein Leben, und er war mehr in Kontakt mit sich selbst. Für ihn wurde das Horchen auf den geheimen Teil seines Selbst zum Hören auf seine immer noch sehr leise innere Stimme. Er war jetzt in Berührung mit einer inspirierenden Führungsquelle in seinem Innern. Manchmal mußte er sich noch seine Unabhängigkeit von ihrem Rat beweisen, doch er stellte fest, daß es ihn eine große Willensanstrengung kostete, gegen seinen inneren Willen anzukämpfen. Er begann zu entdecken, daß es nicht der Mühe wert war. Wenn er bereit war, auf seine innere Stimme zu hören, ging sein Leben viel reibungsloser vonstatten. Er hatte die Macht und den Frieden entdeckt, die entstehen, wenn man in Übereinstimmung mit seinem wahren Willen lebt.

Joes Geschichte hat uns allen etwas zu sagen. Sehr oft sind die Symptome oder Gewohnheiten, die wir durch eine reine Willensanstrengung verändern wollen, Ausdruck unseres wahren Willens, der unbewußt bleibt, weil wir unsere wahren Gefühle nicht kennen. Der Verstand setzt seine Willenskraft oft anstelle des eigentlichen Willens ein, wenn er etwas haben möchte.

Es zahlt sich in der Regel aus, wenn man das Symptom befragt, welchen Willen es zum Ausdruck bringt. Es geht um das Prinzip, sich nicht zu widersetzen, sondern statt dessen nach dem Sinn hinter dem Symptom zu suchen, dem Bedürfnis, dem es entspricht. Wenn wir das Bedürfnis kennen, können wir ihm auf eine konstruktive Weise begegnen. Dieser Prozeß bringt das Bewußtsein in größere Übereinstimmung mit unserem wahren Willen, damit beide zusammenarbeiten können, um bessere Ergebnisse zu erzielen.

Wie Joe herausfand, bedeutete, in Verbindung mit dem inneren Willen zu sein, auch den Genuß einer intuitiven Führung. Häufig, wenn der Verstand mit seinen Willensanstrengungen zu sehr dominiert, versteckt sich die Quelle des Willens. Sie kann sich hinter einem Symptom, hinter Trägheit oder Widerstand gegen die Dinge verstecken, die unser Verstand von uns verlangt. Wenn der Verstand bereit ist, sich ihrer Führung zu überlassen und auf sie zu hören, kann die Stimme der Bereitschaft sprechen.

Das Erlebnis von Bereitschaft

Nur ein sehr geringer Teil unseres Willens entspringt unserem Verstand. Er kann bewußt gemacht werden, aber dazu braucht es eine ehrliche Selbsteinschätzung, und man muß die Freiheit erleben, die damit einhergeht, wenn man sich seiner wahren Natur als spirituelles Wesen hingibt. Das Bewußtsein muß in seinen Willensanstrengungen nachlassen und ein Modell übernehmen, das auf Bereitschaft beruht.

Bereitschaft zu erfahren, ist das Erlebnis, das dem wahren Willen zunächst am nächsten kommt. Bereitschaft kommt uns vielleicht wie das Gegenteil des Willens vor, vor allem, wenn der Maßstab dafür die Willenskraft ist. In ihr sehen wir eine Stärke, während Bereitschaft uns wie eine Schwäche vorkommt. Es liegt eine große Kraft in wahrem Willen, ähnlich der, die wir mit einer bewußten Willensanstrengung in Verbindung bringen, wenn das Bewußtsein höchste Bereitschaft erfährt.

Wenn wir sagen: »Ich bin bereit, alles zu tun, was nötig ist, um . . .«, drücken wir unseren wahren Willen aus. Wenn wir eine solche Aussage machen, geben wir zu, daß unsere Wahl einer Richtung oder eines Ziels nicht willkürlich ist, denn wir haben keine Wahl, außer so zu handeln, wie wir es tun. Diese zwingende Eigenschaft ist dem wahren Willen zu verdanken. Das ist ein anderes Gefühl als Willenskraft.

Willensstärke geht mit dem Gefühl der Anstrengung einher, einen Widerstand überwinden zu müssen, während der Ausdruck von Wille mehr ein Gefühl von Entschlossenheit vermittelt. Willenskraft einzusetzen, verlangt von uns, daß wir uns ständig zugunsten unseres Willens entscheiden. Jeder Augenblick bringt die Versuchung, dem Impuls nachzugeben und die Anstrengung zu unterlassen. Der Ausdruck von authentischem Willen verlangt jedoch nicht von uns, daß wir uns ständig für ihn entscheiden. Die Entscheidung scheint festzustehen.

Die meisten von uns können zwischen den Zeiten unterscheiden, als wir unsere Willenskraft ständig bezwingen mußten, und Situationen, wo unser authentischer Wille dominierte und wir sein williger Diener waren. Der erste Zustand wirkt bald ermüdend, der zweite hingegen, als hätten wir uns auf ein Abenteuer eingelassen. Der Beschluß reißt uns mit. Vom Gesichtspunkt des Bewußtseins aus ist ein Willensakt etwas wie eine freiwillige Hingabe an eine Entscheidung, so daß das, was folgt, sich mehr wie ein unfreiwilliges Nachgeben anfühlt. Bereitschaft ist eine willentliche Entscheidung, die zur nicht willentlichen Befolgung des Willens führt. Wir tun, was getan werden muß.

Die Bereitschaft, sich einer höheren Macht unterzuordnen

Menschen, die in Zeiten ihres Lebens zu mir kamen, in denen sie sich entscheiden mußten, haben ganz ähnliche Erfahrungen mit dem wahren Willen gemacht. Es braucht keinerlei Anstrengung, um seine Entscheidungen durchzuführen, und erfordert keinen Kampf und keine Durchsetzungskraft. Man ist einfach bereit zu tun, was nötig ist.

Es dürfte uns nicht überraschen, daß religiöse Bekehrungen oft solche Willensakte bedeuten. Wenn Alkoholiker die Erfahrung machen, daß sie ihr Problem einer höheren Macht übertragen, erleben sie eine Erleichterung, weil sie sich jetzt nicht mehr selbst mit der Sache herumquälen müssen. Es ist vorbei. Ein höherer Wille wurde angerufen, und er nahm ihnen das Problem ab.

Das kann ich selbst bezeugen. Der erste Schritt bei meiner Genesung vom Alkoholismus war festzustellen, als ich nicht bereit war, mit dem Trinken aufzuhören. Die meisten Alkoholiker behaupten, sie hätten ihr Trinken unter Kontrolle. Es benötigte ein besonders schreckliches Erlebnis, damit ich erkannte, daß ich so gerne trank, daß ich nie freiwillig damit aufhören würde. Ich wußte, daß es mir ernst damit war, denn ich hatte schreckliche Angst, es zugeben zu müssen. Es war, als wäre mein Schicksal besiegelt worden. Ich war wirklich verzweifelt. Da erlebte ich den Kontakt zu meinem wahren Willen.

Später wurde mir bewußt, warum ich bereit war, alles zu tun, um trinken zu können. Alkoholismus ist eine Suche nach Geist. Durch das Trinken von Alkohol fühlte ich mich entspannt und in Harmonie und konnte mich dem Leben hingeben. Aber es war keine echte Hingabe. Ich behielt die Kontrolle und ließ den Geist in der Flasche. Wenn mir nach der Erfahrung von Harmonie war, schraubte ich sie auf. Danach kehrte ich zu meinem normalen Bewußtseinszustand zurück. Ich konnte zu meinen eigenen Bedingungen Harmonie herstellen und wollte die Macht über diese Situation nicht aufgeben.

Dafür beherrschte der Alkohol mein Leben. Ich ging zu Treffen der Anonymen Alkoholiker und akzeptierte die Tatsache, daß ich Alkoholiker war. Meine Geschichte war nicht einmalig, es war die Geschichte des Alkohols – grundsätzlich immer dieselbe. Ich war von einem Geist besessen, der sich meinen Machthunger zunutze machte. Solange ich darauf bestand, die Kontrolle zu behalten, würde ich weiterhin vom

Geist des Alkohols besessen sein. Das war eine ernüchternde Feststellung.

Es war auch befreiend, zu verstehen, daß ich eine höhere Macht einladen konnte, mein Leben zu bestimmen, wenn ich bereit war, mein Bedürfnis nach persönlicher Kontrolle aufzugeben. Ich konnte die Macht umlenken, die der Alkohol über mich hatte, auch wenn ich nicht wußte, wie ich mit dieser Einsicht umgehen sollte. Alles, was ich tun konnte, war, mir vorzustellen, wie es wäre und abzuwarten.

Eines Tages stellte ich fest, daß ich nicht mehr trinken konnte. Als ich an jenem Nachmittag zum Supermarkt ging und eine Flasche aus dem Regal nehmen wollte, merkte ich, daß ich zögerte. Ich wußte nicht, was ich empfand, aber ich hatte eindeutig das Gefühl: Trinken kommt für mich nicht mehr in Frage.

Als ich den Laden mit leeren Händen verließ, fragte ich mich, was los war. Hatte eine höhere Macht mir die Entscheidung abgenommen? Ich hatte nicht beschlossen, mit dem Trinken aufzuhören, und empfand eine gewisse Trauer über den Verlust. Auch wenn es schien, als hätte ich in der Sache keine Wahl, akzeptierte ich. Ich war bereit, nicht zu trinken. Seit diesem Augenblick habe ich nie irgendeine Willensanstrengung unternehmen müssen, um nicht zu trinken. Das ist die Freiheit, die durch die Bereitschaft entsteht, sich einer höheren Macht unterzuordnen.

Später erhielt ich einen Hinweis an meinen Anteil an der Tat meiner inneren höheren Macht. Als ich in meinem Traumtagebuch blätterte, stieß ich auf einen Traum, der einige Tage vor meiner Absage an den Alkohol stattgefunden hatte. In diesem Traum fand ich eine Flasche Whisky in einem Schrank und warf sie fort. Das dürfte die Entscheidung meiner Seele reflektiert haben, mit dem Trinken aufzuhören.

Auch wenn ich zu trinken aufhörte, war meine Suche nach

Geist nicht vorbei. Mein eigener Fall ist nur ein weiteres Beispiel für eine spirituelle Reise, die von einer persönlichen Krise ausgelöst wurde. Mein Drang nach Geist wurde von einer destruktiven Gewohnheit zu einer konstruktiven Suche nach innerer Freiheit und innerem Frieden abgelöst, die sich durch die Erforschung meiner Träume, durch Therapie, Meditation und die Anwendung meiner geistigen Fähigkeiten im Rahmen meiner familiären, gesellschaftlichen und beruflichen Beziehungen ausdrückte. Ich werde immer dankbar dafür sein, daß meine Erfahrung mit dem Alkohol mich das Geheimnis lehrte, mich einer höheren Macht hinzugeben.

Vorstellungskraft und Wille

Unseren höheren Willen beschwören, heißt, uns der Führung unserer Ideale hinzugeben. Es ist wichtig, daß wir uns unser Ideal so lebhaft vorstellen, daß es unwiderstehlich wird. Wird ein Ideal zwingend, können wir uns ihm hingeben. Wir nehmen es an und sind bereit, alles zu tun, was nötig ist, damit wir in Übereinstimmung mit diesem Ideal leben können.

So wird aus dem Ideal ein Sprungbrett, etwas, woran Sie sich halten können, denn aus seiner Macht wird Ihre Macht. Das ist viel besser, als die Zähne zusammenzubeißen beim Versuch, gut zu sein.

Wenn Sie eine Faust machen und sie geballt halten, bis Ihr Arm ermüdet und schmerzt, und dann versuchen, noch etwas länger durchzuhalten, wo bleibt da Ihr Wille? Der Entschluß, die Faust geschlossen zu lassen, stellt eine bewußte Willensanstrengung dar. Der Schmerz entlang Ihrem Handrücken ist Ausdruck Ihres Willens, der verlangt, daß der Druck aufrechterhalten wird. Die Faust geballt zu halten, ist eine bewußte Handlung, während der Schmerz unwillkürlich auftritt. Der Wille, Ihre Faust geschlossen zu halten, fordert, daß Sie immer wieder entscheiden müssen, mit Ihrer Anstrengung fortzufahren.

Jetzt stellen Sie sich vor, Sie würden etwas sehr Wertvolles in der Hand halten, aber jemand will es Ihnen stehlen und es Ihnen aus der Hand reißen. Versuchen Sie, sich diese Situation so lebhaft wie möglich vorzustellen. Der Dieb zerrt an Ihren Fingern, um Sie zu zwingen, Ihre Faust zu öffnen. Die Aussicht, daß man Ihnen Ihr Schmuckstück entwenden will, erschreckt Sie sehr, und Sie halten es ganz fest. Ihre Faust schließt sich wie ein eisernes Schloß um den Gegenstand. Das Schließen Ihrer Faust findet jetzt beinahe unwillkürlich statt. Sie können nicht anders, als sich gegen die Anstrengungen des Diebes zu wehren. Der Schmerz entlang Ihrer Hand fühlt sich nicht so an wie vorhin. Statt ein zerrender Schmerz zu sein, spüren Sie in ihm jetzt die Kraft Ihrer Entschlossenheit. Sie sind bereit, Ihre Faust so lange geschlossen zu halten, bis der Dieb aufgibt. Die Kraft, Ihre Faust geballt zu halten, ist dem zwingenden Wert dessen zu verdanken, woran Sie festhalten, und nicht Ihrer bewußten Willensanstrengung.

Dieses Beispiel enthüllt ein wichtiges Geheimnis über den Willen, die Vorstellung und die versteckten Mächte des Bewußtseins. Wir werden diese Kräfte im dritten Teil dieses Buchs erörtern, wobei es Ihnen von Nutzen sein wird, zu wissen, wie Sie sich Ihr höheres Selbst vergegenwärtigen können, wenn Sie bereit sind, es sich vorzustellen.

In unserem ersten Beispiel waren Sie durch Ihre Vorstellungskraft in der Lage, Ihren Willen zu beschwören. Indem Sie sich vorstellten, Sie würden etwas Wertvolles in der Hand halten und jemand würde versuchen, es zu stehlen, entschied Ihr Wille automatisch, Ihre Faust geschlossen zu halten. Ihre Vorstellung schuf eine Wirklichkeit, auf die Ihr Wille entsprechend reagierte. Sie brauchten sich nicht zu entschließen oder eine Willensanstrengung zu unternehmen, um Ihre Hand geschlossen zu halten.

Schließlich sollten Sie beachten, daß Ihr Wille sich einschaltete, um eine Faust zu machen, als Sie sich vorstellten, Sie hielten etwas Wertvolles in der Hand, während Ihre Rolle passiv war: Sie waren bereit, so lange wie nötig die Faust zu ballen. Wir haben bereits erwähnt, daß Bereitschaft die bewußte Entsprechung zum wahren Willen ist. Der Einsatz von Vorstellungskraft und Bereitschaft zusammen liefert den Schlüssel, mit dem Sie lernen können, Ihren Willen zu beschwören, um das zu erlangen, was Sie durch eine bewußte Willensanstrengung nicht erreichen können. Im nächsten Kapitel werden Sie unter anderem erfahren, wie Sie in Ihrem Körper eine Wirkung erzielen können, indem Sie sich diese Wirkung einfach vorstellen und zulassen, daß sie sich einstellt. In der Fähigkeit, sich etwas vorzustellen und es dann zuzulassen, liegt das Geheimnis der Beschwörung des wahren Willens.

Außer durch unsere Körperfunktionen und unsere Handlungen drückt sich unser Wille auch durch unsere Vorstellungskraft aus. Wir erleben tagtäglich spontane Tagträume und brauchen sie nicht einzuplanen, denn sie treten unwillkürlich auf. Was sich unwillkürlich durch Ihre Vorstellungskraft zeigt, ist ein Ausdruck Ihres inneren Willens. Ein Weg, um die Richtung Ihres Willens zu erfahren, besteht darin, auf Ihre Vorstellungen zu hören. Das kann durch Meditation oder auf dem Weg zur Selbstentdeckung geschehen.

Es besteht ein feines Zusammenspiel zwischen unserem bewußten Willen und unserer Vorstellung. Die Einbildung ist ein Ort, wo Ihr bewußter Wille und Ihr innerer Wille in einen Dialog treten können. Sie können eine bewußte Willensanstrengung unternehmen, um dieses Zwiegespräch in Ihrer Vorstellung auszulösen.

Denken Sie zum Beispiel an zwei Tiere. Was ist Ihnen eingefallen? Sie haben sich bewußt dazu angehalten, an Tiere zu denken, und Ihre Vorstellung hat Ihrem Wunsch entsprochen. Dennoch waren die Tiere, die Ihnen einfielen, ein spontaner Ausdruck Ihres inneren Willens.

Unsere Vorstellungskraft kann einer bewußten Willensanstrengung entsprechen, auch wenn sie nur von begrenztem Wert ist, um die Phantasie anzuregen. Ihr Wille kann Ihrer Vorstellung auch eine Richtung verleihen. Hier prallen zwei Kräfte aufeinander. Was Sie bewußt beschließen, daß Sie sich vorstellen wollen, und was Ihr Wille sich tatsächlich vorstellt. Wenn Sie dieses Phänomen untersuchen, werden Sie erfahren, daß eine Einstellung der Bereitschaft der Weg ist, um Ihren Willen dahin zu führen, sich vorzustellen, was Ihr Verstand möchte.

Stellen Sie sich die beiden Tiere noch einmal vor und lassen Sie sie miteinander Kontakt aufnehmen. Sorgen Sie dafür, daß sie so miteinander auskommen, wie Sie es sich vorstellen, und beobachten Sie, wieviel Kontrolle Sie über ihr Verhalten haben.

Wie waren Sie als Dompteur? Wenn Sie so sind wie die meisten Menschen, haben Sie festgestellt, daß Sie Ihre beiden Tiere ohne weiteres dazu bringen konnten, das meiste von dem zu tun, was Sie sich vorstellten. Wie haben Sie sich entschieden, welche Befehle Sie Ihren Tieren geben wollten? War es eine bewußte Entscheidung, oder sind Ihnen gewisse Vorstellungen einfach eingefallen? Diese Frage ist schwer zu beantworten. Vielleicht haben Sie auch festgestellt, daß Sie nicht alles, was Sie sich vorstellten, sofort vor sich sehen konnten. Manches schien ganz klar, während andere Vorstellungen vage und mehr wie Ideen blieben.

Was immer Ihr innerer Wille sich vorstellen möchte, je lebhafter Sie es vor sich sehen, desto mehr Spontaneität wird sich entwickeln. Die Lebendigkeit Ihrer Vorstellung hängt auch vom Ausmaß ab, in dem Ihre Bereitschaft und Ihr Wille übereinstimmen, denn sonst würde Ihre Aufmerksamkeit von Ihrer Vorstellung abgelenkt. Je mehr Sie bereit sind, sich vorzustellen, was Ihr Herz wirklich begehrt, desto lebhafter werden Sie es vor Ihrem inneren Auge sehen.

Den Willen durch ein Ideal formen

In unserem Beispiel der geballten Faust leitete sich die Macht Ihrer Werte oder Ideale von der Funktion Ihrer Willensstärke ab. Die Willensanstrengung, Ihre Hand geschlossen zu halten, wurde durch die Tatsache bedingt, daß Sie schätzten, was Sie in der Hand hielten. Wenn Sie sich ein Ideal so vorstellen, daß es für Sie zur Wirklichkeit wird, werden Sie Ihre Handlungen automatisch so einrichten, daß Sie sich in Übereinstimmung mit den Werten befinden, die von diesem Ideal zum Ausdruck gebracht werden.

Sie können Ihren Willen beeinflussen, wenn Sie sich Ihr Ideal vorstellen. Zunächst stimmt Ihr bewußtes Streben vielleicht nicht mit Ihrem Ideal überein, und wenn Sie über Ihre Handlungen nachdenken, stellen Sie fest, daß Ihr Wille und Ihr Ideal einander widersprechen. Sie können versuchen, einen Kompromiß einzugehen, doch mit der Zeit werden Sie merken, daß Ihre Vorstellung Ihnen automatisch Bilder liefert, die Ihren inneren Willen zum Ausdruck bringen. Es bringt nichts, durch eine bloße Willensanstrengung zu versuchen, Ihre Vorstellung zu zwingen, Ihrem Ideal zu entsprechen.

Wenn Willenskraft und Vorstellungsvermögen sich bekämpfen, gewinnt die Vorstellung, weil sie dem inneren Willen entspricht. Der Verstand kann einen Beitrag dazu leisten und die Vorstellungen des inneren Willens sanft führen. Sie können mit Ihrem Bewußtsein entscheiden, was Sie sich vorstellen wollen, doch dann müssen Sie zur scheinbar passiven Bereitschaft überwechseln. Sind Sie in dem Moment bereit, sich Ihrer Vorstellung hinzugeben, werden sich Ihre Erwartungen erfüllen, oder aber Ihre Phantasie wird Ihnen eine andere Möglichkeit anbieten.

Als Janets Mann zu ihr zurückkehren wollte, versuchte Janet, ihr Ideal intelligenter Liebe zu visualisieren, doch für eine Weile lieferte ihre Vorstellung ihr nur Bilder von Einsamkeit und Angst. Wir beschlossen, nichts zu erzwingen, sondern untersuchten vielmehr die Bedeutung der beängstigenden Bilder, die in diesem Augenblick der Ausdruck von Janets Willen waren. Wir verstanden, daß ihr Wille auf einen Ausbruch ihres gewohnten Musters reagierte, anderen gefallen zu müssen, um geliebt zu werden und sicher zu sein.

Langsam wurde Janet wütend, weil sie immer noch in diesen falschen Vorstellungen gefangen war. Ihre Wut war Ausdruck ihres Willens, frei und sie selbst zu sein. Ich fragte sie, ob sie bereit wäre, ihr wahres Selbst zu lieben, gleichgültig, was kam, weil sie sich befreien werden müsse. Sie erwiderte, sie sei bereit, aber sie wisse nicht, ob sie es könne. Ich schlug vor, sie solle die Sache mit ihrem Mann für einen Augenblick vergessen und sich in die Stimmung ihres Ideals von intelligenter Liebe versetzen. Als sie es tat, bat ich sie, sich selbst aus dieser Sicht heraus wahrzunehmen und sich vorzustellen, was sie mit der gewohnheitsmäßigen Vorstellung tun würde, daß sie anderen gefallen müsse, um geliebt zu werden. Sie sah, wie sie sich selbst bei der Hand nahm, sich von dieser Idee abwendete und sich selbst umarmte. Sie begann zu weinen, weil sie sich tatsächlich selbst lieben konnte, und dies befreite sie von ihrer Angst.

Als wir über diese Erfahrung sprachen, drückte Janet Erleichterung darüber aus, daß es sich besser anfühlte, sich selbst zu lieben, als Angst zu haben, ob man anderen gefalle. Diese Entdeckung machte es ihr leichter, denn sie war bereit, sich besser zu fühlen. Als sie jetzt versuchte, ihr Ideal von intelligenter Liebe zu visualisieren und ihre Probleme mit ihrem Mann zu überblicken, bot ihr Wille spontan die Vorstellung an, sie werde ihrem Mann eingestehen, daß sie sich nicht sofort mit ihm versöhnen könne.

Janets Erfahrung zeigt, daß der innere Wille nicht gezwungen werden kann, sondern entwickelt und gebildet werden muß. Dazu mußte Janet ihr Ideal kennen und sich auf eine aufrichtige Einschätzung ihrer inneren Gefühle einlassen. Erst dann konnte sie sich dafür vergeben, daß sie sich mit falschen Vorstellungen belastet hatte, die für ihre ängstliche Lebenseinstellung verantwortlich waren. Als sie damit aufhörte, sich selbst zu verurteilen, konnte sie ihren Willen auf ihr Ideal richten, wobei ihre Vorstellung jetzt eine einhellige Absicht zum Ausdruck brachte.

Unser wahrer Wille, der nicht von einer Willensanstrengung herrührt, sondern vielmehr von der Bereitschaft, sich von einem Ideal beeinflussen zu lassen, führt uns an die Schwelle zum bewußten Gebrauch des Verstandes, wie wir ihn in diesem Buch beschrieben haben (sich ein Ideal vornehmen, mit Einstellungen arbeiten und sie in die Wirklichkeit umsetzen), und zum Gebrauch der versteckten Mächte des Bewußtseins durch kreatives Visualisieren, Selbsthypnose und Autosuggestion. Aus diesen versteckten Machtreserven können wir den Willen schöpfen und anwenden, um ein ideales Leben zu schaffen.

Teil III

Versteckte geistige Kräfte

Meditation, Hypnose, Trancezustände, Tiefenentspannung, Tagträume, Visualisieren und Suggestion gehören zu den auffälligen Phänomenen, die mit den Geheimnissen des Bewußtseins assoziiert werden. Vielleicht fühlten Sie sich ursprünglich aus einem Interesse an einem dieser veränderten Bewußtseinszustände zu diesem Buch hingezogen. Wir werden uns jetzt mit diesen Dingen befassen und lernen, wie wir sie anwenden können.

Im ersten Teil dieses Buchs haben wir Cayce' metaphysisches Verständnis des Bewußtseins kennengelernt und erfahren, daß die Wirklichkeit des Bewußtseins über die individuelle menschliche Wirklichkeit hinausgeht. Wir haben ebenfalls gesehen, daß es im Bewußtsein Wirklichkeitsebenen gibt, die sich normalerweise außerhalb unserer Wahrnehmung, in den unbewußten und kollektiv unterbewußten Bereichen unseres Geistes befinden. Jetzt werden wir lernen, wie wir diese Bewußtseinsebenen kontaktieren können.

Wir haben erörtert, wie Gott sich in der Welt als Geist, Bewußtsein und Wille manifestiert. Als Geschöpfe Gottes, als Seelen, haben wir ebenfalls an diesen drei Dimensionen des Daseins teil. Wir kennen jetzt Cayce' Schöpfungsformel: Der Geist ist die Lebenskraft, reine Energie, das Bewußtsein, »der Erbauer« verleiht dieser Energie ihre Muster. Der Wille wählt das geistige Muster, das die Energie durchsickern läßt, aus der die sichtbaren Formen der Materie entstehen. Durch diesen Prozeß schöpft Gott das Universum. In unserer Eigenschaft als Seelen sind wir Mitschöpfer dieser göttlichen Wirklichkeit.

Im zweiten Teil des Buches haben wir Cayce' metaphysische Schöpfungsformel auf den Alltag angewandt. Zunächst wurden wir mit der Tatsache konfrontiert, daß jede Erfahrung subjektiv ist und daß unsere Erwartungen sich erfüllen. Wir haben erfahren, daß es zutreffender ist, zu sagen, daß wir sehen, was wir glauben, als zu sagen, wir würden glauben, was wir sehen. Diese Erkenntnis hat uns vor ein Problem gestellt. Wenn das Leben ein Traum ist, wie entscheiden wir dann, welchen Traum wir träumen möchten? Cayce' Antwort auf diese Frage lautet, daß es darauf ankommt, den Prozeß der bewußten Schöpfung damit zu beginnen, sich für ein geistiges Ideal zu entscheiden. Was ist Ihr höchstes Gut, wie stellen Sie sich das Beste vor, dem Sie Ihr Leben unterordnen wollen? Wir haben aus dem New-Age-Slogan »Du schaffst deine eigene Wirklichkeit« eine exaktere Aussage abgeleitet, daß nämlich die Ideen, denen Sie anhängen, Ihre Wirklichkeit gestalten. Gemäß der Schöpfungsformel führt »Geist-Bewußtsein-Materie« im täglichen Leben zur Folge »Ideal-Einstellung-Handlung«. Wählen Sie eine Einstellung, die mit Ihrem Ideal übereinstimmt, und handeln Sie dann so, wie diese Einstellung es von Ihnen verlangt. Wir haben auch gesehen, daß es wichtig ist, unseren Willen zu entwickeln und die Spontaneität und die frei umherschweifenden Aspekte des Bewußtseins in Zaum zu halten, damit wir unsere Aufmerksamkeit auf die gewünschten geistigen Muster gerichtet halten können.

Im dritten Teil werden wir diesem Thema erneut begegnen, wobei wir die Schöpfungsformel jetzt auf einen weiteren Machtbereich ausdehnen. Da wir die Metaphysik der Schöpfung kennen, die überragende Rolle des Bewußtseins schätzen und verstehen, wie lebenswichtig Ideale und Einstellungen sind, um Wahrheiten wie diese integrieren zu können, sind wir jetzt bereit, anzufangen, die Mächte zu aktivieren, die sich hinter dem Ausdruck »erweiterte Bewußtseinszustände« verstecken.

Bei unseren Bemühungen, die Formel von Geist (Ideal), Bewußtsein (Einstellung) und Materie (Tat) schöpferisch auf unser tägliches Leben wirken zu lassen, steht uns mehr als nur unser Verstand zur Verfügung, denn wir haben Zugang zu den versteckten Mächten des Unterbewußtseins und zum kollektiven Unterbewußten. Zunächst werden wir etwas über das Wesen erweiterter Bewußtseinszustände erfahren und lernen, wie man meditiert, was geschieht, wenn wir einschlafen, und was unsere Träume für einen Sinn haben. Wir werden lernen, wie wir uns tief entspannen und den kreativen Mächten des Unterbewußten öffnen können.

Wenn wir einmal wissen, wie wir uns in diese tiefen Bereiche fallenlassen können, werden wir die Bedeutung der geistigen Vorstellung kennenlernen, die sich sowohl als visionäre Begabung als auch in der kreativen Macht des Visualisierens ausdrückt. Wir werden erfahren, wie wir die Macht des Bilderlebens und der Suggestion ausbilden können, um uns dabei zu helfen, unsere Ideale zu manifestieren.

Wenn wir lernen, das Unterbewußtsein auf eine Weise zu untersuchen, die uns zuträglich ist und Gutes in die Welt bringt, fühlen wir uns weniger ängstlich, wenn wir in die tieferen Schichten des Bewußtseins vordringen. Wir werden unser eigenes ideales Leben schaffen und auf diesem Weg erfahren, wie wir die spirituelle Weisheit unseres höheren Selbst anzapfen. So werden wir zu Mitschöpfern Gottes und erfüllen den spirituellen Sinn unseres Lebens.

Kapitel 10

Erweiterte Bewußtseinszustände

Während der tiefen Meditation dehnt sich der Einfluß, der die Kanäle öffnet ... bis in die hintersten Ecken der schöpferischen Kräfte des Körpers aus.

Edgar Cayce, 275-39

Vor sich sehen Sie eine Frau, die ein Buch liest. Sie steht auf, und der Raum zwischen Ihnen und ihr ist plötzlich unterbrochen und verzerrt. Als sie davonschwimmt, merken Sie, daß Sie die ganze Zeit durch das Wasser einer Frau unter Wasser zugeschaut haben.

Diese Beschreibung bezieht sich auf einen Fernsehspot für einen Schwimmbadreiniger, der das Auge irritiert. Der Gedanke dahinter ist, daß der Reiniger das Wasser so sauber macht, daß Sie nicht einmal wissen, daß es vorhanden ist. Das Wasser bleibt unsichtbar, bis es anfängt, sich zu bewegen.

Diese Szene ist eine lehrreiche Analogie von Geist und Bewußtsein. Wenn der Geist ruhig und klar ist, bemerken wir seine Anwesenheit nicht. Wir sehen die Welt direkt, unsere Sichtweise geht unmittelbar durch einen unsichtbaren, durchsichtigen Geist hindurch. Aber in einem erweiterten Bewußtseinszustand, wenn unser Geist nicht so ruhig und klar ist, merken wir an den Wellen, die es verursacht, daß es vorhanden ist. So ist die psychedelische Drogenbewegung der Sechziger zu ihrem Namen gekommen, denn psychedelisch heißt »den Geist enthüllend«. Durch eine dramatische Bewußtseinserweiterung offenbaren diese Drogen die kreative Gegenwart des Geists in allem, was wir erleben. LSD gehörte in den Anfängen zu der Bewegung.

Erweiterte Bewußtseinszustände können aber auch ohne solch riskante Mittel wie Drogen erlebt werden. Jeden Tag, wenn wir schlafen, erweitern wir unser Bewußtsein. Also können wir mit diesem täglichen halluzinogenen Trip anfangen, wenn wir erweiterte Bewußtseinszustände kennenlernen wollen, die wir zu unserem Vorteil nutzen können.

Schlaf als täglicher psychedelischer Trip

Was geschieht, wenn Sie nachts einschlafen? Haben Sie je darauf geachtet? Cayce hält diese Frage für sehr lehrreich, denn man kann viel erfahren, wenn man bewußt bleibt, während man einschläft.

Wie Cayce feststellt, besteht der erste Schritt beim Einschlafen darin, daß wir unsere Aufmerksamkeit von der Außenwelt abwenden. Wir schließen unsere Ohren und Augen und vergessen den Rest der Welt. Die innere Welt unserer Gedanken ist jetzt unsere Wirklichkeit.

Die Geschichte von *Alice im Wunderland* fängt damit an, daß Alice einschläft, während ihre Schwester ihr vorliest, und in ein Loch fällt, als sie einem Kaninchen folgt.

So etwas haben Sie bestimmt auch schon erlebt. Vielleicht sind Sie vor dem Fernseher kurz eingenickt und haben erst beim Aufwachen festgestellt, daß Sie schliefen. Nur Augenblicke zuvor waren Sie ganz woanders und erfuhren andere Dinge, aber Sie wußten nicht, daß Sie schliefen.

Cayce erklärt, daß der Verstand langsam abschaltet, während wir unseren Körper und unsere Sinne entspannen, weil er auf die Tätigkeit unserer Sinne angewiesen ist. Während er sich ausschaltet, taucht das Unterbewußtsein in unserem Bewußtsein auf. Hier haben wir es mit einem alltäglichen, doch sehr wichtigen erweiterten Bewußtseinszustand zu tun. Der erweiterte Bewußtseinszustand vor dem Einschlafen ist uns weitgehend unbewußt.

Während wir in den Schlaf gleiten oder einnicken, gibt der Verstand sich dem Unterbewußtsein hin und schaltet seine Sinne aus. Unsere Aufmerksamkeit treibt mit dem Fluß unserer Gedanken bis in die oberen Bereiche des Unterbewußtseins. Dabei kann es unter anderem vorkommen, daß unsere Gedanken bildlicher werden. Wie das Bewußtsein sich in Worten ausdrückt, so denkt das Unterbewußtsein in Bildern. Sobald die Sonne untergeht, treten die Worte in den Hintergrund, und die Bilder, die in uns sind, kommen deutlicher zum Vorschein.

Wir fangen an, uns Szenen vorzustellen. Wenn wir wach wären, würden wir wissen, daß wir tagträumen. Wir wüßten, wo wir wären und daß die Bilder in unserem Geist genau das sind, nämlich Bilder in unserem Geist. Doch wenn wir uns unserem Unterbewußtsein hingeben, halten wir diese Bilder für unsere Wirklichkeit. Wir sind unangenehm berührt, wenn wir plötzlich aufwachen und merken, daß wir eigentlich im Bett liegen und während eines Traums eingeschlafen sind, während wir glaubten, wir seien wach und würden einen Freund besuchen.

In einen Tagtraum zu fallen, das ist ein wichtiger Teil des Einschlafprozesses. Es gibt unserem schwindenden Bewußtsein etwas, woran es sich halten kann. Der Verstand muß in den Schlaf gewiegt werden.

Während wir mehr und mehr einschlafen, verändert sich unser Bewußtsein weiter. Nur wenigen Menschen gelingt es, wachzubleiben, wenn sie an diesem Punkt ihrer Reise in den

Schlaf und in die Träume angelangt sind. In Trance beschrieb Cayce, was in diesem Augenblick geschieht.

Der Verstand und seine Wahrnehmung reduzieren sich auf einen einzigen Sinn, den Cayce als »sechsten Sinn« bezeichnet und als etwas beschreibt, das dem Hören am nächsten kommt. Wir geraten in einen Zustand des Horchens. Es ist kein gewöhnliches Horchen, sondern eine kosmische Resonanz auf universale Schwingungen, als würde unser individuelles Sein wieder mit seinem Ursprung vereint. Alles, was übrigbleibt, ist das Hören, ein Zustand psychischer Vereinigung mit allem Leben, wo reine Intuition herrscht.

Der Tiefschlaf ist ein solch dunkler und entfernter Zustand des Unterbewußtseins, daß es schwer zu glauben ist, es könne dort irgendein Bewußtsein existieren, aber es gibt Hinweise dafür, daß wir tatsächlich hören, wenn wir schlafen. Ich beziehe mich nicht auf die Tatsache, daß wir aufwachen, wenn das Baby schreit, während uns der Verkehrslärm nicht zu wecken vermag. Dieses alltägliche Phänomen zeigt, daß wir ständig hören und unschuldige Klänge überhören, während wir bereit sind, aufzuwachen, wenn unser Ohr etwas Ungewöhnliches wahrnimmt. Was ich meine, ist die Entdekkung, daß Patienten unter Narkose oft das Gespräch des Operationsteams hören können. Viele Ärzte haben sich lange gegen diese Einsicht gewehrt, weil sie sowohl dem gesunden Menschenverstand als auch der traditionellen medizinischen Theorie widerspricht, doch inzwischen gibt es sogar ein Bulletin, das sich der Aufklärung von Chirurgen über die Auswirkungen dieser überraschenden Tatsache widmet – »Human Aspects of Anaesthesia« – und die Meinung vertritt, es solle in jedem Operationssaal ein Schild hängen, auf dem steht: »Achtung, Patient hört mit.«

Der Verstand begreift den Tiefschlaf als absolute Leere und extreme Dunkelheit, doch für das Unterbewußtsein ist er voller Leben. Cayce beschreibt den Schlaf als »den Schatten irdischen Erlebens des Zustands, den wir Tod nennen«. Einschlafen ist wie sterben. Wir lassen die Welt und unsere Kontrolle über sie los und geben uns dem dunklen Unbekannten hin. Aus der Warte des Bewußtseins hören wir auf zu sein. Doch wie der Tod bedeutet der Schlaf nicht das Ende des Lebens, sondern die Wandlung des Daseins in einen Bereich des Unbewußten. Wir schlafen ein und wachen in einem Traum auf.

Was ist ein Traum?

Einschlafen ist, als würden wir mit einem Schiff durch die Nacht reisen und anläßlich dieser Reise einer Lichtinsel begegnen. Wenn das Unterbewußtsein das Ruder übernimmt, das normalerweise vom Verstand gehalten wird, wacht die Seele auf. Cayce sagt, die Seele sei aktiv bewußt, doch wenn der Verstand ausgeschaltet wird, wird das Unbewußte zum Bewußtsein. Wir schlafen nur mit einem Teil unseres universalen Bewußtseins, das in uns schlummert. Wenn wir schlafen, bringt die Seele Licht in unser Dunkel und schaut sich in unseren Träumen um.

Ein Traum ist etwas, was die Seele erlebt, während wir schlafen. Weil sie über ein universales Bewußtsein verfügt, ist ihr Informationsbereich grenzenlos. Sie erinnert sich an vergangene Leben, an gelernte Lektionen und an das Ziel, das uns dazu führte, unser gegenwärtiges Leben zu wählen. Die Seele nimmt unsere täglichen Handlungen und Erfahrungen und betrachtet sie im Licht ihres umfassenden Wissens. Zu wissen, daß ein Traum eine seelische Erfahrung ist, macht es uns leichter, die Ursache der außergewöhnlichen Phänomene zu verstehen, die in Träumen auftreten.

Träume sind die häufigste Ursache medialer Erlebnisse. Befragungen haben erbracht, daß Menschen mit medialer Erfahrung (Telepathie, Kontakt mit Verstorbenen, Hellsichtigkeit) diese Erlebnisse am häufigsten in ihren Träumen erfahren, während Laboruntersuchungen, die sich mit der Wirklichkeit von ASW befaßten, bestätigt haben, daß von allen telepathischen Hinweisen diejenigen, die in einem Traum auftreten, die zuverlässigsten sind. Mediale Träume sind das Resultat des Versuchs der Seele, sich über Raum und Zeit hinwegzusetzen.

Auch die meisten großen Religionen führen ihren Ursprung auf Träume zurück. Neben den nächtlichen Visionen, die die Geburt Jesu ankündigten, waren auch bei der Geburt des Buddhismus und des Islam Träume im Spiel. In den Autobiographien religiöser Führer und Mystiker finden wir oft Berichte über Träume von besonderer spiritueller Bedeutung, und es kommt häufig vor, daß Menschen, die zu geistigen Inhalten meditieren oder ein aktives Gebetsleben haben, von religiösen Themen träumen. Durch diese Art Träume versucht die Seele, uns dazu anzuhalten, in unserem alltäglichen Handeln ihrer Lebensaufgabe gerecht zu werden.

Der Wertmaßstab der Seele für die Erfahrungen der materiellen Persönlichkeit sind ihre Ideale, Einsichten, die sie unzähligen Leben verdankt. Sie vergleicht die Eindrücke, die sie von unseren alltäglichen Handlungen erhält, mit ihrem Reservoir an überbewußter Weisheit, aus dem unsere nächtlichen Träume hervorgehen. Für die Seele sind diese Enthüllungen ein Aha-Erlebnis, aber das, was wir davon erinnern, ist nur ein Traum.

Wir erinnern uns nur an wenige Träume, und das auch nur bruchstückhaft. Die symbolischen Geschichten, die wir Träume nennen, sind Umsetzungen des Unterbewußtseins, das, während wir schlafen, die Erfahrungen der Seele nimmt und eine indirekte Aufzeichnung unserer Erlebnisse daraus macht. Dennoch sind unsere Träume wahrscheinlich die primäre Quelle, die uns Hinweise dafür liefert, daß es mehr im Leben gibt als nur die Gegenständlichkeit von Raum und Zeit. Für viele Stammeskulturen sind Träume seit jeher der Beweis für die Wirklichkeit der Seele *par excellence*.

Träume sind lehrreiche, erweiterte Bewußtseinszustände. In unseren Träumen ist die Wirklichkeit aus Gummi. Menschen nehmen ohne weiteres eine andere Identität an, Umgebungen verändern sich vor unseren Augen. Wir tun unmögliche und lächerliche Dinge, bewirken Wunder und begehen Abscheulichkeiten, und wir halten diese Phantasiewelt für echt. An unseren Träumen sehen wir, daß wir unser Wirklichkeitsgefühl selbst schaffen. Ein Traum ist wirklich, während wir ihn träumen. Erst beim Aufwachen merken wir, daß wir »nur geträumt« haben.

Gewisse Träume erleben wir »wahrer als wahr«. Vielleicht begegnen wir einem besonderen Menschen, jemandem, den wir lieben, oder einem Verstorbenen, und wir empfinden eine solche Nähe zu diesem Menschen, daß wir beim Aufwachen nicht glauben können, daß es nur ein Traum war. Die eigenartige Qualität dieser Hyperwirklichkeit macht es uns leicht, an die Beweise für Telepathie zu glauben. Darüber hinaus deuten Träume, die sich im nachhinein verwirklicht haben, darauf hin, daß unsere Träume der Wirklichkeit oft einen Schritt voraus sind.

Cayce legt viel Nachdruck auf die Echtheit unserer Träume. Es sind die wirklichen Erfahrungen der Seele, durch die sie als Führerin des Unterbewußten zukünftige Vorgehensweisen einschätzt. Während wir träumen, prüft die Seele die Zukunft auf wahrscheinliche Ergebnisse verschiedener Einstellungen und Möglichkeiten, die um unsere Aufmerksamkeit ringen. Sie geht verschiedene geistige Muster durch und wählt einige neue aus, die sie in den Projektor legt, um sie auf die Leinwand unseres Lebens zu werfen. Träume sind wie die Samen zukünftiger Ereignisse in unserem Leben. Was wir das wirkliche Leben nennen, verdanken wir ihnen allein.

Willentliche Kontrolle über erweiterte Bewußtseinszustände

Schlaf und Traum sind alltägliche, erweiterte Bewußtseinszustände. Dort finden wir die Geheimnisse des Geistes und seiner kreativen Beziehung zur Wirklichkeit. Wir sind zum großen Teil die passiven Versuchspersonen unserer Träume. Wir lassen uns einschlafen und zwingen uns nicht dazu. Träume passieren uns. Wir wählen es nicht bewußt, zu träumen, wie wir auch keinen Einfluß auf den Inhalt unserer Träume haben. Wenigstens erleben wir auf diese Weise zwei erweiterte Bewußtseinszustände.

So braucht es aber nicht zu sein. Diese beiden Zustände müssen keine unbewußten Instinkte bleiben. Wir können lernen, ein gewisses Maß an Kontrolle über sie und andere Bewußtseinszustände zu erlangen. Wenn Sie lernen wollen, Ihre geistigen Kräfte einzusetzen, ist ein wichtiger Teil davon, zu einem bestimmten Zweck in einen gewünschten Bewußtseinszustand eingehen zu können.

Wir können lernen, einzuschlafen, wann immer wir wollen, und unseren Schlaf mit einem Ziel anzufangen, wie zum Beispiel unsere Stimmung zu heben, uns zu heilen oder uns im Gebet mit einem kosmischen Bewußtsein zu vereinen. Wir können lernen, die Macht unserer Träume zu kultivieren und sie als Heilmittel und Ratgeber zu benutzen, wie wir uns auf Träume vorbereiten können, die unsere Probleme lösen helfen.

Was müssen wir tun, um absichtlich in einen erweiterten Bewußtseinszustand zu geraten? Dazu benötigen wir eine besondere Methode und müssen lernen, einen Prozeß einzuleiten, der normalerweise unwillkürlich auftritt. Es geht um die Beschwörung des Willens durch ein indirektes Mittel. Cayce beschreibt ein allgemeines Prinzip, um diese Fähigkeit zu lernen. Er nannte es »das Selbst zurücknehmen«.

Das Selbst zurücknehmen

Machen Sie mit Ihrer rechten Hand eine Faust. Wenn Sie das tun, stellen Sie fest, daß es dazu einer Anstrengung bedarf. Sie spüren sie als Spannung entlang Ihrem Handrücken und Ihrem Unterarm. Ihre Faust zu ballen, ist etwas, das Sie *tun* müssen, eine aktive, direkte Handlung Ihrerseits. Die Spannung, die Sie in Ihrem Arm fühlen, ist das Ergebnis dessen, was Sie tun.

Jetzt erlauben Sie es Ihrer Faust, sich zu öffnen, und Ihrem Arm, sich zu entspannen. Können Sie Ihren Arm willentlich dazu bringen, sich zu entspannen? Sie können versuchen, ihn zu schütteln oder zu reiben. Das hilft ihm vielleicht dabei, sich zu entspannen, aber *Sie* bedingen es nicht, daß er sich entspannt. Ihr Arm kann sich nur entspannen, wenn Sie es erlauben und willens sind, ihn sich entspannen zu lassen. Versuchen Sie es noch einmal. Machen Sie für einen Moment eine Faust, bis Sie die Spannung spüren, um sie dann wieder zu öffnen und es Ihrem Arm zu erlauben, sich zu entspannen. Achten Sie darauf, ob Sie sich zurücknehmen und es Ihrem Arm ganz einfach erlauben können, sich zu entspannen. Er entspannt sich, wenn Sie nichts tun. Entspannen ist etwas, was Ihr Körper selbst macht, wenn Sie es zulassen. Es verlangt nichts von Ihnen, außer daß Sie erlauben, daß es geschieht, und nichts unternehmen, um sich in den natürlichen Prozeß der Entspannung einzumischen.

Um zu lernen, in einen erweiterten Bewußtseinszustand vorzudringen, müssen Sie Ihr Ego zurücknehmen und es dem erweiterten Bewußtseinszustand erlauben, aufzutreten. Dennoch müssen Sie wollen und zulassen können, daß es passiert, und bereit sein, damit es geschehen kann.

Dazu müssen wir das geheimnisvolle Paradox eines scheinbar widersprüchlichen Manövers lernen. Wie nimmt man sich zurück? Wer kümmert sich um Sie, während Sie quasi nicht aktiv sind? Sich zurücknehmen, um in einen erweiterten Bewußtseinszustand einzugehen, ist nicht etwas, das Sie auf dieselbe aktive Weise durchführen können, wie Sie eine Faust machen. Sie müssen es wollen und dennoch erlauben, daß es von selbst geschieht.

Der Widerspruch, den Willen zurücknehmen zu müssen, um zu lernen, in erweiterte Bewußtseinszustände einzugehen, wird sich auch beim Visualisieren als sehr wichtig erweisen. Anhand dieses Schlüsselprinzips lernen Sie, wie Sie es Ihren Idealen erlauben, die Entwicklung Ihres Lebens zu steuern. Es ist der Schlüssel zur spirituellen Entwicklung. Das Geheimnis zu diesem scheinbar mysteriösen, doch ganz einfachen Prinzip findet sich in Ihrem Willen, jene aktive Empfänglichkeit, die wir Bereitschaft genannt haben. Sie nehmen sich zurück, erlauben es Ihrem Körper, sich zu entspannen, gehen durch Ihre gebündelte Bereitschaft, es geschehen zu lassen, in erweiterte Bewußtseinszustände ein, und lernen, die Dinge in Bildern zu sehen.

Um die Eigenschaft der Bereitschaft zu lernen, wenden wir uns einem erweiterten Bewußtseinszustand zu. Cayce möchte, daß wir diesen Bewußtseinszustand als erstes meistern, weil er uns mit allem anderen weiterhelfen wird.

Vielleicht erweckt das Wort Meditation in Ihnen Bilder von kahlgeschorenen Köpfen, eigenartigen Körperhaltungen, exotischen Gesängen und religiösen Sekten. Doch die Meditation ist etwas viel Gewöhnlicheres, als ihr öffentliches Image vermuten läßt. Sie geht tiefer und ist wichtiger, als Sie vielleicht denken. Für Cayce kommt die Meditation gleich nach der Bestimmung eines Ideals, und auch in der Wissenschaft genießt Meditation die Unterstützung durch Beweise. Wir werden uns der Meditation von einer Warte aus nähern, mit der Sie sehr vertraut sind.

Im zweiten Kapitel habe ich Ihnen ein Experiment vorgeschlagen, das Sie durchführen sollten. Vielleicht können wir es schnell wiederholen, um Ihre Erinnerung aufzufrischen, wie es sich anfühlt und was dabei geschieht. Das Ergebnis ist ein eindeutiger Beweis dafür, daß Sie Ihr Bewußtsein nicht beherrschen können. Gleichgültig, wie sehr Sie versuchen, Ihre Gedanken auf einen einzigen Punkt zu konzentrieren, Ihr Bewußtsein ist stärker als Ihre Bemühungen.

Sie können nicht genug Willenskraft aufbringen, um Ihr Bewußtsein von Bewegungen abzuhalten. Im neunten Kapitel haben wir das Problem des Willens erörtert und ihn für Entscheidungen eingesetzt. Er bringt unsere Individualität zum Ausdruck. Unsere Aufmerksamkeit wandert entsprechend der Tätigkeit unseres Willens. Der Wille und die Willenskraft sind jedoch nicht dasselbe. Die Willenskraft allein kann unseren Geist nicht fokussieren. Erst wenn es uns gelingt, unseren Geist auf einen einzigen Punkt zu konzentrieren, können wir behaupten, daß wir unseren Willen gemeistert haben.

Die Meditation ist eine Willensübung, ein erweiterter Bewußtseinszustand, der auftritt, wenn wir bewußt bereit sind, unseren Geist auf einem einzigen Bezugspunkt ruhen zu lassen. Es ist die Praxis, sich geistig auf ein Ideal einzustimmen, der Übungsplatz, wo wir lernen, das Selbst zurückzunehmen. Lassen Sie uns lernen, wie dies funktioniert.

Schritte zur Meditation

Wenn Sie bereit sind, die Dinge einfach sein zu lassen, wie sie sind, gibt es einen Weg, um mit der Meditation zu beginnen, der so einfach ist, als würden Sie Ihre Faust öffnen.

Setzen Sie sich bequem und aufrecht auf Ihren Stuhl und nehmen Sie eine Stellung ein, die es Ihrem Körper erlaubt, im Gleichgewicht zu bleiben, damit Sie keinerlei Anstrengung unternehmen müssen, um diese Stellung zu halten. Schließen Sie die Augen und spüren Sie Ihren Körper. Nehmen Sie die nötigen Haltungskorrekturen vor, damit Sie wirklich bequem sitzen.

Jetzt nehmen Sie einen tiefen Atemzug und halten ihn. Wenn Sie dem Druck nicht länger standhalten können, lassen Sie los. Beachten Sie, wie gut es sich anfühlt, Ihren Atem loszulassen. Die Meditation kann sich ebensogut anfühlen.

Konzentrieren Sie sich jetzt auf Ihren Atem. Beim Einatmen dehnen sich Ihre Lungen aus und füllen sich mit Luft, während Sie einen leichten Druck empfinden. Beim Ausatmen entspannt sich Ihr Körper. Ihr Atem geht unregelmäßig. Manche Atemzüge sind länger, während andere relativ kurz sind. Doch das Atmen findet immer statt!

Beobachten Sie Ihren Atem aufmerksam, während Sie es dem Atemvorgang erlauben, von selbst zu geschehen. Tage-, monate- und jahrelang hat Ihr Atem funktioniert, ohne daß Sie ihm dabei geholfen hätten. Wenn Sie Ihre Aufmerksamkeit auf ihn richten, bedeutet das nicht, daß Sie ihn beeinflussen müssen. Im Gegenteil: Sie kommen dem Geheimnis, wie Sie Ihr Ego zurücknehmen, viel leichter auf die Spur, wenn Sie Ihren Atem beobachten können, ohne sich einzumischen. Es ist Ihnen vielleicht aufgefallen, daß Sie sich, während Sie Ihren Atem beobachteten, automatisch einschalteten und ihn auf die eine oder andere Art beeinflußten. Erlauben Sie sich, dem Atemprozeß zu vertrauen. Das kann sehr beruhigend sein.

Es ist ganz natürlich für Ihren Verstand, sich Gedanken über Ihren Atemvorgang zu machen, während Sie diesen beobachten. Das macht nichts. Ihr Geist wird ganz natürlich abschweifen und über andere Dinge nachdenken. So interessant ist Ihr Atem auch wieder nicht! Wenn Sie bemerken, daß Gedanken in Ihnen aufsteigen, sagen Sie sich: »Schon gut.« Dann lassen Sie Ihre Aufmerksamkeit zu Ihrem Atem zurückkehren und ruhen im beruhigenden Rhythmus der Atemwellen aus. Ihr Geist wird bald wieder abschweifen und sich seinen Gedanken hingeben. Schon gut. Lassen Sie Ihre Aufmerksamkeit sanft auf Ihrem Atem ruhen und üben Sie sich einfach in der Bereitschaft, Ihre Aufmerksamkeit friedlich auf Ihren Atem zu konzentrieren. Das ist Meditation.

Vielleicht schlafen Sie auch ein, weil es sehr beruhigend ist. Viele Leute haben Cayce berichtet, daß sie einschliefen, während sie versuchten zu meditieren. Er meinte, das mache überhaupt nichts und sei ein Zeichen dafür, daß der Körper die Ruhe brauche. Wenn der Verstand die Meditation neu entdeckt, kann er den Schlaf auch zum Anlaß nehmen, nach universalen Botschaften der Seele zu suchen, um die Bedeutung und das Ziel der Meditation zu verstehen. Wenn Sie einschlafen, während Sie anfangen zu meditieren, können Sie davon ausgehen, daß es geschah, damit Ihre Seele Sie wegen dem Wert der Meditation beruhigen konnte.

Der Meditation einen Sinn verleihen

Die Meditation ist kein sinnloses Geschehen, sondern vielmehr ist die Konzentration auf den Atem ein natürlicher Weg, um das Bewußtsein in Harmonie mit dem Fluß des Geistes zu bringen, dem Atem des Lebens. Ein anderes Wort für Einatmung ist *Inspiration*. Sowohl vom Geist durchdrungen zu sein, als auch spirituelle und kreative Einsichten zu empfangen, gehen auf dieselbe Wortwurzel zurück, weil sie auf denselben Prozeß hinweisen. Zuzulassen, sich beim Meditieren inspirieren zu lassen, fängt damit an, daß Sie sich zurücknehmen und es Ihrem Atmen erlauben, von selbst zu geschehen.

Um zum Ausdruck zu bringen, daß Ihnen der größere Sinnzusammenhang der Meditation bewußt ist, möchten Sie ihr vielleicht eine ausdrücklich geistige Komponente verleihen. Dazu denken Sie beim Einatmen den Satz »Ich bin« und beim Ausatmen das Wort »eins«. Während Sie loslassen, ausatmen, Ihr Ego zurücknehmen und auf den richtigen Augenblick warten, um Inspiration zu empfangen, verlaufen Ihre Gedanken auf einem parallelen Gleis: »Ich bin ... eins ... Ich bin ... eins.« Körperempfindungen und intellektuelle Bedeutung stimmen jetzt miteinander überein. Dennoch wird Ihr Geist abschweifen. Das ist schon gut so. Wenn Sie merken, daß Ihr Verstand andere Gedanken denkt, kehren Sie mit Ihrer Aufmerksamkeit einfach zu Ihrem Atem zurück und erlauben Ihrem Geist die Worte: »Ich bin eins« zu denken. Jetzt wissen Sie, was Meditation ist.

Echos in Ihrem Geist

Lassen Sie uns einen Augenblick Pause machen und ein anderes Experiment versuchen. Nehmen Sie ein einzelnes Wort wie Apfel und wiederholen Sie es still vor sich hin. Während Sie das tun, spüren Sie, wie es sich in Ihrem Geist anfühlt, wenn Sie es sagen. Wenn Sie es das erste Mal gesagt haben, hören Sie aufmerksam hin. Sie können die Worte in Ihrem Geist widerhallen hören. Beachten Sie, wie viele aufeinanderfolgende Echos vom Wort Apfel Sie hören können, ehe es ausblendet.

Wie war's? Ich nehme an, daß Sie das Echo hören konnten. Vielleicht ein paarmal, vielleicht weniger. Vielleicht ist Ihnen auch die interessante Tatsache aufgefallen, daß es schwierig ist, festzustellen, ob das Wort selbst widerhallt oder ob Sie sich es nur wiederholen hören. Auf das Echo zu hören, umfaßt sowohl die Eigenschaft zu horchen, als auch zu denken. Es ist wie Hören, weil Sie sich empfänglich verhalten müssen, und wie Denken, weil Sie sich auf einen Prozeß konzentrieren müssen, der in Ihrem Geist stattfindet.

Auf ein Wort zu hören, das in Ihrem Geist widerhallt, ist ein Mittel, um Ihrem Geist zu erlauben, immer wieder denselben Gedanken zu denken. Das ist viel leichter, als zu versuchen, Ihr Bewußtsein unmittelbar dazu zu zwingen, auf einen einzigen Gedanken konzentriert zu bleiben. Vielmehr als auf die Zähne zu beißen und Ihr Bewußtsein zu zwingen, konzentriert zu bleiben, entspannen Sie sich und erlauben sich einen Gedanken zu hören, der sich automatisch wiederholt, solange Sie bereit sind, auf ihn zu hören. Wenn Ihr Wille Ihre Aufmerksamkeit auf andere Gedanken lenkt, brauchen Sie nichts anderes zu tun, als an das ursprüngliche Wort zu denken und bereit zu sein, zuzuhören, wie es sich wiederholt.

Auf das wiederholte Echo Ihres Gedankens zu hören, gehört zur Übung, das Selbst zurückzunehmen, und stellt eine indirekte Annäherung an ein Ziel dar, das nicht auf direktem Wege erreicht werden kann. Das ist Meditation.

Das Ideal der Meditation

Meditation ist nicht etwas Gegenstandsloses, das den Geist »leert«. Cayce geht davon aus, daß das Ziel der Meditation nicht in einem leeren Geist besteht. Vielmehr ist ihr Sinn, den Geist auf ein einziges Ziel zu konzentrieren. Cayce arbeitet sich durch die Einstimmung des Bewußtseins auf ein bestimmtes Ideal an die Meditation heran. Dieses Ideal kann Ihr Atem und der Gedanke an Einheit mit dem Geist sein, wenn Ihnen das entspricht. Wenn Ihr Ideal Liebe ist, machen Sie die Liebe zum Gegenstand Ihrer Meditation. Meditation ist die Bereitschaft, auf den Widerhall Ihres Ideals zu hören, und nicht die Kunst, den Geist von allen Gedanken zu leeren. Vielmehr geht es bei der Meditation darum, zu wählen, sein Bewußtsein jedesmal wieder auf das Ideal zu richten, wenn es zu anderen Gedanken abschweift.

So gesehen ist die Meditation ein Übungsplatz für den Willen. Hier können wir die Bereitschaft lernen, zu wählen, uns auf ein bestimmtes geistiges Muster zu konzentrieren und alles andere zu ignorieren. Während der Meditation üben wir, zu unserem Ideal zurückzukehren, auch wenn andere geistige Muster um unsere Aufmerksamkeit wetteifern. Dort lernen wir, daß wir, statt nur Willenskraft einzusetzen, bereit sein müssen, uns einem Ideal hinzugeben. Wir nehmen das Ich und alle die Ideen zurück, auf die es uns aufmerksam macht, um uns auf ein Ideal einzustimmen.

Ein Ideal ist ein Bild der Perfektion oder des Höchsten, das nicht nur Wirklichkeit werden kann. Es zeigt den Weg, aber es ist kein Ziel, das erreicht werden kann. So besteht auch das Ziel der Meditation darin, an nichts zu denken außer an den Gedanken des Ideals, und jede Zelle unseres Körpers, alle unsere Gefühle und Gedanken auf nichts anderes als auf dieses Ideal einzustimmen. Es leitet den Prozeß der Meditation ein, sollte aber nicht als Maßstab dafür angewendet werden, was wir in unserem Alltag erfahren. Es ist etwas, auf das wir hinarbeiten können, aber wir können es nicht erzwingen. Dennoch kann sich dieser Prozeß spontan einstellen, wenn Sie sich, Ihr Ego, zurücknehmen.

Angst vor der Meditation

Da Sie sich während der Meditation der Gegenwart Ihres Unterbewußtseins bewußter sind, werden Sie vielleicht meinen, daß es deshalb aktiver ist. Sie sind sich vieler Gedanken, Empfindungen und Gefühle bewußt, die Sie stören.

Manche Leute glauben, meditieren bedeute, man würde einen Deckel vom Unterbewußtsein heben, und es sei so, als würde man störende Gedanken einladen, die normalerweise in Schach gehalten werden, jetzt das Bewußtsein zu überfluten. Sie haben Angst beim Meditieren, weil Sie Angst vor der Meditation haben.

Sie stellen sich vor, Sie würden bei der Meditation die Büchse der Pandora öffnen, wobei diese Erwartungshaltung zum Teil Schuld daran trägt, wenn diese Vorstellung tatsächlich eintrifft. Doch Meditation ist die Kunst, sich zu erlauben, auf eine positive Affirmation konzentriert zu bleiben, während Sie andere Gedanken ignorieren. Es ist keine Einladung an Ihr Unterbewußtsein, sich zu melden, noch verlangt es von Ihnen, daß Sie negativen Gedanken Einhalt gebieten.

Ein interessanter Laborversuch in »Gedankenstoppen« erweist sich in diesem Zusammenhang als sehr lehrreich. Forscher der Trinity University baten eine Gruppe von Versuchspersonen, ihren Gedankenfluß fünf Minuten lang zu beobachten, aber dabei *nicht* an einen weißen Bären zu denken. Aber die Gedanken an weiße Bären schafften es immer wieder, sich in ihren Gedankenfluß einzuschleichen. Dann erlaubte man ihnen, zu denken, was sie wollten. Während dieser Zeit stellten die Forscher fest, daß Gedanken an weiße Bären jetzt noch viel häufiger auftraten! Mit anderen Worten, es war nicht nur schwierig, einen bestimmten Gedanken nicht zu denken, sondern er fiel einem auch dann noch ein, nachdem die Übung abgebrochen worden war!

Daraufhin versuchten es die Forscher mit einer neuen Gruppe Versuchspersonen und einer anderen Taktik. Man sagt dieser Gruppe ebenfalls, sie solle nicht an weiße Bären denken, und wenn sie es trotzdem täten, sollten sie sich statt dessen einen roten Volkswagen vorstellen. Diesen Versuchspersonen gelang es besser, zu vermeiden, an einen weißen Bären zu denken, als der ersten Gruppe, die keine andere Ausrichtung hatte. Darüber hinaus kamen ihnen in der darauffolgenden Periode freien Denkens kaum Gedanken an weiße Bären in den Sinn.

Davon können wir etwas lernen: Es ist beinahe unmöglich, einen Gedanken zu bekämpfen. Wenn Sie gegen ihn ankämpfen, überfällt er Sie noch viel verbissener, sobald Sie in Ihrer Abwehr nachlassen. Sagen Sie sich nicht: »Daran werde ich nicht denken!«, sondern vielmehr: »Ich wähle statt dessen, an etwas anderes zu denken!« Die Meditation ist kein Versuch, mit dem Denken aufzuhören, sondern die Praxis zu wählen, mit seiner Aufmerksamkeit zu einem Ideal zurückzukehren, wenn uns andere Gedanken einfallen.

Was in der Meditation geschieht

Auch wenn Sie bei der Meditation nicht viel tun, passiert sehr viel. Ihr Körper beruhigt sich. Ihr Atem geht regelmäßiger, Ihr Herzschlag wird langsamer, und Ihr Blutdruck sinkt, wodurch eine allgemeine Entspannung bewirkt wird.

Das Unterbewußtsein entspannt sich ebenfalls und verhält sich weniger aktiv und empfänglich. Während Ihr Körper sich entspannt, reagieren Sie weniger stark auf die Gedanken, die aus dem Unterbewußtsein aufsteigen, und ein Gedanke, der normalerweise vielleicht zehn weitere Gedanken auslösen würde, stößt in der Meditation auf nur wenig Echo. Auch wenn es Ihnen nicht so vorkommen mag: Das Unterbewußtsein beruhigt sich.

Cayce' Beschreibung von dem, was in der Meditation geschieht, legt viel Nachdruck auf die Einwirkung des spirituellen Ideals auf die Gedanken, die Gefühle und den Körper des Meditierenden. Wir können über ein Ideal nachdenken, aber wenn wir darüber meditieren, entwickelt es mehr Kraft, unser Sein zu gestalten. Während der Körper und das Unterbewußtsein sich entspannen, nimmt der Einfluß des Ideals zu, weil unsere Vorstellung sich mit seiner Bedeutung füllt.

Stellen Sie sich vor, Sie würden einen Film sehen und im Saal wären alle Lichter an. Wenn die Lichter ausgehen, wird das Bild auf der Leinwand zur Wirklichkeit. Ähnlich werden während der Meditation die Gedanken und Körperreaktionen ausgeschaltet, die normalerweise den Einfluß des Ideals verringern. Die Muster schaffende Kraft des Ideals erreicht jetzt ihre maximale Wirkung.

Während der Meditation schwingen alle Körperatome mit dem Ideal in Einklang, die endokrine Tätigkeit beginnt, den Einfluß unseres Ideals zu reflektieren, und das Immunsystem des Körpers, das von der Schilddrüse überwacht wird, wird gestärkt. Diese nachweisbare Wirkung belegt Cayce' Behauptung, daß die Meditation über ein spirituelles Ideal das harmonische Funktionieren der psychischen Zentren und den ihnen entsprechenden endokrinen Drüsen verbessert.

Während Ihr Ideal in der Meditation Ihr geistiges, emotionales und körperliches Sein transformiert, lernen Sie, sich dem Willen Ihres höheren Selbst zuzuwenden. Wenn Sie Ihre Willenskraft gegen eine spirituelle Bereitschaft eintauschen und in einen erweiterten Bewußtseinszustand eingehen lernen, erlauben Sie es einem bestimmten geistigen Muster, zu Ihrer Wirklichkeit zu werden. Wie unzählige Studien aufgezeigt haben, steigern Sie dabei auch Ihre mediale Empfänglichkeit. Die Praxis der Meditation wird Ihnen dabei helfen, zu lernen, andere Bewußtseinszustände zu meistern. Sie ist das Tor zu den versteckten Kräften Ihres Geistes.

Kapitel 11

Selbsthypnose und die Macht der Suggestion

Beginnt mit der Untersuchung eurer selbst, indem ihr durch Hypnose auf die Suggestionskraft des Körpers einwirkt.

Edgar Cayce, 3483-1

Sicherlich haben Sie auch schon Geschichten über die dramatische Macht der Hypnose gehört. Sie wird eingesetzt, um Warzen zu heilen, Blut zu stillen und Schmerz zu lindern.

Nachdem sie eine gewisse Zeit belächelt worden war, wurde die Hypnose 1959 von der American Medical Association als nützliches Hilfsmittel bei der Narkose anerkannt. Hypnose kann so wirksam wie ein Schmerzmittel sein und ist sowohl bei Kaiserschnitten als auch bei Amputationen anstelle einer medikamentösen Betäubung eingesetzt worden.

Die Wunder, die Hypnose bewirkt, sind der Macht unseres Bewußtseins zu verdanken. Dennoch lassen diese erstaunlichen Geschichten sie wie ein zutiefst geheimnisvolles und magisches Mittel aussehen, als läge eine Hypnose weit jenseits unseres Alltags. Wir nehmen die Macht des Bewußtseins einen kurzen Augenblick lang wahr, doch dann verschwindet sie hinter dem Schleier eines mysteriösen Ablaufs.

Eigentlich ist Hypnose etwas ziemlich Gewöhnliches. Wir gehen jeden Tag hypnotische Zustände ein, wie etwa am Abend vor dem Einschlafen, wenn wir in einen hypnotischen Bereich geraten. Wir verlieren uns in unseren Gedanken und lassen uns von unseren Tagträumen hypnotisieren. Vor dem Fernseher nimmt unsere Lieblingssendung unsere Aufmerksamkeit so sehr in Anspruch, daß sie uns real vorkommt und uns zum Lachen und zum Weinen bringt. Wir lassen uns von der elektronischen Wirklichkeit vor unseren Augen hypnotisieren und sind empfänglich für die Suggestionen, die von der Fernsehwerbung ausgehen. Unsere Tage sind voller hypnotischer Ereignisse, denn die Hypnose besteht aus den völlig alltäglichen Elementen von Entspannung, Suggestion und Symbolik, von denen jedes unter den richtigen Bedingungen zu einer hypnotischen Wirkung führen kann.

Hypnotische Wirkungen sind der Tätigkeit des Unterbewußtseins zu verdanken, das von Suggestionen und Bildern lebt. Wenn das Bewußtsein sich entspannt, ist das Unterbewußtsein uns direkt zugänglich. Es ist am leichtesten, aus einem Zustand der Entspannung heraus mit Hypnose zu arbeiten, was uns ein einfaches Mittel gibt, um mit dem Unterbewußtsein zu kommunizieren.

Jeden Abend vor dem Einschlafen: Selbsthypnose

Cayce weist darauf hin, daß die Zeit vor dem Einschlafen praktisch ein natürlicher hypnotischer Zustand ist. Sie sind jeden Abend Ihres Lebens unter Hypnose gewesen!

Wenn wir einschlafen, entspannt sich unser Körper, und unsere Sinne verschließen sich. Das Bewußtsein läßt nach. Die gesamte äußere Wirklichkeit blendet sich aus, bis unsere Gedanken unsere einzige Wirklichkeit sind. Unser Unterbewußtsein, das seine Vorstellungen für wirklich hält, wird jetzt zum bestimmenden Modus.

Die Zeit vor dem Einschlafen eignet sich perfekt, um dem Unterbewußtsein Suggestionen zu vermitteln. Cayce sieht in diesem Zustand eine einmalige Gelegenheit, um die Gedankensamen eines neuen Lebens auszusäen. Auch wir werden den Zustand vor dem Einschlafen nutzen lernen, um unser Unterbewußtsein positiv zu programmieren, damit es zu einem wichtigen Werkzeug wird, das den tieferen Kräften unseres Bewußtseins erlaubt, uns beim Erreichen unserer Ziele behilflich zu sein.

Cayce empfiehlt vor allem auch Eltern, den Zustand vor dem Einschlafen zum Vorteil ihres Kindes zu nutzen. Die Geschichte oder das Gebet vor dem Einschlafen sind ein guter Augenblick, um seinem Kind dabei zu helfen, eine positive Einstellung gegenüber dem Leben zu erlangen. Es ist auch eine Zeit, um positive Alternativen zu Problemverhalten vorzuschlagen.

Cayce verordnet die elterliche Anwendung von Suggestionen vor dem Einschlafen bei psychologischen, psychosomatischen und körperlichen Problemen wie Alpträume, Bettnässen, schlechten Gewohnheiten und hyperaktiven oder anderen besorgniserregenden Gemütszuständen. Weil unser Unterbewußtsein über unsere Körperfunktionen wacht und zwischen unseren Gedanken und ihren materiellen Konsequenzen steht, rät uns Cayce, den Zustand vor dem Einschlafen zu nutzen, um den Einfluß des Unterbewußtseins so zu gestalten, daß er dem Körper Heilung bringen kann.

Jennifer, das Wunderkind

Ein aufsehenerregender Fall, bei dem Suggestionen eingesetzt wurden, um einem Kind die Gesundheit wiederzugeben, handelt von einem Baby namens Jennifer Pike. Weil ihre Mutter an einer plötzlichen Entzündung erkrankte, wurde Jennifer elf Wochen zu früh geboren. Sie wog nur ein Kilo und war krank. Die Ärzte meinten, sie hätte kaum Überlebenschancen, weil sie eine starke Gelbsucht hatte, unter Krämpfen litt, einen Wasserkopf hatte, ihr Herz periodisch stillstand und weil sie nicht gut atmen konnte. Doch Jennifers Mutter fand Grund, zu hoffen, daß ihre kleine Tochter überleben würde. Am Tag nach dieser niederschmetternden Diagnose starb Jennifer beinahe und konnte nur dank einer Bluttransfusion gerettet werden. Die Ärzte sagten jetzt, daß Jennifer, *falls* sie leben würde, wahrscheinlich schwer behindert wäre, mit Schäden an Augen, Gehirn und Lungen wie auch einer möglichen Cerebrallähmung.

Fast jeden Tag erlitt Jennifer auf der Intensivstation der Neugeborenenabteilung irgendeinen Rückschlag und entdeckten die Ärzte eine neue Krankheit in ihrem winzigen Körper. Doch ihre Mutter glaubte weiterhin ganz fest an die Genesung ihrer Tochter und redete ihr gut zu. Sie konnte sie nicht anfassen, da Jennifers Körper Berührungen als Schmerz empfand, doch sie konnte durch die Sprache Kontakt mit ihr aufnehmen. Sie versicherte ihr, alles würde gut werden, und begann ihr dann zu beschreiben, wie ihr Körper heilte. Ohne es damals zu wissen, gab sie ihrer Tochter heilende Suggestionen.

Als Jennifer einen Monat alt war, wog sie drei Pfund. Sie konnte die Intensivstation verlassen und kam in die offene Abteilung. Mit neun Wochen wog sie etwa drei Kilo und wurde aus dem Krankenhaus entlassen, um mit ihrer Mutter nach Hause zu gehen. Doch mit ihren Problemen war es noch nicht vorbei. Als Jennifer sieben Monate alt war, bestätigte sich die Prognose ihrer Ärzte, daß sie cerebral gelähmt sein würde. In einem Augenblick der Verzweiflung, als Jennifers Mutter sich fragte, wie ihre Tochter es schaffte, alle diese Probleme zu überwinden, begriff sie, daß es etwas mit ihren Gesprächen zu tun haben müsse. Sie war absolut davon überzeugt und beschloß, mehr über die Macht der Suggestion in Erfahrung zu bringen. Dabei stieß sie auf die Arbeit von Edgar Cayce und auf seinen Rat, Kindern vor dem Einschlafen positive Dinge zu suggerieren.

Was mit instinktiven positiven Suggestionen an Jennifer angefangen hatte, wurde jetzt zu einer Reihe bewußt geplanter und regelmäßig durchgeführter Suggestionssitzungen. »Du bist völlig normal!« sagte ihre Mutter immer wieder in einem ganz natürlichen Ton zu ihr.

»Du bist völlig ganz und gesund. Dein Rückgrat ist völlig ganz und gesund ... Du kannst deine beiden Hände perfekt bewegen ... Du kannst alles tun, was du möchtest ... Jeden Tag, wenn du aufwachst, fühlst du dich gut.« So lauteten zum Beispiel die Affirmationen, die Jennifers Mutter als positive Gedanken ständig wiederholte. Sie machte auch Tonbandaufnahmen von diesen Suggestionen, die sie Jennifer regelmäßig vorspielte.

Vielleicht kommt es Ihnen eigenartig vor, daß jemand erwarten könnte, daß verbale Suggestionen einem winzigen Säugling gegenüber eine Wirkung auf dessen Körper haben würden. Kann das Baby diese Worte verstehen? Werden sie von seinem Unterbewußtsein verstanden? Cayce meint, daß das Unterbewußtsein die Worte versteht, weil Mutter und Kind auf der unbewußten Ebene miteinander verbunden sind. Deshalb kann eine Kommunikation stattfinden.

Jennifers Mutter mußte sich erst daran gewöhnen, positiv zu denken. Wenn jemand fragte: »Was ist mit Jennifer los?« lernte ihre Mutter, zu sagen und selbst zu glauben, daß Jennifer nichts fehle und sie völlig gesund sei.

Gegen enorme Widerstände und mit nichts anderem als dem reinen Überlebenswillen entwickelte sich Jennifer in dieser Atmosphäre positiver Suggestionen, durch Massage und andere Formen zärtlicher Liebe, schließlich zu einem gesunden kleinen Mädchen.

Subliminale Suggestionen auf Selbsthilfe-Kassetten

Positives Denken und Autosuggestion sind schon seit Anfang dieses Jahrhunderts beliebte Selbsthilfemittel. Daran hat sich bis heute nichts verändert. Hörkassetten mit positiven Suggestionen sind zu einem Massenartikel geworden. Auf diesen Kassetten – den sogenannten »Subliminals« – sind subtile Botschaften mit entspannender Musik aufgenommen worden.

Stecken Sie sich einen Walkman in die Tasche und einen Kopfhörer ins Ohr! So können Sie bei der Arbeit oder zu Hause Ihren Beschäftigungen nachgehen, während Sie beruhigende Musik hören und Ihnen die ganze Zeit über klar ist, daß subliminale Suggestionen Ihrem Unterbewußtsein einen sanften Anstoß geben. Bald haben Sie keine Lust mehr zu rauchen, sind schlank, gesund und weise. Während Sie alltäglichen Dingen nachgehen, wird Ihrem Unterbewußtsein ein neues Lebensprogramm eingeprägt. Sie brauchen dazu keine Anstrengung zu unternehmen und profitieren von Errungenschaften der dynamischen Psychologie, die auf den letzten technologischen Stand gebracht wurden.

Das klingt beinahe zu gut, um wahr zu sein, und auch wenn Subliminals ein solides theoretisches Fundament haben, versprechen sie mehr, als sie halten. Cayce würde hinzufügen, daß sie uns aber auch etwas geben, das sie nicht versprechen. Das Problem von kommerziellen Hörkassetten mit Suggestionen und subliminalen Botschaften wollen wir uns genauer ansehen.

Es stimmt, daß das Unterbewußtsein Informationen aufspüren kann, die vom Intellekt nicht wahrgenommen werden. Wir haben bereits einige Untersuchungen berücksichtigt, die auf das ungeheure Ausmaß unserer Sensibilität schließen lassen. Ein unterschwelliger Reiz ist eindeutig ein Weg, um den Verstand zu umgehen und direkt mit dem Unterbewußtsein zu kommunizieren. Soviel steht fest.

Ein Problem dabei ist jedoch, daß die subliminale Suggestion ein unzuverlässiger Prozeß ist. Um eine Stimme so unter eine Musik zu legen, daß sie als subliminale Botschaft funktioniert, müssen wir einige Versuche durchführen, bis es klappt. Wenn die Stimme zu laut ist, kann jeder die Botschaft hören, die dann nicht länger unterschwellig ist. Ist sie zu leise, kann sie nur von einem sehr unterscheidenden Unterbewußtsein entdeckt werden, während viele andere sie überhören. Die Bedingungen, unter denen die Aussage gehört wird, werden auch einen Einfluß darauf haben, ob die Botschaft durchkommt.

Damit Laboruntersuchungen von subliminalen Botschaften vorgenommen werden können, sind ausführliche Voruntersuchungen nötig, um die genaue Lautstärke zu bestimmen, die erforderlich ist, damit diese vom durchschnittlichen Hörer wahrgenommen wird. Weil die Melodie von Augenblick zu Augenblick die Lautstärke wechselt, muß das Studio die Texte anpassen. Diese scheinbar geringfügigen technischen Betrachtungen sind ebenso wichtig wie zeitraubend und können sehr kostenintensiv werden.

Wenn wir davon ausgehen, daß der Hersteller der Subliminals alles versucht hat, um die unterschwelligen Botschaften richtig anzupassen, drängt sich eine andere Frage auf. Wie wirken diese Botschaften auf den Hörer? Bis zum heutigen Tag (Frühjahr 1988) hat kein kommerzieller Hersteller von Subliminals je Studien veröffentlicht, die beweisen, daß sein Produkt tatsächlich Veränderungen im Verhalten seiner Hörer bewirkt.

Labortests haben ergeben, daß subliminale Reize darüber entscheiden, wie ein Mensch die Stimmung im Vordergrund erfährt. Zeigt man jemandem ein Bild von einem menschlichen Gesicht, wird dieser Reiz eingesetzt, um darüber zu entscheiden, wie der Gesichtsausdruck dieses Menschen zu interpretieren ist. Wenn ich subliminal das Wort »wütend« über das Gesicht lege, wird der Ausdruck dieses Menschen als zorniger eingeschätzt, als wenn ich das Wort »glücklich« aufblitzen lasse. Wir haben bereits gesehen, wie subliminale Botschaften sich in einem Musikstück verstecken und die Tagträume des Hörers sowie seine Assoziationen zur Musik beeinflussen. Mit anderen Worten, Forscher wissen dort, wo es um unterschwellige Reize geht, am besten Bescheid darüber, wie sie auf die bewußte Erfahrung wirken. Sie neigen dazu, unser Bewußtsein in die Richtung zu drängen, die von der unterschwelligen Botschaft suggeriert wird. Diese Tatsache steht eindeutig fest.

Im Gegensatz zu dem, was allgemein angenommen wird, befassen sich die meisten Untersuchungen unterschwelliger Reize nicht mit motivierenden Suggestionen. Es wird allgemein davon ausgegangen, daß sich die Erforschung subliminaler Reize auf die Wirkung von Botschaften wie »Kaufen Sie Popcorn«, auf die Popcorn-Kaufgewohnheiten von Kinogängern konzentriert, doch in Wirklichkeit sind nur wenige, widersprüchliche Daten zu diesem Thema veröffentlicht worden.

Auch wenn wir uns vielleicht vorstellen, der Große Bruder hätte in Geheimlabors viel Zeit darauf verwendet, zu lernen, wie man uns durch unterschwellige Botschaften beeinflußt, hat er die Ergebnisse seiner Untersuchungen bis jetzt noch nicht veröffentlicht.

Es gibt allerdings gut dokumentierte Untersuchungen, die die positiven Auswirkungen einer bestimmten unterschwelligen Suggestion auf das menschliche Verhalten zum Inhalt haben. Damit eine Suggestion wirken kann, muß die Versuchsperson bereits auf ein bestimmtes Ziel hin motiviert sein und sich aktiv bemühen, dieses Ziel zu erreichen. In solchen Fällen gilt es als erwiesen, daß sich die Erfolgschancen wesentlich verbessern. Mathematikstudenten schneiden besser bei Prüfungen ab, Menschen, die sich wegen einer Depression in Therapie begeben, erleben eine Besserung ihrer Stimmung, und Menschen, die sich wegen einer Drogenabhängigkeit, Alkoholismus oder Nikotinsucht behandeln lassen, können es länger ohne Rückfall aushalten. Das ist die Art Resultate unterschwelliger Botschaften, die wir uns wünschen würden.

Wie lautete in diesem Fall die Suggestion? Sie werden überrascht sein, weil es nicht das ist, was Sie erwarten würden. Professor Lloyd H. Silverman, der Psychologe, der sie erfunden hat, meint, sie würden nur deshalb funktionieren, weil der Verstand sich ihres Inhalts nicht bewußt ist. Sie lautet: »Mami und ich sind eins.«

Dr. Silverman argumentiert von einem psychoanalytischen Standpunkt aus, daß diese Suggestion zur unbewußten Phantasie führt, in den Mutterleib zurückzukehren, eine Vorstellung, die die meisten Menschen nicht sehr attraktiv finden. Als Gedankensamen ins Unterbewußtsein gesät, inspiriert sie jedoch Visionen der glückseligen Vereinigung mit der Mutter. Das sichtbare Resultat ist überaus positiv. Es gibt Beweise für progressive Entspannung, Stimmungsaufhellung, verminderten Drogenkonsum und verbesserte Leistungen. Mehr können wir nicht verlangen.

Ein kommerzielles Unternehmen, das für eine subliminale Kassette mit der Botschaft »Mami und ich sind eins« werben würde, dürfte mit einiger Richtigkeit von sich behaupten, daß es tiefe Auswirkungen hat, ihr Produkt zu hören. Es gibt jedoch noch keine solche Kassette, weil es unsicher ist, ob das Thema öffentlichen Anklang finden würde. Es klingt jedenfalls nicht sehr erfolgversprechend.

Dr. Silverman schreibt: »Unbewußte Phantasien von Einheit können eine Anpassung beschleunigen, wenn dabei das Ichgefühl bewahrt werden kann.« Es ist interessant, daß Edgar Cayce von einer ganz anderen Warte zu einem ähnlichen Schluß kam. Oft bemerkten seine medialen Quellen, daß das Ziel eines jeden menschlichen Lebens darin besteht, Einheit mit Gott zu erfahren und *gleichzeitig* sein wahres Selbst zu entwickeln. Wie wir gesehen haben, macht es dem Verstand Mühe, diese scheinbar paradoxe Aussage zu verstehen und anzunehmen. Wird sie dem Verstand als unterschwellige Botschaft vorgestellt, umgeht er sie, woraufhin sie vom Unterbewußtsein quasi mit offenen Armen empfangen wird.

Aus Silvermans Studien können wir eine wichtige Lehre ziehen. Es ist möglich, dem Unterbewußtsein durch den Einsatz unterschwelliger Reize motivierende Suggestionen zu signalisieren und dabei die Wünsche des Intellekts völlig zu umgehen. Diese Suggestionen müssen jedoch zur Mentalität des Unterbewußtseins passen. Wenn das der Fall ist, reagiert es sehr stark auf sie. Diese Reaktion kann nicht immer vorhergesehen werden. Um den Suggestionsprozeß steuern zu können, sind psychoanalytische Überlegungen vonnöten, die auf die eigenartige Logik des Unterbewußtseins eingehen. Wenn wir subliminale Kassetten einsetzen, sind wir auf die Einsichten und die Weisheit des Herstellers angewiesen, was die Wahl der Suggestionen anbelangt. Aber auch dann können wir uns nicht auf das Ergebnis verlassen.

Cayce' Lesungen betreffend unserer Einflußmöglichkeiten auf das Unterbewußtsein liefern uns einen weiteren Grund, um Subliminals bis zu dem Tag zu vermeiden, an dem sie anders hergestellt werden. Wenn wir eine Kassette mit unterschwelligen Botschaften hören, erlauben wir es unserem Unterbewußtsein, sich von äußeren Reizen beeinflussen zu lassen. Cayce meint, dieser Einfluß beschränke sich nicht auf die eigentliche verbale Botschaft, die unterschwellig auf der Kassette enthalten ist. Die Gedanken, Gefühle und unbewußten Beweggründe aller, die mit ihrer Herstellung zu tun hatten, können einen unterschwelligen Einfluß auf den Hörer ausüben!

Etwas Ähnliches könnte die Reaktion von Hunden auf Briefträger sein. Hundebisse sind das gefährlichste und größte Berufsrisiko von Postboten. Unser Hund bellt und droht damit, jeden anzugreifen, der sich unserem Haus nähert, aber seine aggressivsten Begrüßungen spart er für den Briefträger auf, gleichgültig, wer das sein mag. Kein Verkäufer oder Paketdienst erfährt die Art Behandlung, die der Postbote sich gefallen lassen muß. Ich habe mich umgehört, ob es für dieses Phänomen eine Erklärung gibt, wobei die, die mich am meisten überzeugt hat, lautet, daß das Problem an der Tasche des Briefträgers liege. Mehrere Hundert Briefe, die alle von verschiedenen Menschen berührt wurden, sind ein sehr verwirrendes Bündel Gerüche. Der Postbote kommt mit einer Botschaft an, die die Hundenase wie eine Bombe trifft.

Unser Unterbewußtsein reagiert ebenso empfindlich auf die Schwingungen der Gefühle anderer wie ein Hund auf die Gerüche. Wenn wir uns einem Einfluß öffnen, indem wir eine

Kassette mit – subliminalen oder anderen – Suggestionen hören, können wir nicht nur die Gefühle und Gedanken der Menschen auffangen, die diesen Suggestionen ihre Stimme verliehen, sondern auch derjenigen, die sie bei der Herstellung bearbeitet haben.

Wer Erfahrung damit hat, wird bestätigen, daß man unter Hypnose die Gedanken des Hypnotiseurs mitbekommt. Mir ist selbst schon einmal so etwas passiert. Als ich an einem Workshop über Hypnose teilnahm, hatte ich mich in eine hypnotische Trance fallenlassen und war den Suggestionen des Hypnotiseurs gefolgt. Während ich mich immer mehr entspannte und seine Stimme zu meinen einzigen Gedanken wurde, hatte ich plötzlich einen kurzen Traum. Ich befand mich in einem völlig leeren Zimmer, als mir auffiel, daß eine Wand unten am Fußboden ein Loch entwickelte. Es war, als wäre die Wand ein Vorhang, und jemand würde ihn an einer Stelle anheben. Dann kam dieser Jemand durch das Loch in das Zimmer herein. Das fand ich zwar merkwürdig, doch dann kehrte ich wieder zur Stimme des Hypnotiseurs zurück. Als ich wieder zuhörte, erschrak ich, weil ich entdeckte, daß ich die Stimme jetzt irgendwie anders wahrnahm. Ich hatte meine eigenen Gedanken und dachte die Suggestion selbst, ehe die Stimme sie aussprach. Es war schwer zu glauben, aber als ich es zuließ, konnte ich überprüfen, daß ich die Suggestionen tatsächlich wortwörtlich dachte, ehe ich sie hörte.

Später sprach ich mit dem Hypnotiseur über dieses Empfinden. Er erklärte, daß das, was ich erlebt hatte, Telepathie sei, weil wir eine geistige Verbindung hergestellt hätten. Ich dachte über meinen Traum nach. Das Zimmer konnte für einen Bewußtseinszustand stehen. Im entspannten, hypnotischen Zustand war mein Geist leer. Die Wand oder die geistige Schranke war beweglich wie ein Vorhang. Der Hypnotiseur hatte diese Wand durchdrungen und meinen Geist betreten. Er meinte, ich solle mich an dieses Erlebnis erinnern, wenn ich meine Patienten hypnotisiere. Die Versuchsperson wird nicht nur durch verbale Suggestionen beeinflußt, sondern auch durch unausgesprochene Gedanken.

Cayce betont, daß die Menschen, die Anweisungen auf heilende Kassetten sprechen oder sonstwie mit Suggestionen arbeiten, darauf achten sollten, daß sie sich vor jeder Sitzung durch Meditation und Gebet reinigen. Das gilt auch für die Leute, durch deren Hand die dazu benötigten Materialien gehen, die leere Kassette, die Kopiermaschine, Hülle und Verpackung. Bis zu dem Tag, wenn so bewußt mit Subliminals umgegangen wird, wäre es besser, wenn wir unsere Suggestionskassetten selbst oder mit der Hilfe Gleichgesinnter aufnehmen.

Beim Einsatz von Hilfsmitteln im Heilungsprozeß geht Cayce nicht anders vor als die traditionellen spirituellen Heiler sogenannter primitiver Kulturen. Indianer halten zum Beispiel ihre Heilgegenstände in heiligen Rauch, um deren Schwingungen zu reinigen, und wenn wir nicht wissen, daß es in der Macht des Unterbewußtseins liegt, sich von den Gedanken anderer beeinflussen zu lassen, kommen uns solche Praktiken eigenartig vor. Cayce' Rat bekommt eine noch größere Bedeutung, wenn wir von den Beweisen der Psychometrie ausgehen, der Fähigkeit, die Gedanken eines Menschen zu lesen, indem man einen Gegenstand in die Hand nimmt, den der Betreffende berührt hat.

Um einschätzen zu können, wie offen Sie sind, wenn Sie ein Subliminal hören, können Sie versuchen, auf Ihre Reaktionen zu achten, wenn Sie sich das Band vorspielen. Mein erster Kontakt dieser Art war mit einer Kassette, die den Vorschlag enthielt, mit dem Rauchen aufzuhören, während man im Vordergrund das Meer rauschen hörte. Es war eine recht angenehme Hörerfahrung. Ich konnte natürlich nicht ausmachen, welche unterschwelligen Botschaften ich hörte, doch stellte ich fest, daß ich mich fragte, was mein Unterbewußtsein eigentlich zu hören bekam. Weil ich nicht wirklich wußte, was los war, ging meine Phantasie mit mir durch, so daß ich mir die wildesten Suggestionen vorstellte. Ich merkte ebenfalls, daß die Widerstände, die ich gegen den Gedanken hegte, mit dem Rauchen aufzuhören, sich ebenfalls meldeten. Ich hatte das Gefühl, als würde mir die Fähigkeit zu rauchen entzogen, ohne daß ich es wollte, und das war mir irgendwie gar nicht recht. Wenn ich dann absichtlich rauchte, während ich das Band hörte, fühlte ich mich schuldig. Wirkte ich dem Zweck der Suggestion entgegen oder war ihre subliminale Macht so groß, daß sie sich über meine absichtliche Fortsetzung des Rauchens hinwegsetzen konnte? Mir war klar, daß ich mich, auch wenn die Kassette keinerlei Botschaften enthielte, einer intensiven Placebo-Behandlung unterzog. Die Idee, daß Sie ein Band hören, das unterschwellige Botschaften enthält, ist an und für sich eine sehr suggestive Erfahrung! Ich habe damals erlebt, daß für mich der eindeutige Wert des Hörens von Subliminals darin bestand, durch die Überwachung meiner Gedanken zu entdecken, ob ich tatsächlich wollte, daß die Suggestionen wirkten oder nicht.

Suggestion und Täuschung

Im zweiten Kapitel haben wir gesehen, wieviel Wert Cayce darauf legt, daß wir das Unterbewußtsein respektieren, weil es über besondere Eigenschaften verfügt. Vor allem sollen wir verstehen, daß das Unterbewußtsein im Gegensatz zum Intellekt für Suggestionen empfänglich ist. Lassen Sie uns untersuchen, was diese Aussage beinhaltet.

Was geschieht zum Beispiel, wenn ich Ihnen sage, dieses Buch sei so leicht wie eine Feder?

Sie haben sein Gewicht wahrscheinlich geprüft, indem Sie es in die Hand nahmen und automatisch versucht, meine Behauptung zu bewerten, weil sie eine Überprüfung erfordert. Ihr Intellekt untersuchte die Aussage auf ihre Wahrheit oder Unstimmigkeit hin.

Bis der Verstand wählt, eine Aussage zu ignorieren, neigt er automatisch dazu, entweder mit den Dingen einverstanden zu sein oder sie zu verwerfen, es sei denn, er hätte nicht verstanden, worum es geht. Er prüft sie auf ihre Logik, sucht nach Übereinstimmung mit vergangenen Erfahrungen oder vergleicht sie mit den Informationen seiner Sinne, um sie dann zu leugnen oder zu bestätigen. Der Intellekt kann keine Suggestionen akzeptieren. Wie Cayce bemerkt, kann der Verstand auf eine Aussage nur wie auf eine Behauptung reagieren. Er muß sie bewerten und entweder bestätigen oder verwerfen.

Jetzt möchte ich Sie bitten, sich einfach nur vorzustellen, das Buch sei so leicht wie eine Feder und Sie könnten es mühelos halten, während Sie Ihre Hände und Arme entspannen, weil es wie von selbst in Ihren Händen liegt. Versuchen Sie es und schauen Sie, was geschieht.

Ist es Ihnen gelungen, sich das Buch als leicht vorzustellen? Wenn es möglich war, versuchen Sie es noch einmal und achten Sie darauf, wie Sie es anstellen.

Was haben Sie gemacht? Wahrscheinlich haben Sie sich auf bestimmte Dinge konzentriert und andere absichtlich weggelassen. Damit Sie sich vorstellen können, dieses Buch sei federleicht, können Sie sich darauf konzentrieren, wie leicht Ihre Hände und Arme sich anfühlen. Sie können auf das Buch achten, wie es in Ihren Händen ruht, aber die Gefühle weglassen, die von dem Druck kommen, der von seinem Gewicht ausgeübt wird. Dann können Sie sich vorstellen, dieses Buch liege leicht wie eine Feder in Ihrer Hand.

Während Sie so tun als ob, hält Ihr Verstand die Aussage nicht für eine Behauptung. Statt dessen ist er einverstanden, sie für bare Münze zu nehmen und sich entsprechend zu verhalten. Er konzentriert seine Aufmerksamkeit auf die Aspekte seiner Erfahrung, die mit seiner Annahme übereinstimmen, und ignoriert alles andere.

Sie sich vorzustellen, ist die beste Art, um dem Verstand zu erklären, was mit einer Suggestion gemeint ist, weil er sonst keine andere Möglichkeit hat, als sie für eine Behauptung zu halten.

Bei der Erörterung von Verhaltensveränderungen haben wir Cayce' Ansicht vorgestellt, daß eine Einstellung sich verwirklicht, wenn wir so tun, als würden wir sie bereits erleben. Hier haben wir es einmal mehr mit diesem Prinzip zu tun. Dieses Mal geht es darum, zu sehen, daß die Vortäuschung den Verstand dazu bringen kann, auf die Macht von Suggestionen einzugehen. Daran sehen wir, wie sehr Cayce' Rat, Handlungen zu wählen, die unserer Einstellung entsprechen, auf ein wirkliches Verständnis der Funktionsweise der Suggestion basiert.

Alle Suggestionen sind Affirmationen

Nichts an einer Aussage qualifiziert sie als Suggestion, sondern sie wird erst dazu, wenn sie akzeptiert wird und dazu führt, daß jemand bereit ist, so zu tun, als ob es sich so verhielte, oder es tatsächlich zu glauben.

Das Unterbewußtsein hält alle Aussagen automatisch für wahr. Diese Eigenschaft des Unterbewußtseins ist jedoch mit einem gewissen Vorbehalt verbunden. Das Unterbewußtsein versteht die Bedeutung des negativen Nein oder »nicht« nicht. Sagt man Ihnen, Sie sollen nicht an das Auge eines Kamels denken, muß das Unterbewußtsein sich zuerst das Auge eines Kamels vorstellen und es dann streichen, was heißt, daß Sie nicht anders können, als daran zu denken. Wenn Sie sich an das Experiment in Gedankenstoppen erinnern, das ich im letzten Kapitel beschrieben habe, werden Sie verstehen, daß es effektiver sein würde, statt dessen zu suggerieren: »Wenn Sie an das Auge eines Kamels denken sollten, machen Sie daraus sofort einen roten Volkswagen.«

Die Logik des Negativen zu verstehen gehört nicht nur in den Bereich des Intellekts. Im dritten Kapitel habe ich beschrieben, wie die Schöpfung des Bewußtseins einem Akt der Leugnung zu verdanken ist. Wir haben gesehen, daß das Bewußte sich durch ein »Nein« vom Unterbewußten trennte, und wir haben es mit einem zweijährigen Kind verglichen, das sich von seinen Eltern distanziert, seinen eigenen Willen bestimmt und den seiner Eltern mit seinem ständigen »Nein« in Frage stellt. Das ist ein weiterer Grund, weshalb das Unterbewußtsein aus Aussagen Suggestionen macht, wohingegen dieselben Aussagen vom Verstand als Behauptungen aufgefaßt werden. Der Verstand hat immer ein »Nein« zur Hand, das er schnell einwerfen wird, wenn die Aussage ihm nicht richtig vorkommt.

Das Unterbewußtsein kann nicht von einem unerwünschten Bezugspunkt abgelenkt werden, indem man es bittet, dieses oder jenes nicht zu tun. Vielmehr muß es umgeleitet werden, indem man es bittet, etwas anderes zu tun oder zu betrachten. Hier finden wir wieder das allgemeine Prinzip von Cayce, das Negative durch das Positive zu ersetzen. Suggestionen sollen positiv abgefaßt werden. Was möchten Sie, daß Ihr Unterbewußtsein glaubt, bewirkt oder erfährt?

Ich habe selbst erlebt, wie man durch Suggestionen seine

Rauchgewohnheiten in andere Bahnen lenken kann. In einem Fall wurde die folgende Suggestion eingeführt: »Jedesmal, wenn Sie Lust haben zu rauchen, fällt Ihnen der Geruch und Geschmack von Erbrochenem ein, aber wenn Sie Ihren farbigen Stein in die Hand nehmen, fühlen Sie sich friedlich.« In einem anderen Fall basierte die Suggestion auf einem spirituellen Ideal: »Jedesmal, wenn Sie Lust haben zu rauchen, atmen Sie tief ein und fühlen sich dankbar und friedlich, weil der göttliche Geist in Sie eingeht und Sie mit Liebe und Wärme erfüllt.«

Beide Personen waren fest entschlossen, mit dem Rauchen aufzuhören, weil ihr Arzt ihnen gesagt hatte, ihr Körper stünde kurz vor dem Zusammenbruch. Auch die innere Bereitschaft war da, denn beide hatten sie das Rauchen schon aufgegeben und waren nur zwei- oder dreimal in anstrengenden Situationen rückfällig geworden, weil sie ihre Gedanken nicht vom Wunsch nach einer Zigarette abbringen konnten. Der Einsatz von Suggestionen mußte in diesen Menschen keine Bereitschaft mehr erzeugen, sondern lediglich einen neuen Weg schaffen, durch den sie ihre Bereitschaft ausdrükken konnten. In beiden Fällen wurde die Suggestion so abgefaßt, daß sie neue Gewohnheiten schafften.

Ein guter Zeitpunkt, um zu lernen, wie die Suggestivkraft funktioniert, ist die Formulierung Ihres Ideals: Versuchen Sie dies so zu verfassen, daß es sich wie eine Bestätigung anhört. Nicht wie ein Wunsch oder ein Bedürfnis, sondern wie eine Tatsache. Eher als zu sagen: »Ich möchte ein liebevoller Mensch sein«, bestätigen Sie: »Ich bin ein Mensch, der durch Liebe geschaffen wurde und Liebe ausdrückt.« Eine Alternative wäre: »Nur die Liebe ist wirklich.«

Mit dieser Suggestion zu arbeiten, bedeutet nicht, daß Sie den Gedanken in Ihren Kopf hämmern und versuchen sollen, sich andere Vorstellungen auf diese Weise auszutreiben. Als wahre Aussage wird eine Suggestion mit einer normalen Stimme vorgetragen, als wollte man sagen: »Es besteht gar kein Zweifel daran.« Wenn Sie sich Ihre Affirmation in den Kopf brüllen, geben Sie Anlaß zu negativen Reaktionen und fordern Ihren Verstand heraus, darin eine Behauptung zu sehen, die es zu bewerten gilt.

Sprechen Sie Ihr Ideal von Zeit zu Zeit ruhig vor sich hin und seien Sie bereit, sich vorzustellen und zu glauben, es sei wahr. Erlauben Sie Ihrem Körper, diese Wahrheit zu spüren, und gestatten Sie Ihrer Vorstellung, mit den Folgen Ihrer Affirmation zu spielen. Lassen Sie zu, daß Sie sich entwickeln, damit Sie selbst entdecken können, wie Suggestionen durch Affirmationen wirken.

Stellen Sie sich Ihren Weg in die Hypnose vor

Eines der größten Hindernisse beim Erlernen der Selbsthypnose ist nicht die Angst vor dem Unbekannten, sondern die Gewohnheit des Intellekts, alles zu bewerten. Es ist nicht schwierig, sich zu fragen: »Bin ich jetzt in Trance?« Sie können sich leichter selbst hypnotisieren, wenn Sie bereit sind, so zu tun, als befänden Sie sich in einem hypnotischen Zustand.

Zu wählen, so zu tun, als ob eine Behauptung wahr sei, ist nicht dasselbe, als sie zu bewerten und zu beschließen, sie sei wahr. Es heißt, daß Sie die Behauptung für wahr halten und Ihre Aufmerksamkeit auf eine Weise darauf richten müssen, die Ihnen dabei hilft, sie für wahr anzusehen. Der Verstand tut so, als sei er mit dieser Behauptung einverstanden, indem er sich auf das konzentriert, was sich im Einklang mit ihr befindet und alles andere ignoriert. Diese Vortäuschung kommt einer Suggestion ziemlich nah. Wenn der Intellekt sich die Dinge so gut vortäuscht, daß er das Vorgetäuschte vergißt und dann anfängt zu glauben, es sei wahr, ist er so nahe wie nur möglich an die Akzeptanz einer Suggestion herangekommen.

Sich in eine Hypnose zu begeben, ist nichts anderes als der Prozeß, eine Suggestion nach der anderen zu akzeptieren. Im hypnotischen Geisteszustand gehen wir auf Suggestionen ein. Wie bei anderen Suggestionen kann uns auch hier der Verstand dabei helfen, den Vorgang des Zulassens der Hypnose durch Vortäuschung zu fördern.

Wissenschaftliche Untersuchungen haben aufgezeigt, daß die Vorstellung, man sei hypnotisiert worden, zu ebensoguten Resultaten führt wie eine tatsächliche Hypnose. Lassen Sie sich von diesem Argument nicht irreführen. Wenn der Intellekt so tut als ob, führt er die Entsprechung dessen aus, was das Unterbewußtsein macht, wenn es eine Suggestion annimmt.

Der Verstand kann mit dem Unterbewußtsein zusammenarbeiten. Solange er sich unter aktiver Hypnose befindet, wird er Reaktionen auf Suggestionen als Vorgabe erleben. Das macht diese Erfahrung aber nicht weniger wertvoll.

Die traditionelle Hypnosetheorie geht davon aus, daß nicht alle Menschen sich gleich gut hypnotisieren lassen, wohingegen Cayce behauptet, jeder könne sehr einfach lernen, in eine hypnotische Trance zu gelangen, weil es ein natürlicher Bewußtseinszustand ist. Neuere Untersuchungen bestätigen Cayce' Standpunkt, daß der Verstand der Einleitung hypnotischer Suggestionen folgen kann, wenn er sich einverstanden erklärt, so zu tun als ob. Ist er bereit, sich die Suggestionen vorzustellen, wird der Verstand den Weg finden, damit das Unterbewußtsein auf sie eingehen kann.

Die Fähigkeit, etwas vorzutäuschen, es sich vorzustellen oder so zu tun als ob, die aus einer intellektuellen Bereitschaft hervorgeht, ist der Hypnose sehr zuträglich. Zu lernen, sich mit phantasievollen Dingen zu beschäftigen, kommt diesem Zustand sehr nahe. Wie wir im folgenden sehen werden, kann die Bereitschaft, etwas vorzutäuschen oder es sich vorzustellen, als Methode eingesetzt werden, um Zugang zum traditionellen hypnotischen Zustand der Tiefenentspannung zu finden.

Die Tiefenentspannung

Um sich selbst hypnotisieren zu können, müssen Sie erst lernen, sich zu entspannen. Die Vitalität des Verstandes hängt von der Fähigkeit des Körpers und der Wachheit der Sinne ab. Wenn der Körper sich entspannt und wir die Botschaften unserer Sinne ignorieren, fehlt es dem Bewußtsein an den nötigen Reizen und es beginnt sich zurückzuziehen. Genau das geschieht, wenn wir einschlafen und wenn wir in einen hypnotischen Zustand fallen.

Wir können auf mehrere Arten mit der Tiefenentspannung anfangen. Keine davon verlangt, daß Sie irgend etwas *tun*. Entspannung ist das Gegenteil davon. Es ist ein Prozeß des Loslassens. Entspannung ist ein anderes Beispiel dafür, wie man sich zurücknimmt.

Um sich entspannen zu können, legen Sie sich am besten hin oder setzen sich auf einen bequemen Stuhl mit einer Rückenlehne. Ein Kissen unter Ihrem Knie und eines unter Ihrem Kopf helfen, diese Bereiche Ihres Körpers zu stützen und machen es Ihnen bequemer.

Ein ausgezeichneter Anfang ist die Augenlid-Methode, die ich Henri Bolduc verdanke. Richten Sie Ihren Blick auf eine Stelle auf der Wand und schließen Sie, so langsam wie Sie können, Ihre Lider. Dann öffnen Sie sie sanft und schließen sie erneut ganz langsam. Wiederholen Sie diesen Prozeß zehnmal. Beim zehnten Mal wird sich der Bereich rund um Ihre Augen sehr müde und entspannt anfühlen. Dieses Gefühl von Entspannung breitet sich auf den ganzen Körper aus.

Sie können sich auf Ihren Atem konzentrieren und sich vorstellen, wie Ihr Körper atmet. Bei jedem Ausatmen findet in der Brust und im Unterleib eine natürliche Entspannung statt. Fangen Sie damit an, daß Sie sich auf diesen Bereich Ihres Körpers konzentrieren und dann zu Ihren Gliedern übergehen. Beim nächsten Ausatmen stellen Sie sich vor, Ihre Knie würden ebenfalls ausatmen. Stellen Sie sich vor, wie Ihre Knie sich entspannen, während Sie beim Ausatmen Spannung abgeben. Fahren Sie mit diesem Prozeß fort, indem Sie jeden Körperteil entspannen.

Manche Leute mögen es, wenn sie sich beim Einatmen »ent« und beim Ausatmen »spannt« sagen. Es gibt ihnen etwas, worauf sie sich konzentrieren können, und hält sie davon ab, einzuschlafen, es sei denn, sie wünschen es.

Eine weitere Methode, sich zu entspannen, besteht darin, sich auf ein Körperglied zu konzentrieren und sich vorzustellen, daß es sich schwer anfühlt. Wenn Ihr rechtes Bein sich entspannt, stellt sich ein Gefühl von Schwere ein. Es fühlt sich nicht so an, als würde ein Bleigewicht Druck auf Ihr Bein ausüben, sondern vielmehr, als wäre es selbst aus geschmolzenem Blei. Es ist ein gutes Gefühl, das Bein loszulassen und es ihm zu erlauben, sich zu entspannen. Dies ist eine Methode, um sich zu entspannen, die auf Suggestionen basiert, die Sie automatisch in den hypnotischen Zustand versetzt.

Fangen Sie damit an, zu spüren, wie Ihr rechter Arm schwer wird. Sagen Sie sich: »Mein rechter Arm ist schwer.« Unternehmen Sie nichts, um ihn schwer zu machen, sondern stellen Sie ihn sich einfach als schwer vor, mit der Bereitschaft, ihn auch so zu erleben. Lassen Sie Ihren Arm in Ihrem Schoß oder auf Ihrer Armlehne ruhen. Schließen Sie die Augen und erlauben Sie sich, sich vorzustellen, wie Ihr Arm schwer wird. Sie stellen sich vor, Ihr Arm fühle sich schwer an, indem Sie auf die Gefühle in Ihrem Arm achten, die Sie als schwer empfinden. Lassen Sie diese Gefühle sich in Ihrem gesamten Arm ausbreiten. Wenn Sie sich dieser Erfahrung einen Augenblick lang hingegeben haben, bewegen Sie Ihre Finger, und die Schwere wird augenblicklich verschwunden sein.

War das nicht einfach? Es ist eine natürliche Erfahrung und gleichzeitig auch die beliebteste Suggestion, die ein Hypnotiseur anwendet, wenn er mit seiner hypnotischen Einleitung beginnt. Das können Sie auch sehr leicht selbst machen.

Wenn Sie mit dieser Methode fortfahren wollen, hören Sie nicht mit dem rechten Arm auf, sondern richten Ihre Aufmerksamkeit nach etwa einer Minute auf Ihren anderen Arm und denken: »Mein linker Arm ist schwer.« Dann gehen Sie zu Ihren Beinen über. Sie können Ihre Empfindungen rekapitulieren und mit Suggestionen zusammenfassen wie: »Meine Arme sind schwer« oder »Meine Beine sind schwer« oder auch »Meine Arme und Beine sind schwer.«

Indem Sie sich Ihren Körper als entspannt vorstellen und die Entspannung dann erleben, sind Sie erfolgreich auf die Suggestion eingegangen und befinden sich auf dem Weg zu noch tieferen Bereichen der Hypnose. Indem Sie sich vorstellen, Ihr Arm sei schwer, haben Sie, ohne es zu wissen, angefangen, in Ihren Autosuggestionen Bilder einzusetzen. Wenn wir uns jetzt dem Thema Ihrer inneren Bildwelt zuwenden, erinnern Sie sich an diese Erfahrung. Sie verfügen über innere Bilder und können sie einsetzen, um über Ihren Bewußtseinszustand und Ihren Körper zu bestimmen.

Kapitel 12

Das innere Auge: Vorstellungskraft und Visualisierung

Materielle Bedingungen – seien sie sozialer oder finanzieller Art, aber auch Wünsche und Abneigungen – sind Umsetzungen geistiger Bilder innerhalb des Körpers, die von unserer Spiritualität eingeführt, aufgebaut und angeleitet worden sind.

Edgar Cayce 349-4

So wie die Augen das Fenster der Seele sind, ist das innere Auge das Fenster des Bewußtseins. Unser inneres Auge nimmt in Bildern und Symbolen wahr. Nirgends ist die kreative Magie des Bewußtseins so offensichtlich wie in seinem Bilderleben.

Wir schätzen Menschen mit einer »Vision«. Dabei bewundern wir aber nicht ihr Augenlicht, sondern ihre Vorstellungskraft, die Fähigkeit, Dinge zu sehen, die ihr Auge noch nicht geschaut hat. Diese Menschen vertrauen den Bildern ihres Bewußtseins und lassen sich von ihnen anleiten, um Dinge real werden zu lassen, die sie sich zunächst nur vorgestellt hatten.

Beethoven komponierte seine besten Symphonien, als er bereits taub war und ihm nur noch seine Phantasie blieb, um seine Musik zu schreiben und zu verfeinern. Er hat nie gehört, wie sie gespielt wurde. Einstein entwickelte die Relativitätstheorie, indem er sich vorstellte, wie es wäre, auf einem

Lichtstrahl zu reisen. Vieles an seiner Theorie ging von eingebildeten Experimenten aus, und es gelang anderen Wissenschaftlern sogar erst nach seinem Tod, die Beobachtungen zu machen, die er sich vorgestellt hatte. Der Phantasie Walt Disneys entsprangen eine Gruppe von Figuren sowie die Mittel, sie zum Leben zu erwecken. Nicht nur erfand er eine komplette Realität, sondern auch die Mittel, um sie umzusetzen.

Pioniere wie diese, und davon hat es viele gegeben, sind der positive Beweis für das Wort: »Was das Bewußtsein sich vorstellt und glaubt, kann wirklich erreicht werden.«

Cayce möchte, daß wir wissen, daß wir alle solche Pioniere sind. Wir benutzen alle die Macht dessen, was er die »imaginativen Kräfte« des Bewußtseins nennt, um unsere Lebenserfahrungen zu schaffen. Ob wir uns dieses Vorgangs bewußt oder aktiv damit beschäftigt sind, darüber zu entscheiden, wie wir sie einsetzen wollen, mittels unserer Phantasie profitieren wir alle von den kreativen Kräften, die uns unsere Möglichkeiten entdecken lassen und die Umstände in unserem Leben verwirklichen. Cayce möchte, daß wir uns dieses Prozesses intensiver bewußt werden und zielgerichtet und konstruktiv mit unserer Vorstellungskraft arbeiten.

Dazu müssen wir erst einmal erkennen, daß wir unter dem Vorurteil leiden, uns die Phantasie so vorzustellen, als sei sie etwas Eingebildetes, das nichts mit der Wirklichkeit zu tun hat. Wir sagen oft, etwas sei nur eingebildet, wenn wir es nicht für wirklich halten. Wenn wir statt dessen lernen würden, uns von den Folgen leiten zu lassen, die wir dem Ausdruck »visionär« zugestehen, wären wir in einer besseren Situation, um wertschätzen zu können, was Cayce mit imaginativen Kräften meint.

Der intuitive Radar der Phantasie

Ihr visionäres Bewußtsein ist wie ein Fernsehgerät, das sich auf weltweite Schwingungsmuster einstellen kann, aus denen es Bilder auf seinem Bildschirm macht. Unsere intuitiven, psychischen und kreativen Erfahrungen werden durch die bildliche Vorstellungskraft des Bewußtseins erzeugt. Unsere Phantasie ist ein Erfahrungsmodus, mit dem wir spüren und Informationen aufnehmen.

Träume sind der Ort, wo sich die meisten von uns der Sensibilität der Vorstellungskraft bewußt werden. Während wir träumen, fängt unsere Vorstellungskraft Ahnungen oder mediale Eindrücke auf, die aus dem unendlichen Wahrnehmungsbereich der Seele stammen. Manchmal träumen wir von Ereignissen, die sich später bewahrheiten, oder kommunizieren im Traum telepathisch mit Freunden. Manchmal sind wir im Traum auch hellsichtig und finden etwas, was wir dringend brauchen. In unseren Träumen zeigen sich manchmal Lösungen unserer Probleme, und wir können mit mikroskopischer Genauigkeit die Ursache eines Leidens diagnostizieren. Auf jeden Fall bedient sich der Traumzustand der Phantasie, um Eindrücke in informative und manchmal auch symbolische Bilder umzusetzen.

Manchmal empfängt die Vorstellungskraft ihre ersten intuitiven Signale durch Gefühle. Die Betrachtung dieser Empfindungen führt zu ihrer bildlichen Umsetzung, wodurch sie leichter auf ihren Informationsgehalt hin geprüft werden können. Es ist, als würden wir einen Fernsehkanal wählen und nur den Klang des entsprechenden Senders hören, um ihn dann genauer einzustellen, bis das Bild auf dem Bildschirm erscheint.

Hier ein Beispiel, was Freunden von mir passiert ist. Jane

hatte ihrem Mann Edward anvertraut, daß sie ein ungutes Gefühl wegen Edwards neuem Vorgesetzten habe. Sie bezog sich auf einen Abend, den sie gemeinsam mit Herrn und Frau Jones verbracht hatten, wo viel vom Geschäft und von Edwards Rolle bei dessen Entwicklung die Rede gewesen war. Edward, der völlig von den rosigen Zukunftsaussichten eingenommen war, die er seit dem Abend unterhielt, zeigte sich nicht sehr offen für die vagen Ahnungen seiner Frau.

Weil ihr Mann sie nicht ermutigte, sich zu ihren Gefühlen zu äußern, aber auch weil seine Reaktion ihr zeigte, daß er ihre Warnung nicht ernst nahm, wälzte Jane ihr Unbehagen immer wieder in ihrem Kopf herum. Sie wußte, daß sie einen Weg finden mußte, um sich auf eine Art und Weise auszudrücken, die ihren Mann aufhorchen und die Bedrohung wahrnehmen lassen würde, von der sie sicher war, daß es sie gab. Als sie sich auf ihr spontanes Gefühl konzentrierte, tauchten verschiedene Bilder vor ihrem inneren Auge auf. In ihrer Vorstellung sah sie, wie Herr Jones den Teppich unter Edwards Füßen wegzog, sowie den überraschten Ausdruck auf Edwards Gesicht, als er anfing zu fallen. Allerdings paßte der Gesichtsausdruck Edwards nicht ganz zu ihrem Gefühl. Deshalb sah sie sich ihr Bild von Herrn Jones noch einmal an. Sie hatte nicht das Gefühl, daß Herr Jones Edward absichtlich einen Schaden zufügen wollte, sondern sah ihn mit mehreren Bällen gleichzeitig in der Luft jonglieren. Einer davon entwischte ihm, und als er ihm nachging, zog er unabsichtlich den Teppich mit sich und brachte ihren Mann zu Fall. Wäre der Teppich festgenagelt oder wäre Herr Jones nicht auf ihm gestanden, hätte seine Reaktion ihren Mann nicht auf die gleiche Weise betroffen. Diese imaginäre Szene gab Jane die Information, die sie brauchte.

Jane näherte sich jetzt ihrem Mann anders und lenkte seine Aufmerksamkeit in eine bestimmte Richtung. Sie fragte ihn, ob es möglich wäre, daß die Mittel der Firma den Projekten entzogen werden könnten, die Edward leiten sollte, falls Herr Jones sich auf die Expansionszweige konzentrierte, die er für vielversprechend hielt. Edward mußte zugeben, daß dies eine Möglichkeit war. Jane meinte, daß Herr Jones Edwards Bemühungen auf diese Weise untergraben könnte, ohne es zu wollen. Er neigte dazu, sich auf aktuelle Chancen zu stürzen, und alte Verpflichtungen zu vergessen. Wäre es nicht eine gute Idee, wenn Edward einen Vertrag mit Herrn Jones abschloß, der die Mittel festlegte, die für Edwards Projekte zur Verfügung stehen sollten? Es war Edward nicht eingefallen, an der Planung von Herrn Jones zu zweifeln, doch je mehr er über Janes Einsicht nachdachte, desto mehr überraschte es ihn, wie recht sie hatte.

Einige Tage später erzählte Edward Jane, daß er ein weiteres Gespräch mit Herrn Jones geführt habe. Sie hatten ihre Absichten geklärt, und bei dieser Gelegenheit hatte Edward realisiert, daß er ohne Janes Einsicht vielleicht eine undurchführbare Aufgabe übernommen hätte. Er bedankte sich bei ihr, während Jane sich erleichtert fühlte, daß die Position ihres Mannes jetzt klarer war. Sie hatte sich die Dinge nicht »eingebildet«, sondern ihre Vorstellung als einen Kanal für ihre Intuition eingesetzt, die immer klarer wurde.

Anläßlich unserer Untersuchung des Unbewußten im zweiten Kapitel haben wir gesehen, wie die Mächte der unterschwelligen außersinnlichen Wahrnehmung und der Kreativität durch den intuitiven Modus der Vorstellungskraft operieren. Wir können lernen, uns absichtlich auf diese Bewußtseinsebene einzustellen und die kreativen und medialen Fähigkeiten der Phantasie nutzen. Unsere vorbereitende Arbeit im vorherigen Kapitel bestand darin, uns zu entspannen und zu lernen, in einen selbsthypnotischen Zustand einzugehen. Damit haben wir schon ein gutes Stück des Weges geschafft.

John war ein freischaffender Schriftsteller, der wegen eines Berichts über einen kooperativ geführten Laden unterwegs gewesen war. Er hatte alle Fakten beisammen und ein paar Absätze geschrieben, ohne jedoch einen Zugang zu der Geschichte gefunden zu haben, der das Gefühl vermittelt, das er sich wünschte. Er versuchte es mit Hypnose.

Entspannt lehnte er sich in einem bequemen Stuhl zurück und hörte Musik, während er gleichzeitig Anweisungen folgte, die bei ihm einen hypnotischen Bewußtseinszustand auslösen sollten. Fünfzehn Minuten später, als die Musik zu Ende war, hörte er weitere Anweisungen, die ihn durch eine Visualisierung seines Problems führten. Für ihn hieß das, sich alle Elemente seines Artikels vor seinem innerne Auge vorzustellen.

John sah drei Stapel Papier. Einer sah sehr ordentlich aus und bestand aus vollgeschriebenen Blättern. Das war der fertige Artikel. Der zweite Haufen war ziemlich groß, aber weniger ordentlich; das Papier lag kreuz und quer durcheinander. Es war voller Absätze, die er geschrieben hatte. Er sah, daß alle diese kleinen Absätze und Teile die Elemente seiner Arbeit waren und Zitate der Leute, die er befragt hatte, eine Beschreibung der Örtlichkeiten und einige belanglose Sätze und Beschreibungen enthielten. Der dritte Stapel war viel kleiner und lag im Dunkeln. Auf diesen Blättern stand nicht sehr viel, und das bereitete John Sorgen.

Es folgten weitere Anweisungen. »Lassen Sie diese Bilder jetzt vor Ihrem inneren Auge verschwinden«, hieß es, »und vergessen Sie Ihr Problem.« John seufzte erleichtert auf, denn es war ihm recht, sich zu entspannen und von der Last zu befreien, an seinen Artikel denken zu müssen. Die nächste

Suggestion lautete: »Auch wenn Sie diese Elemente nicht länger vor Augen haben, sind sie in Ihrem Hinterkopf immer noch sehr lebendig. Sie haben ein Eigenleben angenommen und werden Ihnen bald einen Tagtraum oder ein traumähnliches Erlebnis bringen.«

Augenblicke später schwebte John in einem Tagtraum die Hauptstraße des Ortes hinunter und betrat den Laden, über den er berichten wollte, durch ein Fenster im zweiten Stock. Langsam schwebte er durch den ganzen Laden und sah sich alles von oben an, die verschiedenen Abteilungen, das Verkaufspersonal und die Kunden. Besonders gefiel ihm die Stimmung, die er dort spürte. Alles im Laden nahm eine besondere Eigenschaft an: Die Waren vibrierten förmlich in den Regalen und blitzten, als würden sie die Kunden auffordern: »Nimm mich. Ich bin gut!« Er beobachtete den Austausch, der zwischen Verkaufspersonal und Kunden stattfindet, wenn ein gemeinsames Interesse an einem Geschäft und dessen Erfolg sie vereint. John fühlte sich in dieser Atmosphäre sehr wohl.

Als er aus seinem Traum aufwachte, war er von der Aussicht, den Artikel zu schreiben, absolut begeistert. Innerhalb von Minuten war er bei der Arbeit und beschrieb seinen Ladenbesuch. In weniger als einer Stunde hatte er eine Rohfassung des gesamten Artikels erstellt, dessen Ton ihm gefiel. Es wäre ihm nie eingefallen, den Laden aus der Sicht eines herumstöbernden Kunden zu beschreiben, weil er sich derart von den technischen Einzelheiten hatte beeindrucken lassen, daß er den Geist des Ortes nicht wahrgenommen hatte. In nur wenigen Tagen entspannter Arbeit hatte er seinen Entwurf überholt und einen Artikel geschrieben, der bald darauf veröffentlicht wurde.

Johns Geschichte geht auf ein Fallbeispiel Robert Davés zurück, einem Psychologen der Michigan State University, der den Wert hypnotischer Tagträume bei der kreativen Problemlösung untersuchte. Bei seiner Untersuchung bat er seine Versuchspersonen – alles Leute, die mit ihren Problemen nicht fertig wurden –, es mit einem von zwei Lösungsversuchen zu probieren. Bei der ersten Methode kamen hypnotische Tagträume wie der von John zum Einsatz. Der zweite Ansatz ging die Sache völlig logisch an, ohne es irgendwelchen irrationalen Gefühlen zu erlauben, zur Lösung beizutragen.

Den Personen, die es mit der logischen Methode versuchten, wurde gezeigt, wie sie konzentriert bleiben konnten, während sie jedes einzelne Element ihres Problems durchdachten. Sie trugen es laut und in allen Einzelheiten vor und gingen jedes mögliche Lösungselement durch. Dabei verbrachten sie bis zu einer Stunde mit ihrem Lehrer und prüften jede relevante Möglichkeit auf Vernunft und Durchführbarkeit. Am Ende der Sitzung waren die Teilnehmer ziemlich begeistert und äußerten die Meinung, der Prozeß hätte ihnen geholfen.

Eine Woche später berichteten alle Versuchspersonen, wie es jetzt um ihr Problem stand. Die Ergebnisse waren überraschend. Sechs von acht Kandidaten, die sich hypnotischen Tagträumen hingegeben hatten, war es seitdem gelungen, ihr Problem erfolgreich zu lösen. Von den acht Personen, die sich logisch mit dem Problem auseinandergesetzt hatten, war nur einer zu einer befriedigenden Lösung gekommen. Obwohl alle Versuchsteilnehmer, die es mit der logischen Methode versucht hatten, sie als Hilfe empfanden. Während von den Tagträumern nur wenige dieses Gefühl teilten, hatte sich die hypnotische Methode eindeutig als die wirksamere Inspirationsformel erwiesen!

Sie können von Johns Erfahrung mit diesem Forschungsprojekt profitieren und diese Methode anwenden, um sich inspirieren zu lassen. Mit der autogenen Methode, die ich im vorhergehenden Kapitel beschrieben habe, dürfte es Ihnen nicht schwerfallen, zu einem entspannten Bewußtseinszustand zu finden, der es Ihrer Vorstellungskraft erlaubt, inspirierte Vorschläge zu der Frage zu machen, die Sie gerade beschäftigt.

Die Cayce-Lesungen raten uns, es erst einmal mit hypnotischen Tagträumen zu versuchen, in denen wir uns auf unser Ideal konzentrieren. Lernen Sie, in Ihren Tagträumen den Geist Ihres Ideals in Bildern und Szenen zu beschwören, die in Ihnen eine emotionale Reaktion hervorrufen. Sind Sie dann entspannt und offen für Suggestionen, wiederholen Sie Ihr Ideal geistig und erlauben es ihm, in Ihnen die Gefühle zu erzeugen, nach denen Sie suchen. Als nächstes lassen Sie zu, daß sich aus diesen Gefühlen Bilder entwickeln. Lassen Sie sich zu einem Tagtraum über Ihr Ideal verführen!

Der nächste Schritt wäre dann, diese hypnotische Traumerfahrung zu benutzen, um sich vorzustellen, wie Sie von Ihrer idealen Einstellung aus auf eine bestimmte Situation reagieren würden. Gestatten Sie sich, im hypnotischen Zustand auf das Gefühl Ihres Ideals einzugehen und sich erst dann Ihrem Problem zuzuwenden. Bleiben Sie bei Ihrem idealen Gefühl und weben Sie einen Tagtraum rund um Ihr Problem. Es ist sehr wahrscheinlich, daß Sie in Ihrem Tagtraum einen neuen Weg finden, mit der Sache umzugehen.

Cayce weist darauf hin, daß sich die imaginären Kräfte in Mustern äußern, die Ihrem Ideal entsprechen. Wenn Sie sicher sein wollen, daß Ihr Gebrauch der Inspirationsformel zu konstruktiven Resultaten führt, müssen Sie sich angewöhnen, Tagträume zu haben, die sich um das Thema Ihres Ideals drehen. Dabei werden Sie bestimmt lernen, eine oder zwei Szenen zu entwickeln, die Sie sofort in die Stimmung und den Geisteszustand Ihres Ideals versetzen. Das kann ein Bild sein, bei dem Sie von Licht umgeben sind, in der Sonne am Strand sitzen, die Welt von einer Bergspitze aus betrachten oder in den Armen eines liebevollen Riesen liegen. Was immer es ist, Sie werden sich ein eigenes Bild der Inspiration gemacht haben. Genau diese Art Bild wird von Hypnotiseuren beschworen, wenn sie jemanden in eine hypnotische Trance führen, in der Probleme gelöst werden sollen. Sie werden Ihre eigenen imaginären Szenen sehen und darin ein sehr effektives Werkzeug zur weiteren Arbeit mit der Vorstellungskraft finden, das Ihnen dabei hilft, Ihre Probleme dank Ihrer Intuition zu lösen.

Die Bilder vor dem Einschlafen regen unsere Träume an

Wenn Sie sich abends vor dem Einschlafen an die Inspirationsformel halten, werden Sie bald erste Früchte dieser kreativen Technik ernten, und Sie pflanzen so einen suggestiven Samen in Ihr Unterbewußtsein ein, der zu einem Traum erblühen dürfte, über den Sie am nächsten Morgen nachdenken können. Träume sind das Tor zur kreativen Inspiration und fordern den gesamten überbewußten Bereich dazu auf, Ihnen bei Ihren Bemühungen zu helfen.

Es gibt viele geschichtliche Beispiele für diese Behauptung Cayce'. Der Psychiatrieprofessor Bob van de Castle der University of Virginia Medical School hat Träume der Vergangenheit gesammelt, die entweder zu politischen Neuerungen, wissenschaftlichen Erfindungen, philosophischen und künstlerischen Eingebungen oder zur religiösen Erleuchtung geführt haben. Bedeutende Träume brauchen jedoch nicht der Vergangenheit anzugehören. Sie finden noch heute statt. Auch Sie können einen bedeutenden Traum haben.

Grundsätzlich geht es darum, sich im Bett zu entspannen

und die Vorstellung seines Ideals einzusetzen, um sich dem Geist der Inspiration zu öffnen, damit Sie die Elemente Ihres Problems in entspanntem Zustand in Ihrem Kopf tanzen lassen können. Nach einer Weile lassen Sie Ihr Problem los und erlauben es sich, in einen Tagtraum zu fallen, der dessen Lösung zum Inhalt hat. Schließlich lassen Sie auch diesen Tagtraum los und schlafen ein. Am nächsten Morgen schreiben Sie auf, was Sie von Ihren Träumen erinnern, gleichgültig, wie belanglos oder unzusammenhängend sie Ihnen vorkommen mögen. Wenn Sie über Ihre Träume nachdenken, werden Sie möglicherweise überrascht sein zu entdecken, daß sie Ihr Problem genauer aufzeigen, als Sie anfänglich vermuteten.

Ich habe verschiedene Methoden untersucht, um inspirierte Träume zu empfangen, wobei es sich herausgestellt hat, daß der Einsatz von Suggestionen und Bildern vor dem Einschlafen dabei am wichtigsten ist. Im vorherigen Kapitel haben wir gesehen, daß der Zustand kurz vor dem Einschlafen ideale Bedingungen schafft, damit wir auf Suggestionen eingehen können. Wie die Inspirationsformel stellt auch der Einsatz von Bildern eine natürliche Erweiterung der Methode dar, die sich in zahllosen Versuchen bewährt hat, um auf die Fähigkeit eines Menschen einzuwirken, Träume zu dem Thema zu träumen, das ihm am Herzen liegt.

Wenn Sie sich schwer damit tun, sich an Ihre Träume zu erinnern, hilft es Ihnen, wenn Sie sich, während Sie im Bett liegen, vorstellen, wie Sie am Morgen aufwachen und einen Traum aufschreiben. Beim Aufwachen schreiben Sie sofort auf, was Ihnen durch den Kopf geht, ob Sie das Gefühl haben, es handle sich dabei um einen Traum oder nicht. Wenn Sie bereit sind, sich dazu zu verpflichten, eine Woche lang jeden Morgen eine Seite mit Gedanken und Gefühlen zu füllen, kann ich Ihnen beinahe garantieren, daß Sie, ehe die Woche vorüber ist, einen Traum erinnern und aufschreiben werden.

Daniel und sein Vater hatten ein antikes Fahrrad gekauft. Es war eines von diesen Hochrädern, wie sie um die Jahrhundertwende gebaut wurden, dessen Vorderrad einen Durchmesser von über anderthalb Metern aufwies, eine rostige Angelegenheit, an der einiges ersetzt werden mußte. Die beiden brauchten sechs Monate, um das Hochrad in ihrer Freizeit so herzurichten, daß man es wieder fahren konnte.

Während der Reparatur fragte sich Daniel, ob er das Rad überhaupt werde fahren können. Es war ziemlich groß und unhandlich. Er hatte versucht, ein Rad wie dieses zu fahren, das einem Mitglied eines Hochradclubs gehörte, doch es war ihm nicht gelungen, weil er Angst gehabt hatte. Es würde nicht leicht werden, aber Daniel war fest entschlossen, es zu lernen.

Daniel begann, von seinem Hochrad zu träumen. In seinen Träumen kletterte er auf das Rad und fuhr los. Er träumte immer wieder davon, wie er sein Rad fuhr und dabei das Gleichgewicht wahrte, wie hoch oben er saß und wie aufgeregt er dabei war.

Als der Tag kam, an dem das Hochrad fertig war, schoben Daniel und sein Vater es aus der Garage auf die Straße. Daniel erinnerte sich an seine Traumerlebnisse, in denen er auf das Rad gestiegen und die Straße entlanggefahren war. Jetzt war der Moment der Wahrheit gekommen. Er gab sich einen Ruck, stieg auf und fuhr los! Es gelang ihm beim ersten Versuch, mit seinem Hochrad davonzufahren.

Daniel erzählte mir von diesem Erlebnis, als er mir das Hochradfahren beibrachte. Ich kann bestätigen, daß es Nerven erfordert, um auf dieses hohe Ding zu steigen. Daniel war überzeugt, es sei ihm nur dank den Übungsrunden in seinen

Träumen gelungen, sein Hochrad vom ersten Tag an zu fahren.

Aufgrund dieser Traumerfahrung entdeckte Daniel die Macht des Visualisierens. Etwas in seiner Vorstellung üben, zahlt sich aus, wenn die wirkliche Prüfung kommt. Laut einer Studie versuchten Korbballspieler, ihre Freiwürfe zu verbessern. Eine Gruppe übte jeden Tag eine Stunde, die zweite ebensolang, doch nur in ihrer Vorstellung. Vor ihrem inneren Auge sahen sie sich mit dem Ball in der Hand auf der Straflinie stehen. Sie konnten den Korb vor sich sehen und spürten, wie es sich anfühlte, wenn ihrem Körper ein perfekter Wurf gelang. Als die beiden Gruppen am Ende der Woche erneut geprüft wurden, hatten die Studenten, die nur in ihrer Vorstellung trainiert hatten, wesentlich größere Fortschritte gemacht als diejenigen, die mit einem echten Ball geübt hatten.

Sie können diesen Effekt an sich selbst ausprobieren. Drehen Sie Ihren Kopf langsam nach rechts, bis es nicht mehr geht. Entspannen Sie Ihre Nackenmuskeln und schauen Sie, ob Sie Ihren Kopf nicht noch ein bißchen weiter bringen, aber forcieren Sie nichts. Es sollte auf keinen Fall weh tun! Schauen Sie, wie weit Sie kommen, und merken Sie sich die entsprechende Stelle an der Zimmerwand. Jetzt drehen Sie den Kopf wieder zur Mitte zurück, schließen die Augen, und dann drehen Sie Ihren Kopf nur in Ihrer Vorstellung ganz langsam nach rechts. Stellen Sie sich vor, wie es sich anfühlt, wenn Ihr Nacken es Ihnen erlaubt, Ihren Kopf viel weiter nach rechts zu drehen als zuvor. Dann drehen Sie, immer noch in Ihrer Phantasie, Ihren Kopf in seine Ausgangslage zurück. Das machen Sie dreimal. Schließlich öffnen Sie die Augen und drehen Ihren Kopf tatsächlich langsam so weit nach rechts, wie Sie können. Sie werden sehen, daß Sie um einiges weiter kommen als beim ersten Mal.

Dank Ihrer Vorstellungskraft ist es Ihnen tatsächlich gelungen, die Beweglichkeit Ihres Nackens zu vergrößern!

Der Einsatz von Bildern kann zur körperlichen Leistungssteigerung führen. In seinem Buch *Team-Management* beschreibt Charles Garfield ein persönliches Erlebnis, das ihn von der Macht des Visualisierens überzeugte. Er befand sich in Gesellschaft mehrerer Olympiatrainer aus der ehemaligen Sowjetunion, die er um eine Demonstration ihrer neuesten Trainingsmethoden bat. Garfield war als Student ein respektabler Gewichtheber gewesen, hatte aber seit Monaten nicht mehr trainiert. Wenn er übte, konnte er 120 Kilo heben. Die Trainer fragten ihn, ob er auch 130 Kilo schaffen würde. Garfield zögerte, versuchte es aber trotzdem. Er mußte seine ganze Kraft zusammennehmen, aber es ging. Er war sehr zufrieden mit sich, auch wenn er vor Anstrengung völlig erschöpft war.

Daraufhin fragten ihn die Trainer, wie lange er brauchen würde, um seine Form wiederzuerlangen und 160 Kilo zu heben. Dieses Gewicht hatte er früher geschafft, und er schätzte, daß er etwa neun Monate rigorosen Trainings brauchen würde, um zu dieser Gewichtsklasse zurückzukehren. Doch die Trainer behaupteten, er würde es innerhalb einer Stunde schaffen! Er sagte, das sei unmöglich. Es war ihm kaum gelungen, 130 Kilo zu stemmen, mehr war nicht drin. Gewichtheber wissen, daß man das Gewicht in kleinen Mengen erhöhen muß, doch diese Trainer gingen von einer Zunahme von mehr als zwanzig Prozent aus. Unbeirrt fuhren sie mit ihrer Demonstration fort.

Sie baten Garfield, sich hinzulegen und sich zu entspannen, und führten ihn durch eine Visualisierung, bei der er sich vorstellte, seine Arme und Beine würden schwer und warm, bis er sich in einem tief entspannten Zustand befand. Danach sprachen sie mit ihm jeden Schritt der bevorstehenden Anstrengung durch. Er sah, wie er die zusätzlichen Gewichte an der Stange befestigte und sich darunter legte. Er spürte, wie sich sein Atem, das Gewicht und die Anstrengung in seinem Arm anfühlten, während er preßte, hörte den Klang der Gewichte, als sie wieder in ihren Halterungen landeten, und sah sich den Versuch in allen Einzelheiten bestehen.

Schließlich stand er auf und ging zur Bank hinüber. Er war ziemlich nervös. Etwas in der Vorstellung zu tun, ist eine Sache, aber es wirklich zu versuchen, etwas ganz anderes. Als er anfangen wollte, das Gewicht zu heben, stutzte er. Er konnte es einfach nicht. Die Trainer führten ihn geduldig durch eine kurze Wiederholung der Entspannung und gingen alles ein zweites Mal durch.

Während dieser Wiederholung fiel Garfield plötzlich eine Umstellung in seinem Kopf auf. Es bereitete ihm nicht länger Mühe, den suggerierten Bildern zu folgen. Das mühelose und klare Bild seines Erfolgs verlieh ihm das nötige Selbstvertrauen. Dieses Mal war er sicher, daß er es konnte. Er öffnete die Augen und hob die 160 Kilo!

Das Geheimnis des Visualisierens

Was ist an Phantasien, das ihnen solch eindrucksvolle Kräfte verleiht? Wie ist es möglich, Bilder einzusetzen, um sich etwas vorzustellen, das sich tatsächlich verwirklicht?

Im vierten Kapitel sind wir Cayce' Beschreibung der projektiven Fähigkeit der Seele begegnet und haben gesehen, wie der Geist aus spiritueller Energie Muster schafft, aus denen materielle Erscheinungen hervorgehen. Cayce betont immer wieder, daß Geist, Bewußtsein und Körper in Wirklichkeit drei Aspekte einer einzigen Wahrheit sind.

Wo es um die schöpferischen Kräfte der Seele geht, verwendet er den Ausdruck »imaginative Kräfte«. Sie beziehen sich sowohl auf den Prozeß, durch den Energie in kreative Muster umgewandelt wird, als auch auf die Umsetzung von geistigen Mustern in materielle Erscheinungen. Demnach hilft unsere Vorstellungskraft uns sowohl dabei, neue Einsichten zu gewinnen, als auch Ideen zu verwirklichen oder in die Welt zu setzen. Anders ausgedrückt, verfügt sie sowohl über eine empfängliche als auch eine aktive Seite.

Unser Unterbewußtsein ist der Schlüssel zur Arbeit mit unserer Phantasie. Der Verstand kann eine Absicht festhalten, doch muß er es dem Unterbewußtsein überlassen, sie in die Tat umzusetzen. Das Unterbewußtsein spricht die Sprache der Symbolik, die bildlichen Muster, aus denen kreative Energien bestehen.

Um am eigenen Leibe zu erfahren, wie Sie die Macht der Suggestion durch die Verwendung von Bildern vergrößern können, versuchen Sie folgendes Experiment: Lehnen Sie sich in Ihrem Stuhl zurück und entspannen Sie sich für einen Augenblick, um sich dann vorzustellen, wie sich Ihr Mund mit Speichel füllt: »Mein Mund wird feucht, mir läuft das Wasser im Mund zusammen, mein Mund ist voll Speichel.« Erlauben Sie es sich, zu spüren, wie Ihr Mund feucht wird, und beobachten Sie, wie groß der Effekt ist, den Sie allein durch Suggestion bewirken können.

Jetzt versuchen Sie es auf eine andere Art. Sie entspannen sich wieder und stellen sich dabei eine Zitrone vor. Vor Ihrem innerne Auge sehen Sie ihre gelbe Haut. Stellen Sie sich vor, wie Sie diese Zitrone mit einem Messer halbieren. Jetzt nehmen Sie eine Hälfte und drücken sie, bis sich ein Tropfen Saft auf ihrer Oberfläche bildet. Sie heben die Zitrone an Ihren Mund und saugen ihren Saft aus. Beachten Sie, daß der Saft der Zitrone so sauer ist, daß sich in Ihrem Mund alles zusammenzieht. Ihnen läuft das Wasser im Mund nur so zusammen.

Sich vorzustellen, Sie würden an einer Zitrone saugen, hat Ihren Mund viel feuchter werden lassen, als sich den Befehl zu geben, Speichel zu produzieren. Verbale Suggestionen haben eine gewisse Wirkung, doch wenn sie von einem Bild begleitet werden, ist ihre Suggestivkraft wesentlich intensiver. Die Reaktion findet unwillkürlich und automatisch statt. Das ist das Geheimnis des Visualisierens.

Im vorhergehenden Kapitel haben Sie gelernt, wie Sie sich entspannen können. Diese Bilder führten zu einem automatischen Entspannungsreflex. Als Sie sich vorstellten, an einer Zitrone zu saugen, kam es durch dieses Bild automatisch zur Produktion von Speichel. Wenn Sie möchten, daß Ihr Körper auf eine bestimmte Art reagiert, stellen Sie sich eine Situation vor, in der diese Reaktion natürlich wäre, und Ihr Unterbewußtsein wird Ihren Körper dazu bringen, dem Bild zu entsprechen!

Um zu lernen, Ihre Hände wärmer werden zu lassen, können Sie sich einfach vorstellen, Sie würden an einem heißen Tag Handschuhe tragen. Fühlen Sie, wie sehr Ihre Hände in diesen Handschuhen schwitzen. Es ist aufgezeigt worden, daß es ein probates Mittel gegen Migräne ist, wenn man lernen kann, die Blutzufuhr in den Händen zu vermehren. Diese Wärmeumleitung wird auch als Übung bei der fortgeschrittenen Arbeit mit Bildern im Heilungsprozeß eingesetzt. Garrett Porter, der Junge im ersten Kapitel, der sich durch Visualisieren von einem Gehirntumor heilte, begann seine selbstheilende Arbeit, indem er lernte, wie er seine Hände warm werden lassen konnte.

Körperzellen durch Bilder beherrschen

Es ist Ihnen vielleicht neu, daß es möglich ist, durch Visualisieren Einfluß auf die Aktivität Ihrer Körperzellen zu nehmen. Cayce meint, jede Zelle unseres Körpers verfüge über einen geistigen Anteil. Das war eine sehr radikale Vorstellung, bis man entdeckte, daß es Menschen gibt, die ihre Körperfunktionen durch den richtigen Einsatz ihres Bewußtseins beherrschen konnten. Daß man lernen kann, den »Alphazustand« zu beherrschen, das Gehirnwellenmuster, das mit Entspannung in Verbindung gebracht wird, war eine der ersten Entdeckungen in Zusammenhang mit der Macht des Geistes über den Körper. Neuere Untersuchungen haben sogar noch feinere Kontrollebenen zu Tage befördert, die bis in die einzelnen Nervenzellen reichen!

In einem Versuch, den Dr. Jeanne Achterberg, Forschungsleiterin der Abteilung für Wiederherstellung des Gesundheitszentrums der Universität Texas, in ihrem Grundlagenwerk *Die heilende Kraft der Imagination* beschreibt, wurden Medizinstudenten Farbdias einer bestimmten Klasse weißer Blutkörperchen gezeigt. Sie sahen, wie diese Zellen Abfallprodukte aus dem Blutstrom schafften, und erfuhren, daß sie ihren »Adhärenzfaktor« steigern konnten, um mehr oder weniger stark an den Wänden der Blutgefäße zu kleben oder sich von diesen Wänden zu lösen und frei umherzufließen. Die Studenten sollten sich diese Zellen vorstellen und lernen, ihnen durch Visualieren zu befehlen, ihren Adhärenzfaktor entweder zu steigern oder zu verringern. Es zeigte sich, daß sie das ziemlich exakt konnten, da ihre Visualisierungen die Aktivität anderer Arten weißer Blutzellen nicht beeinträchtigte.

Stellen Sie sich Ihren idealen Tag vor

Bei meinem ersten Versuch mit einem Konzept der Cayce-Lesungen ging es darum, mir meinen idealen Tag vorzustellen. Ich besuchte gerade Charles Thomas Cayce, Edgars Enkel und meinen Berufskollegen, auf seiner Farm südlich von Virginia Beach. Damals lehrte ich Psychologie an der Princeton University. Das akademische Leben sagte mir jedoch nicht so zu, wie ich mir vorgestellt hatte, und Charles Thomas Cayce nahm meine Unzufriedenheit zum Anlaß, um mir von seinen Erfahrungen mit der Vorstellung eines idealen Lebens zu erzählen.

Edgar Cayce weist darauf hin, daß Ideale wie das Ruder eines Schiffes sind. Ohne ein Ideal würde man willkürlich auf dem Meer des Lebens treiben. Um damit zu beginnen, sich sein Leben so einzurichten, daß es mehr dem entspricht, was man sich wünscht, braucht es eine klare Vorstellung. Charles Thomas meinte, ich solle mir mein Ideal so konkret wie möglich vorstellen, indem er mich aufforderte, einen Tag in meinem idealen Leben zu beschreiben. Ich sollte mir vorstellen, wie ich meine Zeit verbringen würde, und mich nicht nur auf das zu konzentrieren, was ich haben, sondern auch auf das, was ich tun würde. Er meinte, wenn ich damit fertig sei, solle ich alle Begebenheiten dieses Tages auf ein Stück Papier schreiben und das Papier dann weglegen. Er versprach mir, eines Tages in der Zukunft würde ich feststellen, daß ich diesen Tag lebte. Sein Versprechen ist eingelöst worden.

Unter anderem schrieb ich folgendes auf: Ich bewohnte mein eigenes Haus in der Nähe eines Strands. Am Morgen stand ich auf und arbeitete an meinem neuesten Buch. Nachmittags hatte ich frei, um Fahrrad zu fahren, am Strand spazieren zu gehen oder im Garten zu arbeiten. Am späteren

Nachmittag und frühen Abend suchten mich Leute auf, die sich von mir beraten lassen wollten. Einen Abend der Woche lehrte ich Psychologie an einem nahen College. Die anderen Abende verbrachte ich meistens zusammen mit meiner Frau mit gesellschaftlichen Obliegenheiten.

Das ist genau das Leben, das ich heute führe, wo ich diese Zeilen schreibe. Es fühlt sich an, als sei mein Traum wahr geworden, und ich würde in meiner eigenen visionären Wirklichkeit spazierengehen. Es ist ein gutes Gefühl.

Mein ideales Leben hat sich nicht über Nacht manifestiert, sondern einige Jahre gebraucht, um sich zu verwirklichen, und das auch nur schrittweise. Einer dieser Schritte erinnert mich an eine weitere gute Geschichte über die visionäre Macht der Phantasie.

1978 lebten meine Frau und ich in einem gemieteten Sommerhaus in Virginia Beach. Wir waren es leid, jedesmal im Herbst umziehen zu müssen und beschlossen, daß wir ein Haus kaufen wollten. Wir stellten uns unser ideales Haus vor und schrieben dessen Eigenschaften auf ein Blatt Papier. Dann legten wir das Blatt weg.

Einige Monate später gerieten wir in eine Krise und beschlossen, daß wir ein Haus finden mußten, ob wir nun bereit dafür waren oder nicht. Wir riefen unsere Maklerin an und vereinbarten einen Termin. Am nächsten Morgen erzählte mir meine Frau, sie habe von einem Haus geträumt. Es sei voller Licht gewesen, und aus dem hinteren Fenster hätte sie Wasser gesehen. Uns sagte dieses Bild sehr zu, weil es eine unserer Prioritäten war, daß unser ideales Heim unbedingt am Wasser stehen mußte.

Als wir der Maklerin gegenübersaßen, erklärten wir ihr unsere Lage. Wir hatten kaum Geld für eine Anzahlung, noch hatten wir die Art Anstellung, die uns für eine Hypothek qualifizierte, aber wir waren voller Vertrauen, daß wir unsere

Probleme lösen können würden, wenn wir ein Haus fanden, das uns inspirierte. Sie war belustigt, aber da sie uns seit mehreren Jahren als Mieter kannte, war sie willens, es zu versuchen. Realistischerweise warnte sie uns, wir würden 500 Dollar brauchen, um auch nur ein Angebot machen zu können, und daß wir uns dann sehr schnell die Anstellung verschaffen mußten, die uns eine Chance für eine Hypothek gab. Sie schlug vor, daß wir uns ein Haus ansahen, von dem sie wußte, daß es bald auf den Markt kommen würde. Das gäbe uns eine Gelegenheit, uns mit dem auseinanderzusetzen, was auf uns zukommen würde.

Sie fuhr uns in eine Gegend, die wir nicht kannten, vier Straßen hinter dem Ozean, und hielt vor einem Haus, das nicht sehr vielversprechend aussah. Wir waren enttäuscht, aber wir gingen hinein. Als wir uns umsahen, bemerkte meine Frau, wie hell es im Hausinnern war. Alles war voller Licht! Es erinnerte sie an ihren Traum, deshalb gingen wir in den hinteren Hausteil und sahen vom Fenster aus, daß der Besitz tatsächlich am Wasser, am Ufer eines Binnensees, lag. Es war das Haus, von dem meine Frau geträumt hatte, daß wir es bewohnen würden.

Wir sagten der Agentin, wir würden es gerne kaufen und uns gleich an die Arbeit machen. Wir konnten unsere Kreditkarte benutzen, um das Geld für die Anzahlung bereitzustellen, und sehen, ob wir unsere Teilzeitbeschäftigungen gegen vollwertige Anstellungen eintauschen konnten. Sie war vorsichtig und meinte, sie würde uns am Abend anrufen. Als sie sich wieder bei uns meldete, hatte sie mit dem Hausbesitzer gesprochen, dafür gesorgt, daß er eine zweite Hypothek aufnahm und den Preis für uns herabgehandelt. Alles, was wir tun mußten, war eine Anzahlung von 12 000 Dollar aufzutreiben und die bestehenden Hypotheken zu übernehmen.

Eine Woche lang fuhren wir täglich zu unserem neuen

Haus, saßen draußen im Auto und stellten uns vor, wie es wäre, darin zu leben. Wir riefen unsere Freunde und Verwandten an, mit deren Hilfe wir das Geld für die Anzahlung zusammenkratzten. Meiner Frau gelang es, ihre Teilzeitstelle so auszubauen, daß beinahe eine volle Anstellung daraus wurde. Ich arbeitete als Aushilfs-Krisenberater für die Gemeinde Virginia Beach. Innerhalb der nächsten Tage ergab sich eine Vakanz für eine Vollzeitbeschäftigung, die ich annahm. Wir unterbreiteten das Verkaufsangebot, das die Maklerin für uns arrangiert hatte, der Bank, die unseren Antrag prüfte. Mittlerweile machten wir einen ganz passablen Eindruck.

Dazu gibt es eine witzige Nebengeschichte, die aufzeigt, daß ein Ideal vierdimensionale Folgen hat. Eines Tages, nachdem wir eingezogen waren, grüßte mich meine Nachbarin von gegenüber. Sie schien mich zu kennen und meinte, ich sei im Jahr zuvor wegen eines Notfalls bei ihr gewesen. Jetzt erinnerte ich mich. Es ging um einen davongelaufenen Teenager. Sein Name war Henry, wie meiner ja auch. Das weiß ich noch, weil mich eine Sozialarbeiterin begleitet hatte, deren Familienname auch Henry war. Wir lachten darüber, weil der Name nicht so häufig vorkommt, und drei von uns in einem Zimmer vereint waren. Der Name Henry oder Heinrich bedeutet »Hausherr«. Das Haus gegenüber von dem, wo sich die drei Henrys trafen und von dem meine Frau träumte, ist seit über zehn Jahren unser Heim.

Können Sie es sich vorstellen?

Behauptungen über die Macht von Bildern führen unweigerlich zur Frage, ob alle Menschen visualisieren und sich geistige Bilder vorstellen können. Nicht jeder glaubt, visualisieren zu können.

Als er gefragt wurde, was es bedeutet, wenn jemand sich nicht an seine Träume erinnern kann, meinte Cayce, dieser Mensch sei einfach nur nachlässig. Dasselbe kann man von geistigen Bildern sagen. Wenn Sie meinen, Sie hätten keine, passen Sie einfach nicht auf.

Jeder Mensch visualisiert. Wie klar visuelle Bilder wahrgenommen werden, hängt davon ab, wie ernst man den Inhalt dieser Visionen nimmt.

Lassen Sie mich eine Situation beschreiben, die aufzeigt, was ich meine. Nehmen wir einmal an, Sie hätten eine gewöhnliche Schuhschachtel und einen Schiffscontainer von drei auf vier Metern vor sich – mit anderen Worten, ein relativ kleines und ein ziemlich großes Behältnis. Nehmen wir weiter an, Sie hätten zwei Gummibänder und würden eins um die Schuhschachtel und eines um den Container legen. Bitte kontrollieren Sie beide Gefäße, um sicherzustellen, daß das Band jeweils nur vier Seiten berührt und die beiden anderen frei läßt. Haben Sie das Gummiband wirklich nur um vier Seiten der Schuhschachtel gelegt? Und was ist mit dem Schiffscontainer? Wie wäre es mit einer Schachtel mit einem Umfang von einem Kilometer?

Wie lange haben Sie gebraucht, um diese Frage geistig zu bejahen? Haben Sie länger gebraucht, um den Container zu inspizieren, als die Schuhschachtel? Wie wäre es mit einer einen Kilometer langen Schachtel? Die Logik bleibt sich immer gleich. Würde man diese Fragen in logischen und abstrakten Ausdrücken beantworten, wäre die Größe der Schachtel völlig irrelevant. Wenn Sie sich die Sache bildlich vorstellen, werden Sie jedoch mehr Zeit brauchen, um das Gummiband des Containers zu prüfen, als das der Schuhschachtel. Sie sind sich in diesem Fall vielleicht gar nicht bewußt, daß Sie bildlich denken, aber wenn Sie den Zeitunterschied feststellen, der nötig ist, um über die verschieden großen Schachteln nachzudenken, können Sie daraus schließen, daß Ihre Gedanken von Bildern angeregt werden. Wir erleben alle innere Bilder und setzen Visualisierungen ein. Damit sie vor unserem inneren Auge als Bilder erscheinen können, müssen wir dasselbe Prinzip anwenden, das wir bei der Suggestion gelernt haben. Es ist eine Frage der Bereitschaft, so zu tun, »als ob«. Um eine Schachtel zu visualisieren, tun Sie einfach so, als würden Sie sie vor sich sehen, und ignorieren Sie die Gedanken, die Ihnen sagen, Sie würden nur über etwas nachdenken, das Sie nicht wirklich sehen. Achten Sie vielmehr auf das, was Sie dabei empfinden. Je mehr Sie sich auf Ihre Gefühle einlassen und Ihre Gedanken loslassen, desto mehr werden Sie sich erlauben, das Bild zu erfahren. Es ist tatsächlich da und wird deutlicher werden, wenn Sie die Augen schließen und sich entspannen.

Je mehr Sie bereit sind, Ihre Erfahrung als geistiges Erlebnis wahrzunehmen und in Ihrer Vorstellung aufzugehen, desto lebhafter werden Sie die Bilder sehen. Sind Sie bereit, sich auf Ihr Bilderleben einzulassen? Diese Frage ist ebenso wichtig wie angebracht. Entweder Sie konzentrieren sich darauf, das Wahrgenommene sei wie ein Bild, oder aber Sie sehen darin einen Gedanken. Um es sich zu erlauben, es als Bild zu akzeptieren, lassen Sie sich von Ihrer Vorstellung leiten.

Der Kreis hat sich geschlossen, und wir sind zu dem Thema zurückgekehrt, das uns zu diesem Abschnitt über erweiterte Bewußtseinszustände und die versteckten Kräfte des Geistes geführt hat. Es ist eine Frage der inneren Bereitschaft, einer tieferen Willensquelle als die Willenskraft. Wir können unsere Vorstellungskraft bis zu einem gewissen Grad mit unserem Verstand lenken. Ob die Bilder, die wir beschwören, lebendig sind und unsere Aufmerksamkeit fesseln, hängt von einem tieferen Willen ab, es ist eine Frage der wirklichen Bereitschaft.

Visionen in die Tat umsetzen

Es ist schwierig, sich ständig etwas vorzustellen, auch wenn es etwas sehr Wünschenswertes ist, wenn wir nicht bereit sind, es für wahr zu halten und danach zu handeln. Cayce meint, wir sollen uns nicht allein auf die Kraft unserer Vorstellung verlassen, sondern vielmehr unsere Absichten in unsere Taten einfließen lassen. Wo der Schlüssel zum Bilderleben ein geistiger Prozeß ist, bei dem wir so tun, als würden wir etwas sehen, liegt der Schlüssel zur Verwirklichung des Gesehenen darin, so zu tun, als würde es sich verwirklichen.

Durch unsere Taten können wir Bereitschaft demonstrieren und unsere Suggestivkraft innerhalb des Unterbewußtseins stärken. Wenn wir an unseren Einstellungen arbeiten und die entsprechenden praktischen Schritte unternehmen, bringen wir die Aufrichtigkeit unserer Absicht zum Ausdruck, das zu verwirklichen, was wir uns vorstellen. Meine Frau und ich haben uns unser ideales Heim zwar einige Zeit vorgestellt, aber es nicht gefunden, bis wir uns aufrafften und so taten, als warte es auf uns und als wären wir bereit, es zu kaufen. Als wir uns wirklich engagierten, materialisierten sich auch die nötigen Mittel zur Verwirklichung unserer Pläne.

Cayce erinnert uns gerne an das geflügelte Wort: »Bete, als würde alles von Gott abhängen, und arbeite, als würde alles von dir abhängen.« Das gilt auch für die Aktivierung der versteckten Kräfte des Geistes in Verbindung mit bewußten Anstrengungen auf der materiellen Ebene. Um zur richtigen Zeit am richtigen Ort zu sein, was manche Glück nennen würden, muß man seinen bequemen Sessel verlassen. Um inspirierte Schöpfer zu werden, braucht es die Liebe zu unserem Ideal in unserem Herzen, die Vision in unserem Geist und ein Paar fleißige Hände.

Kapitel 13

Das spirituelle Geheimnis des Geistes

Die Erde ist eine dreidimensionale, dreiphasige oder auch dreifaltige Schöpfung: So, wie der Vater, der Sohn und der Heilige Geist eins sind, sind auch unser Körper, unser Geist und Seele eins – in ihm.

Edgar Cayce 1567-2

Gibt es ein größeres Geheimnis als das Leben selbst? Es ist wie ein toller, sich ewig wiederholender Karneval. Es gibt die magische Symphonie vibrierender Atome, die Galerie phantastischer und erstaunlicher Landschaften, den aufregenden Zirkus der Tiere und die unendlich komplexen und abwechslungsreichen Geschichten des Lebens der Menschen.

Auch wenn die Kräfte der Natur vielleicht blind sind und das Leben seine Muster dank einer unbewußten und automatischen Reihe elektromagnetischer und atomarer Reaktionen entwickelt, ist der Mensch bewußt. Wir wissen um den Reichtum des Lebens. Die chemischen und physikalischen Kräfte in der Kette von Ursache und Wirkung fragen sich zwar nicht, weshalb sie sich so verhalten, wie sie es tun, aber wir Menschen bemerken ihre Reaktionen, hinterfragen sie und staunen.

Wenn es ein Geheimnis des Lebens gibt, kommt es daher, daß es ein menschliches Bewußtsein gibt, das danach fragt. Was ist der Sinn des Lebens? Woher kommen wir? Wohin gehen wir? Wer sind wir? Was bedeutet es, unser selbst gewahr zu sein und zu wissen, daß dem so ist?

Ein Schlüssel zum Universum

Was wäre, wenn aus dem Reigen der Schöpfung ein Hinweis auf das Rätsel des Lebens hervorginge? Wenn aus allen Elementen und ihren unterschiedlichen natürlichen Formen eine magische Skulptur hervorginge, deren Formen das Geheimnis des Universums offenbaren? Wenn deren Merkmale und Bauweise die Handschrift des Schöpfers erkennen lassen und ihre Bewegungen Gottes Gedanken und Gefühle bekunden würden? Wenn korrekt behandelt, würde diese Skulptur ihre Bilder auf eine magische Leinwand werfen, die wie ein Lexikon der Geheimnisse des Universums wäre. Wie wertvoll wäre eine solche Skulptur!

Es gibt sie wirklich, denn diese Skulptur ist der Mensch – Sie und ich. Cayce offenbart, daß der Mensch ein Spiegel der Schöpfung ist. Innerhalb unseres innersten Wesens, manchmal direkt vor unseren Augen, manchmal tief in unserem Unterbewußtsein verschüttet, liegen alle Geheimnisse des Universums.

Es wird Sie vielleicht überraschen, aber von all diesen Geheimnissen ist keines größer als das der Existenz Gottes! Hier haben wir den Eckpfeiler zum Verständnis der Schöpfung und unserer Rolle darin. Wir sind von Gott geschaffene Zeitkapseln, die jederzeit bereit sind, aus der Hülle der materiellen Egozentrik auszubrechen und der göttlichen Absicht Ausdruck zu verleihen.

Cayce lehrt, daß es Gottes Absicht sei, daß wir Seine Gefährten sind. Wir sollen uns unseres wahren Wesens und unserer Einheit mit Gott bewußt sein, besteht doch das Ziel unseres Werdens darin, einen Teil der Verantwortung für den kontinuierlichen Prozeß der Schöpfung zu übernehmen und durch die Art, wie wir die göttliche Schöpferkraft kanalisieren, die durch uns fließt, zum Wunder des Lebens beizutragen.

Jeder Mensch ist ein Experiment Gottes in bewußtem Leben, jeder hat Anteil an der göttlichen Energie und verfügt über einen Geist, ein Bewußtsein und einen freien Willen, durch die wir wählen können, welchen Einflüssen wir uns aussetzen wollen. Jeder von uns repräsentiert Gottes Versuch, sich im endlichen materiellen Körper der Natur der unendlichen Schöpferkraft bewußt zu werden. Alle unsere Erfahrungen sind Gott wichtig, sonst würden wir Reaktionen des Schöpfers auf unsere Erfahrungen nicht in unserem innersten Wesen spüren.

Gott wartet auf unsere Anerkennung. Diese Begegnung findet in unserem Innern statt, doch unseren Respekt vor Gott sollen wir auch nach außen bekunden: durch unser Verhalten und unsere Gefühle der Schöpfung gegenüber.

Der ursprüngliche Antrieb

Tief in unserem Innern sind wir uns alle sehr ähnlich. Mit den Tieren haben wir unsere Überlebensinstinkte gemeinsam. Mit unseren eigenen Artgenossen teilen wir das Bedürfnis nach Liebe und Gemeinschaft. Wir sind alle mit der Aufgabe konfrontiert, unsere Eltern verlassen und unseren eigenen Lebensweg finden zu müssen. Wir müssen alle sterben. Der Großteil unserer persönlichen Erfahrungen findet auf einer universalen und archetypischen Basis statt. Spricht man mit anderen über seine Erfahrungen und vor allem über seine Gefühle bezüglich dieser Erfahrungen, stellt man immer wieder fest, daß andere Menschen ähnlich empfinden. Wir sind uns ähnlich.

Etwas, das uns allen gemeinsam ist, ist unser Versuch, unser Bedürfnis nach Sicherheit mit unserem Verlangen nach Freiheit zu vereinbaren. Wir sehnen uns alle nach der Freiheit, nach Selbstverwirklichung und nach Ausdrucksmöglichkeiten unserer individuellen Kreativität. Andererseits ist uns klar, daß wir unseren Platz in der Welt finden müssen, damit wir überleben können. Das Bedürfnis nach Sicherheit zwingt uns, uns der Gesellschaft anzupassen und das zu tun, was man von uns erwartet. Damit wir den Bedürfnissen des Ganzen entsprechen können, müssen wir manchmal unseren persönlichen Vorteil aufgeben.

Diese allgemeine menschliche Erfahrung führt uns zu einer wichtigen spirituellen Dimension. Gott drückt sich in Individualitäten aus, in Millionen und Abermillionen von Seelen. Jede Seele ist ein individueller und einmaliger Ausdruck Gottes. Jeder Mensch verfügt über das Potential, seinen spirituellen Ursprung auf einmalige Weise auszudrükken. Das ist die eigentliche Aufgabe, vor die Gott jeden von uns stellt.

Wie Cayce erklärt, sind wir alle eins in Gott und gleichzeitig eine einmalige Schöpfung. Unsere Lebensaufgabe besteht darin, diese Individualität auszudrücken und gleichzeitig unsere Einheit mit Gott zu bekunden, unsere essentielle Identität. Das oberste Gebot lautet, Gott und deinen Nachbarn wie dich selbst zu lieben. Jeder von uns soll dies auf seine eigene Art tun. Dennoch gibt es nur einen Weg, um diesem Gebot zu entsprechen: Sie müssen Sie selbst sein.

Das ist eine paradoxe und widersprüchliche Aufgabe – wenigstens was den Verstand anbelangt. Andererseits ist sie so leicht und natürlich, daß ein Baby sie instinktiv meistern kann. Wir Erwachsenen tun uns da schon sehr viel schwerer.

Vielleicht sollten wir tatsächlich wieder wie Kinder werden, damit wir es lernen.

Um vorbehaltlos Sie selbst zu sein, müssen Sie sich akzeptieren, ohne unter einem falschen Ichgefühl zu leiden. Wenn Sie nicht auf dieses losgelöste Ich achten, werden Sie lebendiger und sind gerne eins mit dem Leben. Auf diese Weise überbrücken Sie das Paradox, Ihr Leben zu leben, wie nur Sie es können, während Sie sich gleichzeitig dem Geist der Liebe zu allem Leben hingeben. Dieses Leben ist Gott, und dieses Leben sind Sie.

Wenn Sie eins mit dem Leben sind und es lieben, werden Sie Ihre einmaligen Wahrnehmungen und Talente automatisch dazu einsetzen, ihm zu dienen. Das tun Sie auf Ihre eigene einmalige Art, indem Sie Ihre Individualität zum Ausdruck bringen. Ihre Beziehung zum Leben ist Ihre Sicherheit, Ihre Einmaligkeit, Ihre Freiheit. Sie können beides haben. Dazu müssen Sie sich nur bewußt werden, daß das »Sie«, von dem wir sprechen, nicht das kleine getrennte Ich ist, das Sie mit Ihrem Verstand geschaffen haben. Es ist das größere oder göttliche Selbst.

Ihre Seele hat das getrennte, kleine Ich entstehen lassen, damit Sie sich Ihres Selbst bewußter werden konnten. Lassen Sie dieses getrennte Ich ein Werkzeug Ihrer Seele sein und keine Karikatur Ihres wahren Wesens, eine tragische Illusion wie die des Zauberlehrlings. Der Verstand ist ein williger Diener und Lehrling der Seele. Das oberste Gebot lautet, sich der Seele anzupassen. Bereit zu sein, ihr zu folgen, heißt, zum Bewußtsein des Segens wahrer Mitschöpferschaft zu erwachen.

Die holographische Seele der Wirklichkeit

Cayce' grundlegende Lehre über die Seele lautet, daß sie sowohl ein Stück Gottes als auch ein Abbild des Schöpfers und somit ein Modell der gesamten Schöpfung sei. Doch wie kann etwas Zerstückeltes immer noch das Ganze reflektieren? Wie ist es möglich, daß wir alle getrennt und einmalig sind, und dennoch grundsätzlich ein und dasselbe Wesen? Edgar Cayce' Lehren zur Seele und zur Projektion der Wirklichkeit durch das Bewußtsein hat in letzter Zeit viel Auftrieb erhalten. Dank der modernen Technik können wir uns diese Lehren mit der Hilfe eines neuen Werkzeugs vorstellen.

Cayce sagte vorher, daß der Kristall eines Tages Anlaß für eine wichtige Erfindung sein würde. Die Verwendung des Rubinkristalls in der Lasertechnologie hat tatsächlich zu vielen wichtigen Neuerungen geführt. Vor allem das dreidimensionale Projektionssystem der Laserholographie läßt ein magisches Bild der schöpferischen Kräfte unseres Bewußtseins entstehen und hat zu neuen Theorien über das Wesen des Bewußtseins und seiner Rolle bei der Schöpfung dessen geführt, was wir als Wirklichkeit bezeichnen. Die holographische Theorie verläuft in vielen wichigen Aspekten parallel zu Cayce' Lehren.

Das Hologramm liefert ein noch erstaunlicheres Beispiel dafür, wie ein Teil das Ganze widerspiegeln kann. Es funktioniert so: Wenn eine normale Kamera ein Bild aufnimmt, verwendet sie eine Linse, um das Licht zu bündeln, das von einem beliebigen Gegenstand reflektiert wird, und läßt dann damit den Film belichten. Das Ergebnis ist ein dreidimensionales Bild, das nur das spiegelt, was aus der Perspektive der Kamera wahrgenommen wurde.

Bei der Laserstrahl-Holographie kommt keine Kameralinse zum Einsatz, weil der Laserstrahl selbst ein starkes Lichtbündel ist. Um ein Bild von einem Gegenstand zu machen, wird er auf eine fotografische Platte gerichtet, die das Licht aufnimmt, das vom betreffenden Gegenstand reflektiert wird. Um dieses Bild sichtbar zu machen, wird der Laserstrahl auf die entwickelte fotografische Platte gerichtet, wobei die Abdrücke auf der Platte das Laserlicht so reflektieren, daß ein Bild des ursprünglichen Objekts in den Raum projiziert wird. Es gibt keine Leinwand. Der Gegenstand erscheint wie eine lebensechte, dreidimensionale Form. Sie können um dieses Bild herumgehen und es von allen Seiten betrachten. Es scheint wirklich zu sein und existiert als Illusion des echten Gegenstands!

In einer normalen, zweidimensionalen Aufnahme entsprechen Teile des Bildes den Teilen des abgebildeten Gegenstandes. So erscheint der obere Teil des Gegenstands etwa am oberen Bildrand. Wenn Sie diesen Rand wegschneiden, verlieren Sie auch den entsprechenden Teil des Gegenstandes. Bei einem holographischen Bild gibt es keine solche Entsprechung. Das Laserlicht, das vom ursprünglichen Gegenstand abprallt, verteilt sich auf der gesamten fotografischen Platte. Das Ergebnis ist – und hier kommt die Überraschung – daß jedes einzelne Stück der Platte das gesamte Bild enthält.

Sie können sie in hundert Stücke schneiden, die je nach ihrer Position bei der Aufnahme einen einmaligen Satz Muster aufweisen. Keine zwei Stücke sind identisch. Wenn Sie das Laserlicht auf nur eines dieser Stücke richten, werden Sie immer noch eine dreidimensionale Projektion des vollständigen Objekts in den Raum projizieren. Alles, was Sie bewirken, wenn Sie immer kleinere Stücke der ursprünglichen Platte nehmen, ist, daß die Schärfe des Bildes ein bißchen darunter leidet, aber es ist immer noch das ganze Bild. Hier haben wir eine moderne technologische Entsprechung zu

Cayce' Begriff der Seele, die sowohl ein Teil Gottes als auch ein Bild des Ganzen darstellt!

Viele Theoretiker haben auf das holographische Phänomen hingewiesen, um die universale mystische Erfahrung der Einheit zu erklären. Das Hologramm ist zu einer Metapher für transpersonales Bewußtsein geworden und hat neues Licht auf außersinnliche Wahrnehmungen geworfen. Es bietet eine neue Möglichkeit an, die Natur des Bewußtseins zu verstehen.

Laut Cayce' Modell ist das Bewußtsein eine Projektion der Seele, wohingegen die Wirklichkeit, die wir erfahren, sich wie ein Traum auf einer unsichtbaren Kinoleinwand abspielt. Die Entdeckung des Hologramms hat zur Entwicklung einer wissenschaftlichen Theorie geführt, die der Perspektive Cayce' nicht unähnlich ist. Der Gehirnforscher Karl Pribram der Stanford University ist zu dem Schluß gekommen, daß das Gehirn wie ein Hologramm funktionieren muß. Zum einen sind wir dabei zu lernen, daß Erinnerungen nicht an einem bestimmten Ort im Gehirn gespeichert werden. Man kann große Stücke des Gehirns entfernen und immer noch ein intaktes Erinnerungsvermögen haben. Die Erinnerungen werden im ganzen Gehirn gespeichert, wie ein holographisches Bild sich unzählige Male auf der holographischen Platte wiederholt.

Cayce weist darauf hin, daß das Gehirn auf Schwingungen reagiert, und Dr. Pribram stimmt dabei mit ihm überein. Seine Theorie lautet, daß das Gehirn die Schwingungen sowohl von der Position unserer Sinnesreize aus als auch von unseren Ideen aus interpretiert, die in einer anderen Dimension existieren. Das Bewußtsein wirkt im Gehirn wie das Laserlicht, das auf die holographische Platte fällt. Das Resultat ist in beiden Fällen ähnlich: ein dreidimensionales Bild, das in den Raum projiziert wird. Pribram sagt, daß wir ständig holographische Filme sehen, lebendige Träume, die von unserem Gehirn geschaffen werden.

Eine spirituelle Anwendung der Schöpfungsformel

Die erstaunliche, illusorische Wirklichkeit der Holographie verleiht der Schöpfungsformel von Cayce eine zusätzliche Bedeutung. Der Geist des Laserstrahls, der das holographische Gehirn durchdringt, projiziert die Wirklichkeit der Erscheinungen in den dreidimensionalen Raum.

Wir haben gelernt, wie wir diese Formel sowohl auf den Verstand als auch auf das Unterbewußtsein anwenden können. Wenn wir ein Ideal annehmen und eine entsprechende Einstellung kultivieren, können wir lernen, durch unser Verhalten ein Leben aufzubauen, das diesem Ideal entspricht. Suggestion und Bilder erlauben es uns, die versteckten Kräfte des Geistes anzuzapfen, um damit die Bilder unserer Wahl zu schaffen. Wir können unser Idealleben verwirklichen.

Das höchste Gebot verlangt von uns, daß wir uns an unsere spirituelle Lebensaufgabe erinnern. Das kann durch die Wahl eines Ideals erreicht werden, das eine Vision der Verbundenheit allen Lebens umfaßt und den Geist der Liebe reflektiert. Gleichgültig, wieviel Macht, wieviel Verständnis oder Medialität wir durch den Einsatz des Geistes erlangen können, was würde dies alles uns nutzen, wenn wir nicht lieben lernen? Nur wenn wir zu lieben lernen, werden wir in das Paradies eingehen, das das Leben uns anbietet, und uns nicht in einer Welt unserer eigenen Schöpfung gefangen fühlen, der einsamen Welt von Ichbezogenheit und Abwehr. Es ist zu unserem eigenen Vorteil wie auch zum Vorteil des Lebens allgemein, wenn wir die Schöpfungsformel auf eine Art anwenden, die auf einem Ideal der Liebe basiert.

Wenn wir bereit sind, uns bewußt dem obersten Gebot zu unterstellen und alles Nötige zu tun, um uns in allen Lebenslagen dem Leben gegenüber geduldig, liebevoll und kooperativ zu verhalten, werden wir feststellen, daß dieses Ideal uns mit allen Umständen fertig werden läßt, mit denen wir konfrontiert werden. Eine solche Einstellung erspart uns Zweifel und Angst und gibt uns die Freiheit, das Leben zu genießen.

Das Christus-Bewußtsein

Cayce weist darauf hin, daß Menschen, die beim Einsatz unserer schöpferischen Energie auf ein solches Ideal zurückgreifen, mehr als genug Hilfe von diesem Ideal erhalten werden, um ihr Leben zu verändern. Wenn wir mit einem Ideal arbeiten, arbeitet das Ideal auch mit uns. Cayce hat viele mediale Lesungen über das Leben Jesu und dessen Bedeutung für die Entwicklung der Menschheit gegeben. Er spricht vom Christus-Bewußtsein, um die historische Person von dem erhabenen Bewußtseinszustand zu unterscheiden, den Jesus in sich entwickelte.

Gott inkarniert sich in jedem von uns. Was an Jesus besonders ist, daß er sich seiner Einheit mit dem Schöpfer bewußt war. Dieses Bewußtsein war für ihn nicht nur eine Annahme oder eine Idee, sondern eine lebendige Wirklichkeit. Indem er Christus-Bewußtsein entwickelte, erfüllte Jesus Gottes Absicht, sich als menschliches Wesen gleichzeitig sowohl in einem materiellen, dreidimensionalen Ego zu verwirklichen, als auch in Einheit mit Gott leben zu können. Jesus nahm das Kreuz des obersten Gebots freiwillig auf sich und vollbrachte die Integration der irdischen und himmlischen Erfahrungsebenen.

Jesus starb an diesem Kreuz, aber er wurde auch wiedergeboren. In seinen Lehren bezieht er sich oft auf das Thema von Tod und Auferstehung. Der Same muß seine geschlossene Hülle durchbrechen und sich öffnen, wenn die Pflanze sprießen soll. Wenn das Ego seine ängstliche Verteidigung seiner geschlossenen Wirklichkeit für eine Liebe zum Leben eintauscht, kann sich ein weiteres Bewußtsein entwickeln. Das himmlische Reich ist in uns und wartet geduldig darauf, daß wir sterben, um zu ihm zu erwachen. Cayce meint, daß wir diesen Prozeß allabendlich üben, während wir einschlafen und zum Bewußtsein der Seele erwachen – dem Traum.

Eine weniger häufige, aber in den letzten Jahren vielbeachtete Erfahrung ist die des Nah-Todes. Dabei stirbt jemand an einem Herzinfarkt oder während einer Operation, wird aber innerhalb weniger Minuten wiederbelebt. Viele Menschen, die vom Tode zurückgekehrt sind, haben von unglaublichen Visionen von Lichtwesen und Erfahrungen von unendlicher Liebe, Friede und Ruhe berichtet. So erstaunlich diese Erfahrungen sind, was wichtiger ist, ist die Auswirkung, die diese auf die wiedergeborenen Menschen haben. Viele berichten, sie hätten die Angst vor dem Tod verloren, weil sie jetzt wüßten, daß das Bewußtsein überlebt, und weil sie die Einheit mit dem Leben erfahren haben. Ihre persönlichen Werte verändern sich. Sie kümmern sich weniger um materielle Dinge und sind nicht länger so sehr an Konkurrenz, Anerkennung und Bestätigung interessiert, fühlen sich in Frieden mit sich selbst und interessieren sich vor allem für Lebensqualität. Sie verbringen mehr Zeit im liebevollen Umgang mit anderen und kümmern sich ganz selbstverständlich um deren Wohlergehen. Viele entdecken auch ihre medialen Fähigkeiten – allem voran ihre Heilkraft.

Der Film *Ein herrliches Leben* gibt ein intensives und lehrreiches Bild einer todesnahen Erfahrung. Der Held der Geschichte, der von James Stewart gespielt wird, war drauf und dran, wegen finanzieller Probleme Selbstmord zu begehen, als ein Engel ihm eine ungewöhnliche Sicht seines Lebens gewährte. Er sah, wie das Leben für seine Freunde und seine Lieben gewesen wäre, wenn er nie geboren worden wäre. Auch wenn er dachte, er hätte versagt, erkannte er jetzt, daß sein Leben einen wichtigen Einfluß auf das Leben anderer gehabt hatte, auch wenn er nie darüber nachgedacht hatte. Er war gezwungen, seine engstirnige Einstellung gegenüber seinen finanziellen Problemen aufzugeben und eine umfassendere Sicht der Bedeutung des Lebens anzunehmen.

Die Entwicklung von Christus-Bewußtsein enthält nicht notwendigerweise eine dramatische Erleuchtung. Die Aufgabe unseres Egos geht nicht mit einem völligen Verzicht auf unsere persönlichen Interessen einher. Sie kann aber bedeuten, daß Sie lernen, sich zurückzunehmen, über die Beschäftigung mit sich selbst hinauswachsen und sich darauf einzustellen, daß wir dem Leben mehr zu bieten haben als nur unsere Leistungen.

Der Geist ist der Weg

Die Sterbeforschung hat gezeigt, daß das Christus-Bewußtsein ein Potential ist, das in unser aller Geist vorhanden ist, gleichgültig, welcher Religion wir angehören. Um Christus-Bewußtsein zu entwickeln, brauchen wir nicht erst dem Tod von der Schippe zu springen, noch müssen wir die Leiden der Kreuzigung auf uns nehmen. Wenn wir Schmerz und Leid als das unvermeidbare Reiben der Wahrheit gegen die Hülle unseres Egos annehmen können, können wir von jeder Erfahrung profitieren und werden erkennen, daß sie uns dabei hilft, uns zum größeren Licht der Wahrheit unseres Ideals hinzuwenden. Es ist eine Frage der Einstellung. Unsere geistige Einstellung ist der Schlüssel zum Christus-Bewußtsein.

In seinen Lesungen über die Geheimnisse des Geistes bezieht sich Cayce oft auf eine bestimmte Analogie zwischen Gott und dem Menschen. Er erklärt, daß wir in unserer dreidimensionalen Welt Gott als Vater, Sohn und Heiligen Geist erfahren. Wir Menschen bestehen ebenfalls aus einem Körper, einem Geist und einer Seele. Der väterliche Aspekt Gottes entspricht unserem Körper, die Seele dem Heiligen Geist und unser Bewußtsein dem Sohn. Mit anderen Worten, Cayce hält den Verstand für Gottes Sohn.

Diese Analogie verleiht dem Bewußtsein einen großen Stellenwert und offenbart seine spirituelle Bedeutung. Jesus bestand darauf, daß kein Mensch zu Gott gelangen könne, es sei denn durch den Geist. Cayce erklärt diese Äußerung so, wie viele Theologen und Psychologen die religiöse Erfahrung ebenfalls verstehen. Diese Entwicklung bedeutet, so Cayce, daß jedes Atom eines Körpers sich in harmonischer Resonanz zum Ideal befindet.

Dabei spielt der Verstand eine überragende Rolle, denn er ist derjenige, der beschließt, mit einem Ideal zu arbeiten, und der sich auf die Bemühung konzentriert, eine konstruktive Einstellung sowie gute Angewohnheiten zu entwickeln und die tieferen Ebenen des Bewußtseins zur Achtsamkeit anzuhalten.

Der Verstand bestimmt darüber, daß wir einen Willen entwickeln, der unserem Ideal entspricht. In der Bibel klagt Paulus, daß er es oft nicht schaffe, das Richtige zu tun, auch wenn er es noch so sehr möchte. Er schließt daraus, daß er »täglich sterben« müsse, damit Christus in ihm leben könne. Mit anderen Worten, er wählt, sich einer höheren Macht hinzugeben, um seinen Willen entwickeln zu können. Er stellt sich vor, diese höhere Macht würde über seine Handlungen bestimmen, glaubt fest daran und ist bereit, sie in sich aufzunehmen.

Cayce meint, es sei an uns, die bewußte Entscheidung zu treffen, welchem Ideal wir uns unterstellen wollen. Es wird uns bei unseren Bemühungen beistehen. Das Leben Jesu hat das Christus-Bewußtsein als ein Muster des universalen Geistes geschaffen. Daß Jesus »für unsere Sünden starb« bedeutet nichts anderes, als daß er einen Weg für das materielle Körperbewußtsein fand, sich Gottes Willen hinzugeben. Der Weg, der von Jesus beschritten wurde, steht uns allen als Muster im vierdimensionalen Bereich der Ideen und Ideale zur Verfügung. Es ist ein Muster des Überbewußtseins, das unser eigenes Bewußtsein beeinflussen und anleiten kann, wenn wir es gezielt dazu auffordern.

Kanäle des höheren Selbst werden

Kürzlich begleitete ich meinen Freund Jim, als er seine fünfjährige Tochter Jessica von der Schule abholte. Beladen mit Papieren kletterte sie auf den Rücksitz des Autos. Als wir losfuhren, lehnte sich Jessica zwischen den beiden Vordersitzen nach vorn und erklärte: »Hier, Papi, das ist für dich!« Sie schenkte ihm eine Collage einer menschlichen Gestalt in Form einer Blume, die sie gemacht hatte. Der farbige Blumenmensch lächelte zufrieden. Auch die Künstlerin und der Vater der Künstlerin waren zufrieden. Er bemerkte: »Sie ist die Herrin über alles, was sie beobachtet, und teilt es bereitwillig mit.«

Ich staunte und freute mich über die unschuldige Schönheit von Jessicas Schöpfung. Sie schuf sie aus der Freude ihrer eigenen Erfahrung, und was sie uns zeigte, freute uns alle drei. Daß sie ihre einmalige Schöpfung ihrem Vater als Liebesgabe schenkte, kam mir wie ein auserlesenes Gleichnis für den Geist von Cayce' Offenbarungen über den Menschen vor. Wir sind wie Blumen, die von der Lebensenergie der Sonne zehren, die wir alle auf unsere eigene Art umsetzen, um Liebesgaben der Schönheit an die Menschen zu machen, denen wir begegnen.

Die unwahrscheinlichen Kräfte des Geistes sind für uns alle da, damit wir sie so einsetzen, wie wir es möchten. Jeder von uns sieht die Welt mit einer einmalig kreativen Subjektivität. Wie wir die Dinge sehen und auf sie reagieren, bestimmt nicht nur unsere eigene Erfahrung, sondern beeinflußt auch die Ereignisse um uns. Durch unsere Phantasie haben wir Zugang zu einem Bereich unendlicher Möglichkeiten und können uns das wünschen, was uns gefällt. Wenn wir bereit sind, uns anzustrengen, können wir das kreative Potential dieser Vision in eine lebendige Wirklichkeit umsetzen.

Wenn wir uns auf die höchsten Werte konzentrieren und uns öffnen, um unsere Bemühungen mit anderen zu teilen, schließen wir den Kreis, der es der Lebensenergie erlaubt, sich zu neuen Seinsmustern zu gestalten. Wenn wir zu Kanälen des höheren Selbst werden, weitet sich unser Bewußtsein, und wir werden zum Diener unserer Seele bei ihrer Suche nach dem verlorenen irdischen Paradies. Wenn das das Ideal ist, das Sie sich vorstellen können, und Sie bereit sind, so zu tun, als sei es bereits Wirklichkeit, können Sie sich darauf verlassen, daß die Gedanken in Ihrem Herzen sich verwirklichen werden. So ist das mit den Geheimnissen des Geistes.

Die A.R.E. heute

Die Association for Research and Enlightenment Inc. (»Gesellschaft für Forschung und Erleuchtung GmbH«) ist eine öffentliche, gemeinnützige Gesellschaft, deren Mitglieder sich der Förderung von spirituellem Wachstum und ganzheitlichem Heilen sowie der medialen Forschung und ihren spirituellen Dimensionen verschrieben haben, wobei der Nachdruck vor allem auf der praktischen Anwendung der medialen Lesungen des verstorbenen Edgar Cayce liegt. Durch landesweite Programme, Veröffentlichungen und Studiengruppen bietet die A.R.E. allen Interessenten praktische Informationen sowie Zugang zu individuellen Lehrgängen, die zu einem besseren Verständnis des Selbst, von anderen und des Universums führen. Die A.R.E. und ihre Ableger konzentrieren sich auf die Vereinigten Staaten, erfreuen sich aber auch einer wachsenden internationalen Mitgliedschaft.

Das Hauptquartier der A.R.E. befindet sich in Virginia Beach im US-Staat Virginia und umfaßt eine Bibliothek, ein Konferenzzentrum, Verwaltungsgebäude und einen eigenen Verlag, ergänzt durch ein Hotel direkt am Meer. Die Bibliothek beherbergt eine der größten metaphysischen und parapsychologischen Sammlungen des Landes. Die Gesellschaft führt eine Buchhandlung, die auch per Post liefert und etwa tausend Titel zu beinahe jedem Thema vorrätig hat, das sich mit spirituellem Wachstum, Weltreligionen, Parapsychologie und transpersonaler Psychologie befaßt. Die A.R.E. organisiert für ihre Mitglieder regelmäßig Vorlesungen in allen großen amerikanischen Städten, veröffentlicht eigene Publikationen, führt eine Blindenbibliothek, veranstaltet jedes Jahr ein Sommerlager und bietet ein Fernstudium an.

Die Räumlichkeiten der A.R.E. befinden sich 67th Street/ Atlantic Avenue und sind das ganze Jahr über geöffnet. Besucher sind immer willkommen und wenden sich für weitere Auskünfte über die Gesellschaft direkt an die A.R.E., P.O. Box 595, Virginia Beach, VA 23451, USA.

Literaturhinweise

Cayce, Edgar, *Die Heilgeheimnisse des Schlafenden Propheten. Krankheitssymptome und ihre Überwindung*, München 1992.

Die tausend Leben deiner Seele. Karma & Reinkarnation, München 1993.

Über Sexualität und Erleuchtung, München 1990.

Jampolsky, Gerald G., *Lieben heißt die Angst verlieren*, München 1991.

Reilly Harald/Brod, Ruth H., *Das große Edgar-Cayce-Gesundheitsbuch. Die verblüffend wirksamen Heilweisen des berühmten amerikanischen Mediums*, Freiburg 1991.

Rossi, Ernest L., *Die Psychobiologie der Körper-Seele-Heilung. Neue Ansätze in der therapeutischen Hypnose*, Essen 1991.

Siegel, Bernie, *Liebe, Medizin und Wunder*, München 1988.

Thurston, Mark (Hg.), *Rückkehr der Traumzeit*, München 1990.